本书获国家社科基金资助，特此致谢

公民信息获取权利保障研究

周淑云 著

GONGMIN
XINXI HUOQU
QUANLI BAOZHANG
YANJIU

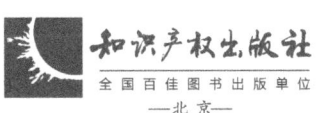

全国百佳图书出版单位
—北京—

图书在版编目（CIP）数据

公民信息获取权利保障研究/周淑云著．—北京：知识产权出版社，2019.9
ISBN 978-7-5130-6476-7

Ⅰ.①公… Ⅱ.①周… Ⅲ.①公民—信息获取—权益保护—研究—中国 Ⅳ.①G202

中国版本图书馆 CIP 数据核字（2019）第 202020 号

内容提要

本书首先分析公民信息获取权的基本理论问题，包括信息获取权的定义、内容、性质，以及信息获取权保障的意义与价值目标；其次，研究公民信息获取权利保障机制的现状；最后，从制度保障、技术保障、管理保障三个方面提出我国公民信息获取权利保障体系的构建，政府部门、社会机构、个人是信息获取权保障的实施主体，应该建立起政府宏观调控、社会协同调节、民众主动参与，三者共同协调、互为一体的信息获取权利保障新模式。

责任编辑：张水华	责任校对：谷　洋
封面设计：臧　磊	责任印制：孙婷婷

公民信息获取权利保障研究
周淑云　著

出版发行：知识产权出版社 有限责任公司	网　　址：http://www.ipph.cn
社　　址：北京市海淀区气象路 50 号院	邮　　编：100081
责编电话：010-82000860 转 8389	责编邮箱：miss.shuihua99@163.com
发行电话：010-82000860 转 8101/8102	发行传真：010-82000893/82005070/82000270
印　　刷：北京虎彩文化传播有限公司	经　　销：各大网上书店、新华书店及相关专业书店
开　　本：720mm×1000mm　1/16	印　　张：14
版　　次：2019 年 9 月第 1 版	印　　次：2019 年 9 月第 1 次印刷
字　　数：230 千字	定　　价：59.00 元
ISBN 978-7-5130-6476-7	

出版权专有　侵权必究
如有印装质量问题，本社负责调换。

目　录

1 绪论 ·· 1
　1.1 研究背景与意义 ·· 1
　　1.1.1 研究背景 ·· 2
　　1.1.2 研究意义 ·· 4
　1.2 国内外研究进展 ·· 8
　　1.2.1 国外信息获取权研究进展 ································· 8
　　1.2.2 国内信息获取权研究进展 ······························· 12
　　1.2.3 简要述评 ·· 16
　1.3 研究思路和方法 ·· 17
　　1.3.1 研究思路 ·· 17
　　1.3.2 研究方法 ·· 18
　1.4 研究内容 ··· 19
　　1.4.1 公民信息获取权 ·· 19
　　1.4.2 公民信息获取权保障 ····································· 20
2　公民信息获取权概述 ··· 22
　2.1 信息获取权的定义 ·· 22
　2.2 信息获取权的性质 ·· 25
　　2.2.1 信息获取权是公民基本权利 ·························· 25
　　2.2.2 信息获取权是一项基本人权 ·························· 30
　2.3 公民信息获取权的权利结构 ··································· 34
　　2.3.1 信息获取权的主体 ·· 35
　　2.3.2 信息获取权的客体 ·· 42
　　2.3.3 信息获取权的内容 ·· 53

· 1 ·

3 公民信息获取权保障的战略分析 …… 59
3.1 信息获取权保障的必要性 …… 59
3.1.1 信息获取权保障是社会信息化的必然要求 …… 59
3.1.2 信息获取权保障是实现社会公平的必要条件 …… 63
3.1.3 信息获取权保障是维护公众利益的重要手段 …… 65
3.2 信息获取权保障的意义 …… 66
3.2.1 政治意义 …… 67
3.2.2 经济意义 …… 68
3.2.3 文化意义 …… 70
3.3 信息获取权实现的阻碍因素 …… 71
3.3.1 信息寻租 …… 71
3.3.2 信息污染 …… 76
3.3.3 信息不对称 …… 82
3.4 信息获取权保障的目标 …… 86
3.4.1 信息自由 …… 86
3.4.2 信息平等 …… 89
3.4.3 信息公开 …… 91
3.4.4 信息共享 …… 93

4 国内外公民信息获取权保障的现状考察 …… 96
4.1 国外信息获取权保障的现状分析 …… 96
4.1.1 信息获取权保障的国际趋势 …… 96
4.1.2 信息获取权保障的国外概览 …… 102
4.2 我国信息获取权保障的现状分析 …… 111
4.2.1 我国信息获取权保障的现状 …… 111
4.2.2 我国公民信息获取情况调查 …… 117
4.2.3 我国信息获取权保障的困境 …… 123
4.3 信息获取权保障的国内外比较分析 …… 130
4.3.1 相同点分析 …… 130
4.3.2 差异点比较 …… 132

目 录

4.4　国外信息获取权保障对我国的启示 …………………………… 134
　　4.4.1　更新观念 ……………………………………………………… 135
　　4.4.2　完善立法 ……………………………………………………… 137
　　4.4.3　严格执法 ……………………………………………………… 140
　　4.4.4　改革司法 ……………………………………………………… 142

5 公民信息获取权保障体系构建 ……………………………………… 144
5.1　信息获取权保障体系构建的总体思路 …………………………… 145
　　5.1.1　信息获取权保障体系构建的基本原则 ……………………… 145
　　5.1.2　信息获取权保障体系的总体架构 …………………………… 147
5.2　信息获取权的制度保障 …………………………………………… 148
　　5.2.1　制度内容 ……………………………………………………… 149
　　5.2.2　制度建设 ……………………………………………………… 151
5.3　信息获取权的技术保障 …………………………………………… 153
　　5.3.1　技术内容 ……………………………………………………… 154
　　5.3.2　技术创新 ……………………………………………………… 156
5.4　信息获取权的管理保障 …………………………………………… 159
　　5.4.1　管理内容 ……………………………………………………… 159
　　5.4.2　管理优化 ……………………………………………………… 161

6 公民信息获取权保障的实施 ………………………………………… 164
6.1　政府部门对信息获取权的保障 …………………………………… 165
　　6.1.1　信息获取权保障中政府责任的归因 ………………………… 166
　　6.1.2　政府保障的内容 ……………………………………………… 169
　　6.1.3　政府保障的践行 ……………………………………………… 172
6.2　社会机构对公民信息获取权的保障 ……………………………… 174
　　6.2.1　不同类型机构对信息获取权的保障 ………………………… 175
　　6.2.2　社会机构保障的内容 ………………………………………… 178
　　6.2.3　社会机构保障的践行 ………………………………………… 181
6.3　个人对公民信息获取权的保障 …………………………………… 186
　　6.3.1　个人在信息获取权保障体系中的定位 ……………………… 186

  6.3.2 个人保障的内容 …………………………………… 188
  6.3.3 个人保障的践行 …………………………………… 190
7 研究结论与展望 ……………………………………………… 192
 7.1 研究结论 …………………………………………………… 192
  7.1.1 信息获取权本体认识 ……………………………… 192
  7.1.2 信息获取权保障价值分析 ………………………… 192
  7.1.3 信息获取权保障实践探索 ………………………… 193
 7.2 研究展望 …………………………………………………… 193
  7.2.1 加强信息法制建设 ………………………………… 194
  7.2.2 突出公民的权利主体地位 ………………………… 194
  7.2.3 创新信息获取权保障体系 ………………………… 194
参考文献 ………………………………………………………… 195
附录 ……………………………………………………………… 215

1 绪　论

1.1　研究背景与意义

信息资源是人类认识世界和改造世界的源泉，是人类社会的重要战略资源，是信息社会重要的生产力要素。随着社会信息化进程的加快，信息资源对国家和社会的重要性日益凸显，信息资源成为重要的社会生产要素和无形财产，成为人们生产生活中的基础资源。随着信息社会的发展，人们的信息需求与日俱增。信息获取是人类社会生存和发展的必需，信息资源的开发利用是国家信息化建设取得实效的关键，也是衡量国家信息化水平的一个重要标志[1]。

信息时代给人们的思想观念、思维方式、知识结构、行为方式都注上信息的标签，信息成为有价值的社会资源。在现代信息社会，信息消费成为一种常见的消费方式，人们时刻处在信息洪流之中，但因为受各种因素的影响，人们并不能便利地获取社会信息资源，信息获取仍然存在着障碍。这些障碍的核心是公民信息获取权益未能得到充分保障，要解决这一问题，首先必须从制度方面保障社会公众的信息获取权，建立促进信息资源公共获取的社会机制。随着社会信息需求的增长和公民权利意识的提高，全体社会成员拥有自由平等地获取、利用和传递信息的权利已经成为人们的共识。充分保障公民信息获取权利是信息社会的必然选择，将信息获取权法律化是保障公民信息获取权利的重要途径[2]。

---

[1] 陈传夫．信息资源公共获取的社会价值与国际研究动向［J］．中国图书馆学报，2006（4）：5-9．

[2] 周淑云．信息获取权的国内外立法现状分析［J］．新世纪图书馆，2009（4）：18-20．

1.1.1 研究背景

20世纪后期以来，信息技术不断创新，信息网络广泛普及，信息产业持续发展，信息革命在全球范围内不断蔓延，席卷全球的信息化浪潮将人类社会从工业社会推进至信息社会，给人类社会生产生活带来深刻变革，信息化成为全球社会发展的显著特征。农业社会的基础是农民；工业社会的基础是市民；信息社会的基础是网民。在以网民为基础的信息社会里，人们的思想观念、行为方式乃至社会形态均发生了巨大的变化。在农业社会和工业社会中，物质和能源是社会生产生活的基础；在信息社会中，信息技术、信息资源在社会生产生活中处于支配性地位，信息成为比物质和能源更重要的资源，信息产业在国民经济中居于主导地位。信息技术和人类生活紧密地结合起来，一次次的技术创新催生了不计其数的新产品和新的生活方式，深刻地改变着社会形态。全球信息化打破了世界发展的原有格局，正重塑世界政治、经济、文化发展的新面貌。利用新的信息革命的契机，世界各国纷纷将信息化建设作为本国经济发展的新动力。加快信息化发展，成为世界各国的必然选择和共同目标，不管是发达国家还是发展中国家，都根据自身的政治、经济、文化、技术特点制定出国家的信息化发展战略规划。从20世纪90年代美国的《国家信息基础设施计划》，韩国的《信息化促进基本法》和《信息化促进基本规划》等推动信息化政策的出台和实施，到21世纪初期日本推行的《E日本战略》《IT新改革战略》，欧盟的《欧洲信息社会行动计划》，以及印度《信息技术行动计划》《信息技术法》等，各国出台了一系列信息政策，无不显示了各国加快信息化发展的决心和行动。

国际社会也通过各种形式推动全球信息化发展，2000年7月，美、英、法、日、德等八个国家领导人齐聚日本冲绳，召开八国集团首脑会议。此次会议讨论了当今国际社会所面临的共同问题，八国领导人在会上发表《全球信息社会冲绳宪章》，其中提出，信息技术是21世纪发展的最强大力量，要充分利用信息技术所带来的机会，抓住数字机遇，缩小国家间、地区间信息方面的差距，推进全世界的参与，共同建设全球信息社会。2001年12月，联合国大会应国际电联的倡议，通过举办信息社会世界峰会（WSIS）的决议，峰会的目标是"建设一个以人为本、具有包容性和面向发展的信息社会。在这样一个社会中，人人可以创造、获取、使用和分享信息和知识，使个人、社区和各国人民均能充分发挥各自的潜力,促进实现可持续发展并提高生活质量"。一幅公开透明、兼容并蓄的信息社会新蓝图展现在世人面前,这一新的构想也一直由国际组织、各国政府、私营部门和民间社会以各自的方式实施着、推进着。

自20世纪末我国提出"加快国民经济信息化进程"以来,我国信息化发展取得长足进步。《2006—2020年国家信息化发展战略》是我国第一个信息化建设的系统化、纲领性的文件。该文件在分析全球信息化发展趋势和我国信息化发展形势的基础上,明确了我国信息化发展的指导思想和战略方针、战略目标、战略重点以及战略行动计划,并提出相应保障措施,是指导我国信息化发展的重要规范。国家"十二五"规划纲要中提出要全面提高社会信息化水平,加快建设宽带、融合、安全、泛在的下一代国家信息基础设施,推动信息化和工业化深度融合,推进经济社会各领域信息化。为了进一步贯彻落实信息化战略转移,2013年国务院发布《信息化发展规划》,作为加快推进我国信息化发展的行动纲领。在实践中,我国信息化发展取得了可喜的成绩,信息基础设施建设实现跨越式发展,信息资源开发利用工作全面展开,工业化与信息化的融合取得了重要进展,信息化成为推动中国经济发展的重要力量。

信息资源是信息社会的核心要素之一,信息的自由获取与传播是实现社会可持续发展的重要前提条件,是社会公众的基本权利。信息的生产、分配、交换、消费是信息社会的主要特征,信息获取是社会信息活动链条中最关键、最重要的一环,信息生产与流通的最终目的都是为了信息获取。信息获取对信息社会的每一个人产生重大影响,随着信息成为社会基础性资源,人们的信息获取需求日益增长,社会公众获取信息的手段和方式日益先进,人们对信息资源的公共获取应该得到保障。要是没有开放公开的社会,如果不给予人民通过媒介和跨越鸿沟寻求、取得和分享信息和思想的权利,信息革命就会停顿,我们大家希望建立的信息社会就会夭折❶。国际图联认为,信息是为所有人的,无论何种形式的信息均应被公共获取,版权法不应成为公众获取信息的障碍,保证所有的人都能获取信息,是政府部门和信息机构的重要职责。

---

❶ 科菲·安南.2005年11月16日在突尼斯信息社会世界首脑会议开幕全体会议上的讲稿[EB/OL]. http://www.un.org/chinese/events/wsis/sg.htm. 2014-8-17.

信息化的推进一方面丰富了社会信息资源，另一方面也带来了信息差距。经济发展的不平衡，以及信息的商品属性导致社会信息获取的不平等，政府信息资源、企业信息资源、公共部门信息资源、学术信息资源的开发与利用机制尚不健全，信息获取中的不均衡广泛存在。在蓬勃发展的信息化进程中，信息控制与获取的矛盾日益突出，信息生产者和使用者之间的利益冲突日益尖锐，信息控制是信息生产者的追求，而信息获取是广大社会公众的需要。信息控制与信息获取之间的矛盾，以及信息富有者与信息贫困者之间信息鸿沟的存在，是本课题选题的主要现实背景。在现代信息社会，信息资源应该能被便捷地、免费或通过合理付费方式被一般公众无障碍获取❶。信息获取是信息社会的普遍需求，为此需要采取措施推进信息资源公共获取，保证公民信息获取权的实现，使信息不至于成为富人才能消费的奢侈品，任何社会公众，不论其种族或身份，都应该无歧视地、直接或间接地享有平等获得信息和服务的机会，能从知识和信息中获益。

1.1.2 研究意义

信息资源是信息社会的重要生产要素，社会的繁荣与发展，个人的成长与进步，都离不开信息资源的自由获取，在当今云计算和大数据时代，如何使社会公众快速、准确地获取所需信息，是重大的技术问题，也是重要的法律问题。技术的发展使信息资源的快速获取成为可能，而法律的规范将使公民的信息获取权益得到现实的保障。公民信息获取权益研究，是信息社会发展的主要理论问题，也是社会发展过程中必须解决的首要问题。权利只有在特定的社会环境中才能产生、存在和发展。目前我们所处的社会环境已经非常有利于公民信息获取权的培育，具体而言，这些有利因素包括日益发展的市场经济环境、和谐公正的民主政治环境、优质高效的法治环境等。

信息是减少不确定性的因素。信息为政府、企业、个人的决策提供条件，信息为企业带来收益，信息也是个人精神消费的对象❷。信息资源作为一种公

---

❶ 陈传夫，姚维保．我国信息资源公共获取的差距、障碍与政府策略建议［J］．图书馆论坛，2004（6）：54．

❷ 杨宏玲，黄瑞华．信息权利的性质及其对信息立法的影响［J］．科学学研究，2005（1）：35－39．

共物品，应该被广大民众所了解、知晓和获取。缺少某些信息可能造成社会公众在生产生活中的诸多不便，以及人们在社会中行为选择的失败，尤其是在现代信息社会，人们对信息的依赖程度越来越高。因此信息资源的公共性要求设立公民信息获取权。为社会提供及时、准确、透明的信息是政府的一项重要职责。政府应该及时提供必要的信息，降低组织或个人获得相关信息的费用，使公民的知情权得到充分保障。同时，设立公民信息获取权也是防止信息垄断、制约信息寻租、促进社会发展的重要举措[1]。

（1）理论意义

本课题针对信息社会的基本问题，以公民信息获取权为主要研究内容，从宏观角度研究公民信息获取权的制度设计、规划组织、规制管理等问题，从微观角度研究公民信息获取权的资源保障、技术支撑、实现方式等问题，其研究具有重要的理论意义和现实意义。从理论角度分析，公民信息获取权保障研究对于促进民主政治理论的发展、信息法学理论的完善和信息资源管理理论的创新都有着重要的意义。

从民主政治角度而言，信息获取权利的主体是公民，对公民信息获取权的保障，是人民民主在信息领域的体现，是人民主权理论在信息社会的延伸。我国是人民当家做主的社会主义国家。一切权力属于人民，一切权力来自人民，人民是国家的主人。依法保障公民的基本权利，是国家和政府义不容辞的责任，是民主政治建设的必然要求。信息获取权是宪法和法律规定的公民的基本权利，是每一个社会成员享有的基本人权。尊重和保障人权，保证人民依法享有广泛的权利和自由，是发展社会主义民主的内在要求。中国的社会主义民主，是建立在公民各项权利得到保障和不断发展基础上的民主。公民信息获取权利保障研究，对于促进民主政治理论在信息社会的发展，具有至关重要的作用。

从法学角度而言，对信息获取权的研究是信息法理论研究的一个重要领域，其研究成果将确立以信息为基本要素，以权利为核心内容，以服务为基本手段的社会信息流转机制，拓展信息法学相关理论。信息社会的重要特征是信息成为社会最基本、最重要的资源。通过法律制度保护信息资源的获取

---

[1] 周淑云，王好运.信息获取权客体辨析[J].图书馆，2015（1）：18-20.

与利用、创造与传播，是信息社会法治建设的基本要求。信息法的产生源于时代需求，信息法律制度的完善又有利于时代的进步与社会的发展。信息法的主要作用是调整人们因为信息资源而产生的各种社会关系，解决社会信息矛盾，维护信息公平。加强信息获取权研究，促进信息法律制度的完善，既是信息社会发展的要求，又能促进信息技术和信息产业的发展繁荣，对于促进我国信息法学理论体系的发展与完善，具有重要的推动作用。

从信息资源管理角度来看，公民信息获取权保障研究对丰富信息资源管理理论具有重要意义。信息获取是基本的信息活动，保障公民信息获取权的实现，需要加强信息资源管理。信息资源管理通过对涉及信息活动的各种要素进行合理组织与控制，以实现信息及有关资源的合理配置，从而有效地满足社会的信息需求。将信息作为战略资源进行管理，关键内容是按照用户信息需要，确定信息资源的政策。重要的是建立获取和管理信息的政策，使信息所有权、信息的公共获取和信息共享保持利益均衡❶。随着信息技术的发展，人们在信息活动中出现许多新的信息矛盾，伴随着信息资源传递的高速度和信息利用的高效率，信息安全、信息产权、信息利益分配等问题逐渐暴露，人们着手利用行政、法律和经济的手段，从微观与宏观上协调各种矛盾、冲突和利益关系，妥善处理信息管理中人与物的复杂关系，逐步形成了信息资源管理的思想和观念。信息政策和信息法律属于信息管理的人文范畴，主要功能是规范和约束信息活动中人的行为，规定各方面的责任、权利和利益，协调信息活动内外的各种关系❷。公民信息获取权利保障研究，是信息资源管理理论的重要组成部分，加强本书研究，对于丰富信息资源管理理论，具有积极的促进作用。

（2）实践意义

从实践的角度分析，信息获取权的研究对于实现我国信息资源的深层利用，构建社会信息保障体系，促进社会民主发展，推进国家信息化和创新型国家建设，具有重要的应用价值。本书研究的实践意义主要体现在以下几个方面：

---

❶ 吴慰慈. 从信息资源管理到知识管理［J］. 图书馆论坛，2002（5）：12-13.
❷ 马费成. 信息资源管理的历史沿革——从信息源管理到信息资源管理［J］. 情报科学，1998（3）：251-256.

从国家层面而言，公民信息获取权利的研究对于推进国家信息化发展，推动社会信息资源的有效配置，促进信息资源开发利用，解决和协调社会信息矛盾具有重要的意义。信息获取权保障事关国计民生，公民信息获取权是信息社会人们普遍关心的问题，公民信息获取权保障对于消除目前广泛存在的社会信息不对称、信息资源闲置、信息寻租等不合理的行为具有重要意义，有利于社会信息资源建设、开发与利用，使社会信息资源更好地发挥其效用。公民信息获取权保障有利于打破政府和部门对信息资源的垄断与封锁，提高信息资源的利用效率，促进社会信息资源公共获取，从而实现信息公平。

从社会层面而言，信息法律制度通过对公民信息获取权利的保障，维护社会公众在信息领域的利益，使社会信息资源得到最大限度的开发和利用，从而生产出更高质量的信息产品和信息服务，促进社会信息化发展。公民信息获取权保障有利于信息产业的发展。信息产业是国民经济活动中与信息产品和信息服务的生产、流通、分配与消费直接相关的产业集合[1]。信息产业存在的基础为信息资源，公民信息获取权的实现，对信息技术、信息处理、信息服务都提出了更高要求，有利于信息产业的良性发展。公民信息获取权保障对于缩小信息鸿沟，促进信息共享，营造公平合理、可持续发展的信息环境具有积极影响。

从个人角度而言，公民信息获取权利研究对于维护社会公共利益，保障公民的基本权利，以及规范不同主体的信息活动具有积极作用。信息获取权保障能消除不同主体之间的信息不对称，优化信息资源配置，从而使得普通社会公众都能从信息社会获益。信息获取权是公民的基本权利，信息获取是人们开展其他社会活动的原动力，对信息获取权的保障使公民能更积极、主动地参与到社会生产生活中去，提高人们的生产效率和生活质量，有利于公民更好地管理国家事务和社会事务，更好地开展经济文化活动。信息获取权保障使个人获得真正的自由与全面发展，在信息获取的基础上，人们能拓宽视野、增长知识、提升能力，成为适应信息社会发展的有用之才。

---

[1] 赖茂生，王芳. 信息经济学 [M]. 北京：北京大学出版社，2006：107.

1.2 国内外研究进展

1.2.1 国外信息获取权研究进展

随着全球信息化的不断推进,国外关于公民信息获取权利的研究受到越来越多的关注。公共机构不是为自身的利益而控制信息,而是为了公共利益而代管信息,公共机构的信息资源必须为社会公众广泛获取这一观点已成为全球共识。信息获取权保障的制度建设、理论研究与实践探索在国际上已引起广泛关注。

(1) 制度建设

制度层面关于信息获取权的研究起源于20世纪40—60年代,截至21世纪初期全球已有近百个国家通过了保障信息获取权的法律,越来越多的国际组织和国家机构接受了信息公开的基本原则,信息获取权日益成为一项普世人权。总体上而言,全世界大多数国家已经在制度层面认可公民信息获取权利。

很多国家以专门的信息立法形式保障公民信息获取权,芬兰、美国、日本、印度等国家都制定了专门的信息法,这些国家先后通过相关法律法规将信息获取权由一种宪法权利具体化为一种法定权利,以保障其真正实现。1951年,芬兰率先制定《官方文件公开法》,其主要内容为:除保密性文件外,公民有权获取一切官方文件,当公民信息获取权受到侵犯时,当事人有权向法院或政府其他相关部门提出获取文件的要求。1966年,美国颁布《信息自由法》,该法明确了公民信息获取的权利和政府公开信息的义务,该法规定,除法律规定不得公开的保密资料外,政府部门的信息应向任何人公开;如果政府部门不按规定公开信息资源,当事人可依据法律的规定向法院起诉。为了进一步保障公民信息获取权,1977年,美国颁布《政府信息公开法》,该法要求政府部门将所有属于讨论的会议信息公开❶。随着信息技术的发展,

---

❶ 邱瑜. 公民信息权的公法保护研究 [J]. 法制与社会, 2007 (1): 683.

许多信息以电子形式保存,在这一时代背景下,1996 年美国颁布《电子信息自由法》,明确赋予公民获取电子信息的权利。1985 年,加拿大通过《信息获取法》,该法的目的是保障公民获取政府信息的权利。在日本,一般认为信息获取权包括两个方面的含义:一方面是公民不受妨碍地从政府部门、大众传播媒介及其他信息源获取各种信息的权利,即"信息的领受权";另一方面是公民要求政府部门公开信息的"信息公开请求权"。前者被称为"知的自由",后者被称为"知的权利"。2000 年,英国议会通过《信息自由法》,按照这一法律规定,任何人,不管是否拥有英国国籍,也不管是否居住在英国,都有权利了解包括中央和地方各级政府部门、警察、国家医疗保健系统和教育机构在内的约 10 万个英国公立机构的信息。2005 年印度颁布了《信息权利法》,规定公众享有获取信息的权利,政府部门及公共管理机构具有提供信息的义务,该法以权威的形式为印度公民获取政府信息、提高政府工作透明度提供了法律保障。2016 年 4 月,越南通过《信息获取法》。2016 年 9 月,肯尼亚通过《信息获取法》,越来越多的国家颁布了专门的信息获取法,以充分保障公民的信息获取权利。

(2) 理论研究

对信息获取权保障的研究随着西方民主政治的发展而逐渐受到重视,保障公民信息获取权利是民主政治的基础。詹姆·麦迪逊指出,政府如果不能为公众提供充分的信息,或者公众缺乏畅通的信息渠道,那么所谓面向公众的政府,也就沦为一场滑稽剧、悲剧或悲喜剧的序幕。❶ 国外信息获取权的研究主要集中在以下几个方面:信息资源公共获取的社会与法律问题,信息资源公共获取差异,知识产权保护与信息资源公共获取的平衡,信息资源开放存取等方面。❷

就信息获取权的法律问题,加拿大学者托比·曼德尔于 2003 年出版了《信息自由:多国法比较》一书(该书于 2008 年进行了一次修订),该书是介绍世界各国信息获取权立法的重要文献。该书对信息自由的法律与实践作出了权威而又易懂的解说,对行之有效的实践及其成功的原因提供了有价值的

---

❶ Padover, Saul. the Complete Madson [M]. New York:Harpe, 1953.
❷ 陈传夫. 信息资源公共获取的社会价值与国际研究动向 [J]. 中国图书馆学报, 2006 (4):5-9.

分析，对世界各国的信息获取权立法起了很好的促进作用。伊丽莎白·谢泼德在《信息自由、信息获取权、开放数据：是谁为大》一文中对世界信息立法进行了概述。作者提出，许多国家政府都采用信息获取权或信息自由作为公民权利的基本要素。世界范围内超过 100 个国家已经通过了专门的信息法，其中欧洲有 50 个以上的国家已经通过了信息法。作者重点分析了 2000 年英国《信息自由法》的内容。❶

就信息获取与信息安全的矛盾，赫尔曼在《后 911 时代的平衡方案：公民信息获取权与敏感数据保护》一文中指出，美国应当确立起明确的指导方针，设立统一的标准来确定哪些敏感信息不适合在因特网上传播，以平衡公众获取政府信息和国家保护敏感数据的需要，美国的民主和开放足够强大，肯定能够战胜这些信息限制的问题，在这方面，美国地质局的一系列做法值得借鉴❷。苏珊·玛特在《互联网的公共领域：在互联网上获取政府信息》一文中指出，公众有权获取政府信息，联邦机构不能以安全为由拒绝，要保障公民信息获取权利，除政府的积极作为外，还需要公益组织及相关公民的行动❸。香农·马丁和戴比·罗宾纳在《国家安全、个人隐私与政府信息公共获取》一文中指出，越来越多的国家颁布实施了信息获取法律，而随着政府信息计算机化，越来越多的政府通过计算机网络提供数字信息供公众获取，如何平衡信息获取与隐私保护的矛盾，有赖于法律与技术方法的结合。❹

(3) 实践探索

不同组织和个人在实践层面也对推进信息资源公共获取采取行动。作为信息社会世界首脑会议的执行机构，联合国教科文组织专门成立了传播和信息部，致力于促进全世界信息与知识的获取和自由流动。1997 年，国际图联

---

❶ Elizabeth Shepherd. Freedom of Information, Right to Access Information, Open Data: Who is at the Table? [J]. The Round Table, 2015 (6): 715 - 726.

❷ E. herman. A Post - September 11th Balancing Act: Public Access to U. S. Government Information Versus Protection of Sesitive Data [J]. Jounal Of Government Information, 2004 (1): 42 - 65.

❸ Susan Nevelow Mart. The Internet's Public Domain: Access to Government Information on the Internet [J]. Jounal of Internet Law, 2009 (3): 3 - 13.

❹ Shannon Martin & Debbie Rabina. National Security, Individual Privacy and Public Access to Government - held Information: The Need for Changing Perspectives in a Global Environment [J]. Information & Communications Technology Law, 2009 (3): 13 - 18.

在哥本哈根通过决议,成立了信息自由获取与言论自由委员会,致力于保护公民信息获取权,促进信息在世界范围内的自由流动。在莫桑比克举行的2008年新闻自由日纪念活动通过了《马普托宣言:促进表达自由、获取信息和提高人的能力》。2010年,世界新闻自由日纪念活动在澳大利亚昆兰士州举行,此次庆典的主题是"信息自由:知情权",并颁发了《信息自由布里斯班宣言》。除了国际组织对信息获取的推动外,相关信息机构也致力于促进信息资源的广泛获取。美国图书馆协会、美国研究图书馆协会等机构合作成立了信息获取联盟。美国学者乔治·巴龙（George Barnum）发表题为《有效性、可获得性、权威性、永久性:创造电子政务信息资源永久公共获取环境》的论文,指出新闻出版总署是政府出版物的生产和发布机构,联邦图书馆是政府出版物的收集和传播机构,分析了美国新闻出版总署自19世纪以来为推进政府信息资源公共获取所采取的一系列措施[1]。2004年,美国政府发布《科学自由获取华盛顿原则》,美国科学基金会资助了多项推进公民信息获取权保障的项目。2013年在巴西召开的国际档案理事会年度大会的主题是"国家的透明度和公民获取信息的权利",保障公民信息获取权利成为国际档案界的共识。

为消除公民自由获取信息的障碍,开放存取运动应运而生。2001年年底,开放协会研究所在匈牙利的布达佩斯召集了一次有关开放存取的国际研讨会,并起草和发表了"布达佩斯开放存取倡议"（BOAI）。BOAI对开放存取的定义为:文献可通过公共网络免费获取,允许任何用户阅读、下载、复制、传播、打印、检索、链接到论文的全文,为论文建立索引,将论文作为素材编入软件,或者对论文进行任何其他出于合法目的的使用,而不受经济、法律和技术方面的任何限制,除非网络本身造成数据获取的障碍。对复制和传播的唯一约束是允许作者对其作品完整性以及署名权和引用权进行控制。布达佩斯倡议发表后,2003年3月,在美国马里兰州召开了一次有关进一步促进科技文献公开获取的会议。该会议达成了一项有关"开放存取出版物"的《巴斯达声明》。2003年10月德国、法国、意大利等多国研究机构在德国柏

---

[1] George Barnum. Availability, Access, Authenticity, and Persistence: Creating the Environment for Permanent Public Access to Electronic Government Information [J]. Government Information Quarterly, 2002 (19): 37-43.

林联合签署了一项《柏林宣言》，呼吁向所有网络使用者免费公开更多的科学资源，以促进更好地利用互联网进行科学交流与出版❶。2003年国际图联报告委员会发表《学术文献和研究文献开放存取声明》。开放存取是一种全新的学术资源交流理论，是在现有的法律框架下建立的学术资源新型信息传播系统，它消除学术资源获取的价格障碍与许可障碍，倡导学术信息资源的免费获取❷。

2008年，国际人权组织"开放社会司法倡议"和信息获取欧洲联盟共同建立了一个网站"right2info.org"，收集了全世界关于信息获取权的立法与案例信息，并对这些信息进行比较分析与研究。该网站设立的宗旨包括三个方面内容：一是促进世界范围内的信息权利倡导者分享彼此关于信息获取权的信息，包括案例分析、立法规定和决策内容；二是在国家和地区层面促进信息获取权法律体系的制定；三是促进法律法规和实施机制的改革❸。

1.2.2　国内信息获取权研究进展

国内关于公民信息获取权利的研究随着国家信息化的发展和民主法治建设的加强而不断深入。

（1）制度建设

2007年1月，国务院通过了《中华人民共和国政府信息公开条例》，其立法宗旨为：保障公民、法人和其他组织依法获取政府信息，提高政府工作的透明度，促进依法行政，充分发挥政府信息对人民群众生产、生活和经济社会活动的服务作用。政府信息是社会公共信息的重要组成要素，政府信息也是公民信息获取权的主要客体，政府信息及其他非政府性公共信息的充分公开，是公民信息获取权实现的前提条件和基础保障。

除颁布《政府信息公开条例》以外，公民的信息获取权在其他的相关法律法规中也得到彰显，如《民事诉讼法》《消费者权益保护法》《传染病防治

---

❶ 崔海峰，洪跃. 图书馆在开放存取中的对策 [J]. 图书馆学刊，2006（4）：29 - 30.

❷ 陈传夫. 信息资源公共获取的社会价值与国际研究动向 [J]. 中国图书馆学报，2006（4）：5 - 9.

❸ The Right to Information: Good Law and Practice. http://www.right2info.org [EB/OL]. 2017 - 1 - 20.

法》《证券法》《统计法》《气象法》《行政许可法》《环境保护法》等法律法规中都有保障公民信息获取权的内容。

（2）理论研究

目前国内关于信息获取权的研究主要在法学、信息学等领域展开。

①从法律的角度研究信息获取权

有学者从法律的角度对信息获取进行诠释，认为公民应该拥有信息获取权。基于人民主权理论与公民知情权的确立，公民应当享有获取政府信息权，政府信息公开制度是保障公民获取政府信息权的基本法律制度。❶ 人人都有获取信息的自由和权利，它是保障人类文明传播的重要条件。信息获取的自由权利，是构成人的生存权利的重要方面，是人的发展权利的重要方面。❷ 也有学者从法律冲突的角度研究知识产权与信息获取权的关系。❸ 对于什么是信息获取权，信息获取权包括哪些内容，理论界有不同的观点。多数学者认为，信息权利是以信息为客体的权利束，既包括财产性权利，也包括非财产性权利。信息权利代表一种新型的权利类型，体现了信息环境下社会关系的变化和法律制度的发展。信息获取权属于信息权利的范畴，是一种普遍性的信息权利。与公民信息获取权较为相近，而且已产生较多研究成果的是关于知情权的研究。知情权是指个人或组织有权知悉国家行政机关的相关信息。知情权作为公民的一项基本权利已经得到广泛认可，但关于知情权的实践研究成果并不多，已有的成果大多囿于理论上的探讨。从本质特征分析，知情权是与公民信息获取权相近的一种权利。从权利属性而言，信息获取权较知情权更具体、更明确。

信息获取权是信息权利的一种，它与知情权、信息权利联系密切，这在国内学界已基本达成共识，但对信息获取权内容范围的界定还存在着认识上的分歧❹。黄瑞华等认为，信息获取权的内容应包括信息主体获取信息的权利和信息主体通过法定的援助方式保证信息获得的权利。而信息主体获取信息

---

❶ 张利. 论获取政府信息权 [J]. 求索, 2005 (5): 65.
❷ 蒋永福, 庄善杰. 信息获取自由与公共图书馆 [J]. 图书馆论坛, 2005 (6): 83.
❸ 崔雁. 知识产权与信息公共获取权协调研究 [D]. 武汉: 武汉大学, 2005.
❹ 刘进军等. 我国公民信息获取权保障研究综述 [J]. 图书馆学刊, 2013 (3): 124 – 128.

的权利又包括两个方面：一是公民有权获得法律不禁止公开的信息；二是公民有权通过法律规定的方式去获得这些信息。只有同时包含了这两个方面，信息获取权的内容才是完整的。❶ 张衡等认为，在信息社会中，完整意义上的公民信息获取权应当包括以下三个层面的内容：其一是自由权层面的公民信息获取权，即公众具有不受阻碍地获取信息的权利，并且排除国家对于权利的限制措施。其二是社会权层面的公民信息获取权，即公民具有请求国家积极作为、保障权利的实现的权利。其三是政治权层面的公民信息获取权，即狭义的信息获取权，也就是公众具有请求获取政府信息的权利，这正是政府信息公开的法理依据❷。

②从信息资源管理角度研究信息资源公共获取

信息学领域的学者主要倾向于从信息资源角度研究信息资源公共获取。信息资源公共获取是指信息便捷地、免费或通过合理付费方式被一般公众无障碍获取。信息资源公共获取的模式、保障、障碍与差距等都属于这方面的研究内容。

关于信息资源公共获取研究。在国内以 2002 年陈传夫教授的国家自然科学基金资助项目"推进信息资源公共获取的政府策略"为开端，涌现出了一批相关的科研成果。这些研究成果从不同的角度分析了信息资源公共获取问题，分别论述了信息资源公共获取的社会价值、信息资源公共获取的研究方向、我国信息资源公共获取的现状、科学数据公共获取机制等问题。

2004 年 5 月，国内图书馆学情报学专业核心期刊《图书情报工作》以"推进信息资源公共获取"为专题发表了一组文章，分别为：《论政府信息资源公共获取》《公共健康信息的公共获取问题研究》《试论我国证券信息资源公共获取》《推进国民经济宏观信息的公共获取》。这一组文章分析了不同类型信息资源公共获取的现状与推进策略，丰富了我国信息资源公共获取问题的研究内容。

2005 年，武汉大学有 3 篇硕士学位论文专门探讨了信息资源公共获取问题，分别为：《推进信息资源公共获取的公共政策选择》《知识产权与信息公

---

❶ 黄瑞华，等．论网络环境下的信息获取权［J］．情报学报，2001（6）：269 – 275.
❷ 张衡，丁波涛．公民信息获取权的法律基础——基于知情权的研究［J］．图书情报知识，2009（5）：94 – 98.

共获取协调研究》《我国信息资源公共获取障碍研究》。这些论文从不同角度研究信息资源公共获取问题。推进信息资源公共获取的政策主要包括信息公开政策、信息共享政策、信息创新政策、技术保障政策、市场拉动政策等；知识产权与信息公共获取协调发展的原则主要为私权与公益平衡、公平与效率统一、公正与公平统一、程序节约四个方面；信息资源公共获取障碍包括自然因素与社会因素等方面。另外，关于信息资源公共获取方面的主要论文还有《CNII 信息的公共获取》《政府信息资源公众获取的保障研究》等。

肖冬梅在其专著《信息资源公共获取制度研究》中认为信息资源公共获取制度主要包括信息资源公开制度、信息资源开发和利用制度、信息资源共享制度、信息素养培训制度。丁波涛在专著《信息资源的公共获取机制研究》中主要分析了信息资源公共获取的模式和信息资源公共获取的边界。

（3）实践探索

关于公民信息获取权保障，实践领域主要有以下途径：一是完善政府信息公开制度，二是开放存取运动，三是公共图书馆、档案馆等专业信息服务机构的服务对信息获取权的保障。而公民信息权利意识的培养也是实现公民信息获取权的重要保障。

近年来，我国各级政府正在积极探索和实施政府信息公开，政府信息公开逐渐迈出了从理论到实践的关键性一步。广州市在全国率先实施政府信息公开，市级政府每年主动公开的政府信息达十万条以上，上海市也在政府信息公开工作上取得了丰硕的实践成果。继广州、上海之后，深圳、杭州、重庆、武汉等地相继展开了保障公民信息获取权的政府信息公开运动。政府信息公开实践现已在全国各地全面铺开，政府部门以多样化的信息公开渠道和形式，切实保障公民的信息获取权利。我国的政府信息公开实践将进一步向纵深发展。

开放存取运动自兴起以来，得到国内外政府部门、科研机构、教育部门、出版企业、信息机构的积极响应。我国的开放存取实践也在如火如荼开展。2005 年 6 月，在北京举办了科学信息开放获取战略与政策国际研讨会，会议主题为"科学信息开放存取政策与战略"。我国开放存取期刊和开放存取仓储的数量日益增长，规模逐步扩大。截至 2014 年 3 月，我国在 Open DOAR 网站（http：//www.opendoar.org/）登记的机构仓储有 32 个。我国有上百种学术期刊实现了开放存取。开放存取运动正吸引着越来越多的组织、机构和个人的参与，来自社会各行各业的力量不断推进着开放存取的实践应用，便利了公民的信息获取。

我国图书馆、档案馆及其他信息服务机构在新的信息环境下也通过不断更新信息服务理念、扩充信息服务内容、创新信息服务方式，充分保障公民信息获取权利。图书馆、档案馆等信息服务机构在充分保障用户信息获取权利这一服务理念的指导下，利用新的信息技术为用户提供更优质的信息服务。服务形态从文献服务、信息服务向知识服务、智慧服务延伸与深化；服务方式从以流通阅览、参考咨询为标志的传统图书馆服务走向以学科服务、情报服务、移动服务、数据服务、出版服务、智库服务等为特征的新型服务。

为了更好地推进公民的信息获取，自党的十八大以来，开展"全民阅读活动"已经成为党中央的一项重要战略部署，此后在政府工作报告和其他系列报告、规划中也多次对倡导和开展全民阅读活动、建设"书香"社会提出了明确要求。2016年国家新闻出版广电总局根据国务院立法工作计划起草了《全民阅读促进条例》（征求意见稿），并向社会公开征求意见。这些举措有力保障了公民信息获取权利的实现。

1.2.3 简要述评

从现有研究成果看，虽然自2000年以来，国内有相关学者从事信息获取权方面的研究，但研究成果数量与质量有限，对信息获取权的概念、内容等基本理论问题并没有形成成熟的观点，没有形成信息获取权保障的体系框架。现有的相关研究缺乏系统性，与外界缺乏交流和沟通，因此有必要加强信息获取权的相关研究，未来的研究方向与重点主要集中在以下几个方面：一是加强对基本理论问题的研究，对信息获取权的概念、内容、性质、特征等基本理论问题进行深入探讨，形成共识，厘清这些基本问题是进行后续研究的前提与基础；二是加强对世界各国信息获取权立法的研究，发现差距与差异，为我国信息获取权保障体系构建提供可资借鉴的先例；三是对国际组织、政府机构、专业团体等推动信息获取权所从事的相关活动进行系统梳理；四是对公民信息获取权保障机制进行系统研究，从立法、行政、司法、行业等多个角度来架构公民信息获取权利保障机制。以上述几个方面推动公民信息获取权利的真正实现，从而实现社会公平❶。

为了推进信息获取权的法律化，完善有关制度建设，还需要从理论上对信息获取权利进行广泛的探讨与深入的研究。随着国家信息化建设的不断发展，信息获取权利研究将进入更多的学科领域和更广泛的社会实践，有关信息获取权的系统理论将得到深化和拓展。

1.3 研究思路和方法

1.3.1 研究思路

通过对公民信息获取权益的理论分析与实践保障，揭示公民信息获取权的实现与社会发展及政治民主、公民信息获取与公民其他民主政治权利之间的互动关系，从而形成相应的理论成果。首先，分析公民信息获取权的基本理论问题，包括信息获取权的定义、内容、性质，以及信息获取权保障的意义与价值目标，这是研究的出发点和基石；其次，研究公民信息获取权利保障机制的现状；最后，从制度保障、技术保障、管理保障三个方面提出我国公民信息获取权利保障体系的构建，政府部门、社会机构、个人是信息获取权保障的实施主体，应该建立起政府宏观调控、社会协同调节、民众主动参与三者共同协调、互为一体的信息获取权保障新模式。

研究的重点主要体现在以下两个方面：

（1）公民信息获取权的制度保障

研究如何从法律与政策的角度保障公民享有充分的信息获取权，以及对权利主体、客体、内容的具体规定，以保障社会信息资源的合理配置与有效利用。

（2）公民信息获取权保障的实施

公民信息获取权作为一项法定权利，其充分实现需要社会各方力量的共同参与，如何实现不同信息活动主体之间的分工与合作，共同促进公民信息

---

❶ 刘进军，等. 我国社会公众信息获取权保障研究综述 [J]. 图书馆学刊，2013 (3)：124-128.

获取的实现，是本书的重点内容。

研究的难点如下：

（1）国内外公民信息获取权利保障制度的分析

要对国内外公民信息获取权利保障制度的现状进行整体把握，需要通过广泛的社会调查获取大量数据，数据的获取与处理需大量的投入。

（2）公民信息获取权利保障体系的构建

公民信息获取权利保障体系的构建是一个系统工程，需要从制度保障、技术推进、管理优化等方面进行推动。如何协调各要素，形成一整套相互联系、相辅相成的信息获取权保障体系，值得深入探讨。

1.3.2 研究方法

主要采用文献研究法、比较研究法、调查研究法等科学研究方法，对公民信息获取权进行宏观与微观阐释。在研究过程中，综合运用各种科学研究方法，从实际需要出发，针对不同问题采取不同的研究角度与方法。

（1）文献研究法

广泛搜集国内外有关信息权利与信息资源公共获取研究的文献资料，以便比较全面地把握目前的研究现状，对前人研究成果进行综合分析，在前人研究成果的基础上进行创作。

（2）实证研究法

对公民的信息获取现状进行社会调查，获取客观材料，了解公民信息获取的现实情况，研究公民信息获取权的定义、构成要素及公民信息获取权实现的影响因素。

（3）比较分析法

比较分析国内外信息获取权保障的现状，对不同国家的信息获取权立法状况进行剖析、对比，作出客观评价，从中找出差距，判断优劣，作为我国信息获取权立法的借鉴与参考。

（4）综合分析法

从法学与社会学的角度对公民信息获取权利进行综合分析，将社会信息获取权保障看成一个有机的整体，按公共利益优先、利益最大化原则及和谐发展原理，进行权益保护架构研究。

1.4 研究内容

公民信息获取权利是公民的一项基本权利,信息获取权利的产生有其根本的理论依据,信息获取权利的实现需要相关制度的保障。公民信息获取权利保障制度是一项系统工程,要充分实现公民信息获取权利,需要从法律、行政、社会等多角度探讨其保障制度的完善。本书研究框架如图1-1所示:

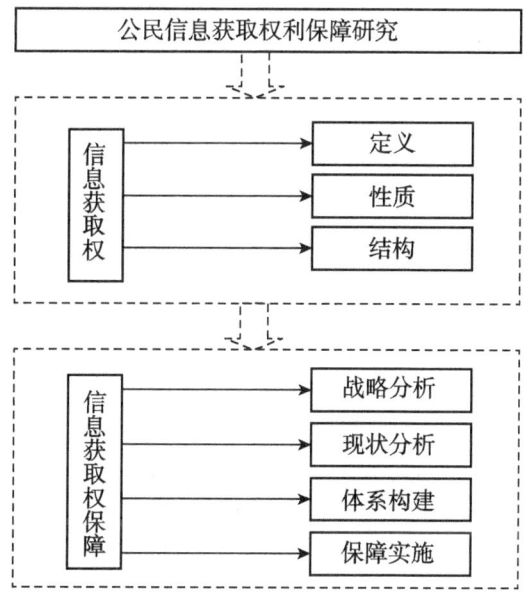

图1-1 研究内容框架

1.4.1 公民信息获取权

信息获取权是公民的主要信息权利,信息获取权是公民其他政治权利、经济权利实现的前提与保障。这部分内容主要分析信息获取权的定义、性质和权利结构。

(1) 信息获取权的定义

信息获取权是每一位公民有权获取其合理需求的信息的权利。信息获取权作为信息社会的一种新型权利,从法律的角度分析信息获取权,是公民信息获取权制度研究的基础。

(2) 公民信息获取权的性质

信息获取权是宪法规定的公民的基本权利，同时它也是公民实现其他基本权利的重要保障，通过各国宪法的立法实践证实信息获取权的公民基本权利属性；公民信息获取权是一项基本人权，明确信息获取权是信息时代社会公众的一项重要人权，信息获取权的确认是人权保障的重要内容。

(3) 公民信息获取权的权利结构

主要论述信息获取权的主体、客体与内容，明确信息获取权与其他权利的联系与区别。信息获取权的主体即公民，信息获取权的客体为信息资源，信息获取权的内容包括信息资源内容选择权，信息获取技术知悉权，信息传播渠道接触权，信息服务质量保障权。

1.4.2 公民信息获取权保障

(1) 公民信息获取权保障的战略分析

信息获取权作为一项基本的公民权利，对信息获取权的承认不应仅仅停留在理论层面，国家应通过切实有效的制度落实这项权利，充分保障公民信息获取权的实现。

①信息获取权保障的必要性。信息获取权保障是社会发展的必然要求，保障公民信息获取权的实现对于社会进步、经济发展、政治民主、文化繁荣都具有非常重要的意义。②信息获取权保障的意义。公民信息获取权保障惠及全民，对政治、经济、文化和社会发展具有非常重要的意义。③信息获取权保障的障碍。信息获取权保障的障碍主要体现为信息寻租、信息污染、信息不对称。④信息获取权保障的目标。信息自由、信息平等、信息公开、信息共享是公民信息获取权保障的基本目标，它们是人类的基本价值观在信息活动领域的体现。

(2) 国内外公民信息获取权利保障的现状分析

信息获取权被视为一项基本人权，无论是发达国家还是发展中国家，以及相关国际组织和社会团体，都以自己的方式捍卫着这一普世之权。分析国内外信息获取权保障的现状，是构建信息获取权保障体系的基础。

①信息获取权保障的国际趋势。一方面分析有关国际组织和地区性组织对信息获取权的承认和保障现状，另一方面分析各个国家对信息获取权的保

障。②我国公民信息获取权利保障的现状分析。分析研究我国公民信息获取权利保障制度的特征、缺陷与原因，调查我国公民信息获取情况，并进行详细的统计分析，作为我国公民信息获取权利制度完善的依据。③信息获取权保障的国内外比较分析。在考察国内外信息获取权保障现状的基础上，分析国内外信息获取权保障的相同点和差异点，为我国信息获取权保障体系建设提供可资借鉴、学习、改进、完善的宝贵经验。④国外信息获取权保障对我国的启示。很多国家信息获取权保障制度经过多年建设，其理论基础与运行程序相对完善，国外信息获取权保障制度对我国具有重要借鉴意义，在借鉴国外信息获取权保障制度的基础上，提出我国信息获取权保障制度的发展方向。

（3）公民信息获取权保障体系构建

公民信息获取权保障体系的构建，是为了使公民信息获取权从法定权利上升为实有权利，使公民信息获取权得到切实有效的实现。信息获取权保障体系以满足公民信息需求为目标，以提供优质信息服务为手段，为广大社会公众提供丰富的信息资源。①公民信息获取权保障体系构建的总体思路。提出公民信息获取权保障体系构建的基本原则，信息获取权保障体系的总体架构，并提出如何评价信息获取权保障体系。②制度保障。只有通过科学规范而又切实有效的体制创新与制度建设，公民信息获取权才能付诸实现。③技术保障。技术保障机制以促进信息资源开发利用为目标，通过技术研发与应用，使广大社会公众更方便、快捷地获取所需信息资源。④管理保障。管理保障使信息资源开发利用工作在统一规划下有序进行，更好地满足公民信息获取需求。

（4）公民信息获取权保障的实施

信息获取权保障是一项系统工程，需要全社会的共同努力。①政府部门对公民信息获取权的保障。政府是信息获取权保障的主导者和引领者，信息获取权保障是政府的一项重要责任，这是由信息资源的特征、信息获取权的性质以及政府作为社会公共权力机关的角色特征决定的。②社会机构对公民信息获取权的保障。社会机构是信息资源与用户之间的桥梁与纽带，借助社会机构提供的信息资源，特别是信息服务机构提供的专业信息服务，公民可以不受时空限制、及时方便地获取所需信息。③个人对公民信息获取权的保障。个人既是信息获取权保障的受益者，也是信息获取权保障的实施者和推进者，政府部门和信息服务机构在信息获取权保障中发挥重要作用，但其作用的发挥需要个人在社会信息实践中实现。

2 公民信息获取权概述

在现代信息社会，信息资源成为最基本的社会要素。随着经济发展、科技进步、文化繁荣，信息资源的重要性日益显现，信息资源成为影响社会生产生活的基本因素，以信息为纽带的社会活动广泛存在于社会生产与生活中。信息资源在社会的运动方式是多种多样的，如信息的生产、加工、存储、整理、表达、传播、获取、利用等。信息在不同主体之间的运用、流转推动了经济和社会的发展，打破了原有的利益主体之间的平衡，当这些特定的信息活动与主体利益联系起来时，便产生了相应的信息权利。

在信息的持有和流转中产生的信息权利是一个结构性的权利群，它涵盖信息财产权、信息自由权、信息传播权、信息获取权、信息安全权、信息管理权、信息自主权、信息自由权、信息平等权和信息救济权等数种不同权利。信息权利是一个新型的权利集合体，在所有信息权利中，我们尤为关注的是直接影响到社会公正和社会稳定的公共信息权利保障问题[1]。信息获取权是公民其他政治权利、经济权利实现的前提与保障[2]。

2.1 信息获取权的定义

在以机器大生产为特征的工业社会，社会结构的中轴原理是经济化。[3] 经济活动的目标是最大限度地获取利润，各种类型的有形财产和无形财产都被

---

[1] 朱少强.和谐社会中的公共信息权利保障[J].情报资料工作，2006（3）：30-32.

[2] 周淑云.信息获取权的国内外立法现状分析[J].新世纪图书馆，2009（4）：18-20.

[3] 丹尼尔·贝尔.后工业社会的来临[M].高铦，等，译.北京：新华出版社，1997：12.

视为商品加以保护，对信息等无形财产加以保护的主要制度是知识产权制度，无论是文学艺术领域的创作还是科学技术领域的创造，都成为生产者和投资者获得财富的源泉。随着信息技术的发展和社会的信息化，信息不同于工业革命时期的机器和能源的特征日益显现，加上工业社会带来的生产与消费之间矛盾加剧，社会形态和价值取向发生了变化，从追求利润最大化转变为关注社会的可持续发展，从追求个人利益转变为关注社会公共利益，从注重国民经济的增长转变为关心国民素质的提高。信息不仅仅是商品，更是一种公共产品，知识成为后工业社会的战略源泉，而知识和信息获取是普通社会公众的基本权利。

虽然早在200多年前，信息获取权就在瑞典得到认可，在工业社会时期，为了促进公民对信息的获取，知识产权制度中对权利人实行了一定的限制，以平衡权利所有者的利益与社会公众的利益，如版权法中的合理使用制度、法定许可使用制度，专利法中的强制许可制度等。而将信息获取权作为社会公众的一项基本权利来对待，则是随着信息社会的来临而日益受到各界重视，直到20世纪末至21世纪初，信息获取权才在世界范围内得到广泛的承认。信息既是私有财产，更是整个社会的精神财富，信息不同于有形财产的公共性和共享性，正是信息获取权得以确立的根本原因。

从本质上而言，权利是指规定或隐含在法律规范中，实现于法律关系中的，主体以相对自由的作为或不作为的方式获得利益的一种手段。权利是社会成员特定利益要求在法律上的表现，是保障主体利益实现的基础。信息获取权是社会公众基于信息获取而享有的利益体现。信息获取权已经成为当代国家公民权利建设过程中一个重要的法学概念。根据《美洲人权公约》成立的司法机构——美洲人权法院承认信息获取权是一项国家应该保障的基本权利。很多国际和国家层面的文件中都提到信息获取权的重要性，但是对于信息获取权的定义，至今没有一个被广泛推广的标准。国际人权非政府组织"第19条"认为信息获取权是每个人都有的"知的权利"，即有获取他们在进行自由选择和自主生活时所需要的信息的权利。

英国种族平等委员会指出：信息资源公共获取不单是指信息或服务能够被获得，而是指任何人，不论其种族或身份，都能无歧视地、直接或间接地享有平等获得信息和服务的机会。

美国新闻出版总署（GPO）指出：信息资源公共获取是指社会公众可以

长期地、免费地获取有关信息资源。自 1895 年以来，美国政府通过联邦保存图书馆计划（FDLP）使公众免费获取当前和今后任何格式的联邦政府出版物。根据美国印刷法（1895）和保存法（1962），美国新闻出版总署将其部分出版物免费分发给全国 1300 多个保存图书馆，包括印刷型、缩微型和电子型。这些图书馆有义务向所在地区的公众提供阅览服务。联邦保存图书馆由国会成员或法律指定，许多是大专院校和法律图书馆。❶

凯·马蒂森认为，信息获取权对于保障人们基本生活的必要性至少体现在三个方面：第一，人类对知识的渴望与学习知识的能力，正如亚里士多德所言，"求知是所有人的本性"，一个不能获得足够的信息和知识的人，其生活是真正贫乏的；第二，不仅知识本身是有益的，获取信息对于人充分满足自身需求、执行计划、实现目标也是必不可少的一点的，正如约翰·洛尔斯所言，"知识是基本物品，它对任何人都有益处"；第三，人们为了有效行使和保护他们的其他权利，他们需要获取信息❷。

国内学者对信息获取权的定义也有不同的认识，黄瑞华和崔林主要从信息获取权客体的界定对信息获取权进行定义，认为信息获取权的概念有广义和狭义之分。广义的信息获取权指信息主体有依法获得政府信息、企业信息、消费者信息、图书馆等公共信息机构的信息以及法律规定应予公开的信息的权利。狭义的信息获取权仅指有关政府信息公开的法律中规定的，信息主体有权以法定的形式要求政府机关公开政府依职权收集、归纳、整理信息的权利。❸ 崔林认为：一般意义上，公民信息获取权是指社会公众有以无偿的方式获取或接近、利用社会生活中相关信息的权利。这些信息既包括处在公共领域的不受法律保护的信息，也包括某些属于私人所有受到法律，尤其是著作权法保护的信息。❹ 还有的学者从信息获取权的具体内容进行定义，如连志英

---

❶ George Barnum. Availability, Access, Authenticity, and Persistence: Creating the Environment for Permanent Public Access to Electronic Government Information [J]. Government Information Quarterly, 2002 (19): 37 – 43.

❷ Kay Mathiesen. Access to Information as a Human Right [EB/OL]. http://ssrn.com/. 2014 – 9 – 12.

❸ 黄瑞华，等. 论网络环境下的信息获取权 [J]. 情报学报, 2001 (3): 269 – 275.

❹ 崔林. 网络环境下公民信息获取权保障途径研究——基于数字图书馆的视角 [J]. 图书馆学研究, 2010 (10): 88 – 92.

认为公民信息获取权即公民获取政府信息的权利，它包括获取信息的权利、获得帮助的权利、更正信息的权利、获得救济的权利，它是公民所享有的基本权利之一。❶

笔者认为，信息获取权是每一位公民都有权获取其合理需求的信息的权利。信息获取权不仅仅限定于公众对政府信息的获取，而且涵盖公众基于其合理需求而需要获取的所有领域的信息。信息获取权是信息社会公民的基本权利，是具有普适性的基本人权。

2.2 信息获取权的性质

信息获取权的性质是信息获取权制度的基本理论范畴，笔者认为，信息获取权的基本法律属性可以从两个方面来确定：一方面，信息获取权具有基本权利属性；另一方面，信息获取权具有人权属性。

2.2.1 信息获取权是公民基本权利

信息获取权作为公民的基本权利，有它产生和存在的宪法渊源。无论是各国宪法理论还是相关宪法条文，都规定信息获取权是公民的一项基本权利，总体上看，公民信息获取权利已经在大多数国家得到制度上的认可。

各国宪法对公民信息获取权的具体规定方法不尽相同。概括说来包括三类：一是有的国家直接在其宪法条文中将公民信息获取权明确规定为一项独立的权利，如菲律宾和瑞典；二是有的国家通过法院有关的解释，将信息获取权视为宪法权利的一部分，如1969年日本最高法院在两个判例中确认信息获取权是宪法所规定的表达自由的一部分；三是有的国家宪法虽然没有明确规定信息获权，但在事实上以隐含的方式承认其为宪法规定的一项基本权利。

除了通过宪法确定信息获取权为一项基本权利外，很多国家针对信息获取权制定了专门的信息法，将信息获取权由一种宪法权利具体化为一种法定

---

❶ 连志英. 公民获取政府电子文件信息权利保障研究 [J]. 档案学通讯, 2011 (2): 43-45.

权利，以保障其真正实现。信息获取权与宪法的关系非常密切，一方面信息获取权来自宪法的授权，另一方面信息获取权保障公民实现宪法规定的其他各项基本权利。

（1）信息获取权的直接宪法渊源：知情权

信息获取权被宪法确认为公民的一项基本权利。虽然在各国宪法条文中很难直接找到"信息获取权"这一词语，但是信息获取权在宪法规定的公民各项权利中得以体现，这一点集中表现为宪法对公民知情权的规定。

知情权是指公民、法人及其他组织知悉、获取官方与非官方信息的自由和权利。这里的信息是一个非常广泛的概念，其内容涵盖了一切可以被公众获取的非保密信息，既包括政务信息，也包括其他公益信息和商业信息。知情权包括信息知悉权和信息获取权。信息获取权是指公众中的任何人通过法律授权，免费或以不超过成本价格无障碍地获取所需信息的权利。信息获取权的主体可以是任意公众。信息获取权既是公民的一项基本政治权利，也是公民的一种个人权利。信息获取权在信息社会已逐步成为公民参与社会生活、国家政治生活的一项权利。

知情权作为"二战"后新出现的一项基本人权，已经得到国际社会的普遍认可。现代法治国家无一例外地保护公民的知情权，尽管各国对知情权的认识有不同程度的差别，但从基本法的高度对知情权予以确认，并通过立法来保障公民知情权，已逐渐成为世界立法的一个新动向。总体上看，公民知情权已经在大多数国家的宪法层次上得到认可[1]。

信息获取权是知情权的核心内容，公民知情权的实现基础是保证公众自由获取所需信息，信息的发布、传播都是为公众知悉、获取信息服务的。知情权是宪法规定的公民的基本权利，因此信息获取权有着坚实的宪法基础。信息获取权最直接的宪法渊源是公民的知情权。

（2）信息获取权是宪法规定的公民文化教育权利的延伸

如果说知情权是信息获取权在政治和社会方面的宪法基础，文化教育权利则是信息获取权在文化方面的宪法根源。文化教育权利包括公民的受教育权利和进行科学研究、文学艺术创作和其他文化活动的自由。各国宪法都规

---

[1] 颜海娜. 论公民知情权的宪法确认 [J]. 国家行政学院学报, 2003 (5): 67-70.

定公民享有进行科学研究、文艺创作等创造性文化活动的权利,公民有受教育的权利。信息获取权是公民文化教育权利的延伸。

信息获取权保证公民能够充分地实现文化教育权利。无论是科学创造、文艺创作,还是进行其他文化休闲活动,都离不开信息资源的获取。公民进行科学创造,需要获取本领域的最新科学数据和进展情况,进行文艺创作需要积累前人的优秀文化成果。在教育领域,公民从事受教育活动从本质上来说是知识和信息的积累行为,从信息角度来说,教与学就是信息的传授与获取。离开了信息获取,公民的文化教育活动便无法实现,文化教育权利也就成了一纸空文。宪法对文化教育权利的规范,实际上隐含了对信息获取权的确认。

信息获取权是公民文化教育权利在信息社会的延伸。宪法是时代的产物,宪法中的权利随着时代的变迁呈现出不同的表现形式,拥有不同的内涵。在农业和工业社会,文化教育的开展主要依赖传统的纸质文献和其他传统文化载体,而在信息时代,文化教育的开展依赖更加多样化的社会信息资源,这些信息资源既可以通过传统途径获取,也可以依靠互联网等先进的信息传递工具获取。文化教育权利是宪法规定的公民的基本权利,因此宪法保障文化教育权利的同时,必然承认信息获取权是公民的一项基本权利。

(3) 信息获取权是实现公民基本权利的保障

公元18世纪,卢梭从社会契约论出发提出了人民主权理论。社会契约论认为:人生而平等,而私有制的出现打破了人们之间的平等性,为了防止个人权利受到非法侵害,人民以订立契约的形式建立国家。因此,国家的主权来源于人民,国家主权属于人民,人民主权是现代民主制度的理论基石,自从人民主权理论产生后,人民主权原则被世界民主国家所承认,被奉为世界各国宪法的基本原则。信息获取权是人民主权原则在宪法中的必然体现。现代民主宪政国家承认与维护人民主权原则,不仅将人民主权以宪法条文的形式作出明文规定,还通过一系列具体的制度设计维护人民主权,保障人民的主体利益,保证人民充分行使国家权力。人民行使国家主权依赖信息资源的无障碍获取,尤其是政务信息资源的充分获取。如果公众不能及时了解国家权力机关的有关活动,人民主权就无法实现。信息获取权是人民主权在信息领域的体现,如果不承认公民信息获取权,人民主权就不是完整意义上的人民主权。因此,公民信息获取权是人民主权理念的应有之义,人民主权原则奠定了信息获取权的宪法基础。

宪法还赋予公民监督权、批评建议权、申诉权、控告权、检举权、选举权与被选举权等民主权利。这些权利实施的前提当然是必须了解行政机关及其工作人员的有关活动，了解政府的有关文件与精神。对这些信息的知悉与获取是信息获取权的重要组成部分。

宪法规定公民有言论、出版等表达自由权。表达自由是指"公民享有的受法律规定、认可和保障的，使用各种媒介手段与方式公开发表、传递自己的意见、主张、观点、情感等内容而不受任何他人或组织干涉、限制或侵犯的权利"❶。表达自由与信息获取权有着极深的渊源。思想的自由表达必然以某种形式表现出来，这种思想的体现构成各种有价值的信息。有学者认为，充分而完备的表达自由至少包括：第一，了解信息的自由；第二，持有信息的自由；第三，传播意见的自由；第四，接受意见的自由；第五，意见表达方式的自由。❷ 宪法对公民言论、出版自由的规定包括对这些信息的自由获取。如果对这些信息不能公开获取，实质上就是对公民表达自由的干涉，这是与宪法规范相冲突的。因此长期以来信息获取权被认为是包含在表达自由之中的一项权利。许多国家以宪法规定的言论、出版自由为信息自由的依据，制定出有关信息公开和信息自由的法律。

（4）信息获取权具有基本权利的法律特征

信息获取权的设立有着坚实的宪政基础，从权利属性分析，信息获取权是公民的一项基本权利。所谓基本权利，是指宪法所确认的公民所享有的最重要的权利，也是法律所规定的普通权利的基础和依据。基本权利须满足以下条件：第一，有明确的法律依据；第二，该法律具有合宪性；第三，有明确的公益目的；第四，对特定的权利不得限制；第五，不能侵害自由和权利的本质。信息获取权完全具备这几个方面的特征，因此信息获取权具备基本权利的法律特征，是公民的一项基本权利。

将信息获取权作为一项基本权利也反映了社会发展的必然要求。权利的发展与社会的发展是互动的。基本权利作为公民最普遍、最重要的权利，是随着社会的不断发展进步及人们认识水平的提高而不断发展变化的，随着社

---

❶ 杜承铭. 论表达自由 [J]. 中国法学, 2001 (3): 56-63.
❷ 徐显明. 人权研究 [M]. 济南: 山东人民出版社, 2001: 369.

会政治、经济、文化的发展和法治建设的不断深入，公民的基本权利日益广泛。一般而言，社会越发展，基本权利的种类越丰富，公民利益由应然权利上升为法定权利，再通过社会实践成为现实权利的可能性就越大。现代信息社会，公众对各种信息的获取需求越来越强烈，可以说，物质生活的不断丰富和发展是将信息获取权提升为基本权利的社会动力，信息获取权作为公民基本权利的社会与法制环境已经成熟。

（5）各国宪法对信息获取权的规定

信息获取权是宪法规定的公民的一项基本权利。这一观点可以从世界各国宪法的立法实践中找到根据。

较早将信息获取权作为一项基本权利加以确认和保障的是联邦德国的基本法。1949年实施的联邦德国宪法规定了公民的自由表达权、信息传播与信息获取权。该法第4条第1款规定"信仰与良心之自由及宗教与世界观表达之自由不可侵犯"，该法第5条规定"人人有以语言、文字及图画自由表示及传播其意见之权利，并有自一般公开之来源接受知识而不受阻碍之权利。出版自由及广播与电影之报道自由应保障之。艺术与科学、研究与讲学均属自由"。这些规定从宪法制度上明确认可信息获取权是一项基本权利。

意大利宪法第21条第1款、第2款规定"每个公民享有以口头、书面或其他途径表达自己思想的自由；出版社不应该被政府控制或接受审查"。日本宪法中的"思想及意志的自由，不受侵犯；保障集会、结社、言论、出版及其他一切表现的自由；保障学术自由"等条款都隐含着对信息获取权的肯定。

有些国家宪法中的法律条文明确规定了信息获取权。这些宪法大都产生于20世纪90年代之后。这些国家的宪法对信息获取权的规定是宪法顺应时代变迁的产物。泰国1997年宪法第58条规定："除非公开政府信息会影响国家安全、公共安全或他人权利，人们应有权获得国家机关、国有企业或者地方政府机构所拥有的公共信息。"尼泊尔1990年宪法第16条规定："每个公民应有权要求和获取任何有关公共事务的信息。"

在我国宪法条文中，找不到对信息获取权的直接规定。我国有关信息获取权的宪法依据主要见于宪法中一些有关公民基本权利的条文。我国宪法第2条规定："中华人民共和国的一切权力属于人民"；宪法第35条规定："中华人民共和国公民有言论、出版、集会、结社、游行、示威的自由"；宪法第41条规定："公民有批评建议、申诉、控告、检举的权利"；宪法第46条规定：

"公民有受教育的权利和义务";宪法第 47 条规定:"公民有进行科学研究、文学艺术创作和其他文化活动的自由。"这些对公民权利的规定都隐含着对信息获取权的确认,是我国信息获取权的宪法渊源。

总之,无论是宪法理论,还是立法实践,都证实了信息获取权是宪法上的权利,是公民的基本权利。信息获取权与其他基本权利一样重要。围绕着现代宪法的基本原则来设立我国的信息获取权,是符合宪法规定、符合法律逻辑的,同时也是各国立法的必然选择❶。

2.2.2 信息获取权是一项基本人权

人权是指不论其种族、肤色、性别、语言、宗教、政见、财产、教育等状况如何,作为人都应当享有的基本权利。人权是人类区别于他种生物的实质所在。在近代历史上,最先提出"人权"概念的是欧洲文艺复兴运动先驱、意大利伟大的诗人和思想家但丁。他指出:"人类的目的是要建立统一的世界帝国来实现普天下的幸福,而帝国的基石是人权。"❷经过几个世纪的发展,人权观念被世界各国广泛接受。以"天赋人权""主权在民""自由平等"等理念为基础的资产阶级启蒙思想被认为是近现代人权的理论基础。概括地说,人权主要包括生命权、自由权、平等权、财产权等内容。随着社会的发展和研究的不断深入,人权被不断赋予新的内涵。虽然在不同的历史时期,或同一时期的不同国家,人权的范围和形式会有所不同,但尊重人权、保障人权、维护人权、发展人权已成为世界各国政府和人民的共同价值取向。保障人权被确立为联合国的三大宗旨之一。

信息获取权是关乎人类生存与发展的一项基本人权。负有促进并保护人权之职责的无数国际组织都权威性地承认了获取公共机构所持有的信息的权利这一基本人权,以及用有效的立法保障这个权利的必要性,这些组织包括联合国、美洲国家组织、欧洲委员会和非洲联盟下属的地区性人权组织和机构,以及其他具有人权职能的国际组织,如英联邦等。❸在当今社会,信息自

---

❶ 周淑云. 阐述信息获取权的宪法基础 [J]. 图书馆工作与研究,2009 (2):3-6.
❷ 但丁. 论世界帝国 [M]. 北京:商务印书馆,1985:235.
❸ 托比·曼德尔. 信息自由:多国法律比较 [M]. 龚文庠,等,译. 社会科学文献出版社,2011:6.

由，包括发布信息自由和获取信息的自由，被认为是公民权利和政治权利的一个重要方面，也是民主的基础❶。

（1）信息获取权的人权特征

获取信息是任何国家和个人的必要行为。随着社会经济和政治的发展，以及公民民主意识和权利意识的日益增强，一些国家逐渐把信息获取权提升至基本人权的范畴。信息获取权的人权确认现已成为各国宪政制度发展的一种必然趋势。将信息获取权作为基本人权加以制度化，由公民的应然权利上升为法定权利，是世界各国的总体趋势。在日本，信息获取权被视为三大新人权（和平权、信息获取权、环境权）之一。

信息获取权被认为是信息时代公民的重要人权。在日益信息化的社会，对信息的获取和自由选择是奠定公民社会人格的基础。首先，信息获取权保障是人权保障的应有组成部分；其次，信息获取权是行使其他基本权利的一项前提性、手段性权利。自由权、平等权、财产权、文化教育权等基本权利的实现必须以信息获取权为前提。有学者认为："人类的本质就是在自发自觉的信息学习与获得中生成信息集合体与自我意识，人类的最基本最核心的权利就是拥有、获得和处理各种信息的权利，自觉能动地创造、获取和处理信息是人类的本质特征和基本权利。创造、获取和加工信息成为人类的根本价值取向，人类应该借助社会信息资源进行创造性学习，以此不断充实、丰富和更新人的本质，使人权得到充分的彰显和高扬。"❷

（2）国际性人权公约关于信息获取权的规定

信息获取权作为一项基本人权被许多国际性公约所确认。信息获取权不仅体现在这些公约对表达自由权、文化教育权、参政议政权等权利的规范中，而且许多国际公约对信息获取权有直接的描述。1946年联合国大会通过的第59（Ⅰ）号决议中，信息获取权被宣布为基本人权之一。该决议宣称："自由获取信息是基本人权之一，且属联合国所致力维护之一切自由之关键。"这一决议是最早对信息获取权进行确认的国际性文件。1948年的《世界人权宣言》第19条规定，"人人享有主张和发表意见的自由……"《世界人权宣言》第19条被认为是公民信息权利的基石，宣言承认信息权利是人类发展的关键

---

❶ 韩松涛. 人权入宪与信息自由 [J]. 图书馆, 2004 (6): 15-19.
❷ 傅松涛. 信息主体、学赋人权与终身学习 [J]. 学术研究, 2003 (5): 95-98.

所在，是任何人都应该享有的基本人权。1966年《公民权利和政治权利国际公约》对信息获取权作了更详细的规定，该公约第19条规定："（一）人人有权持有主张，不受干涉。（二）人人有自由发表意见的权利……（三）本条第2款所规定的权利的行使得受某些限制……"从《公民权利和政治权利国际公约》第19条的内容来看，该条款是《世界人权宣言》第19条的延续和具体化。从结构上看，该条第1款、第2款是对公民信息权利的正面肯定，第3款是对公民信息权利的适当限制，即规定公民信息权利的限度。这一公约明确规定除法律规定不允许公开的特定信息以外，公民应有权获得各种形式各种内容的信息，该公约第3款对于信息获取的限制性规定，被某些国家的政府作为信息封锁的正当理由，这种做法违背了公约设立的初衷。1966年联合国发布的《经济、社会及文化权利国际公约》也规定了人人享有信息权利。这三个公约共同构成联合国人权宪章，它们是国际人权保护体系中最基本的人权文件，也是现代国际人权法的核心。[1] 三个文件中都规定了信息获取权应该作为一项基本人权受到尊重与保护，信息获取是人类的基本自由。

（3）区域性人权公约关于信息获取权的规定

不仅国际性的人权文件将信息获取权规定为一项基本人权，很多区域性的人权条约同样对此作出了规定。1950年欧洲理事会成员国在罗马缔结了《欧洲人权公约》，该公约第10条宣称言论自由的权利包括"在不受公共机关干预和不分国界的情况下，接受并传播信息和思想的自由"。欧洲人权理事会充分运用公约的规定鼓吹维护妇女的信息获取权，尤其是妇女对健康信息、家政信息、生育信息的获取。1969年的《美洲人权公约》第13条规定："人人都有思想和发表意见的自由……"1981年非洲统一组织在肯尼亚首都内罗毕通过了《非洲人权和民族权宪章》，该宪章第9条规定："人人都有获取信息的自由，人人都有依法表达与发布其观点的自由。"1993年按照第四十六届联合国大会通过第46/116号决议，亚洲各国的部长和代表在曼谷举行会议，会议通过了《曼谷宣言》。该宣言规定，"保障平等参与一个社会的政治、社会、经济和文化活动，消除一切形式上的歧视"。这一条文中包含着对公众自

---

[1] 贺鉴. 论国际人权宪章对基本人权的国际保护 [J]. 湘潭大学学报（哲学社会科学版），2008（1）：144-149.

由、平等获取信息的规定。以上一系列的区域性文件都把信息获取权作为公民的一项基本人权。由此可见，信息获取权有着其深刻的人权理论基础。从尊重人权的角度出发，任何政府和个人都不得无端剥夺他人通过合法途径获取所需信息的权利。

(4) 各国国内人权政策对信息获取权的规定

英国是世界上最早进行人权立法的国家。1215年的《自由大宪章》成为英国人权立法的开端。《自由大宪章》涉及思想表达与信息获取的自由，其内容主要是宣扬土地与财产以及人身方面的自由。此后英国又相继制定颁布了1679年《人身保护法》，1689年《权利法案》等人权政策。其中1689年的《权利法案》是最重要的一部保障个人自由权利的法律，并成为后来所有人权宣言的基础。《权利法案》规定公民有表达自由，该法案第9条规定："国会内之演说自由、辩论或议事之自由，不应在国会以外之任何法院或任何地方，受到弹劾或讯问。"

1789年法国通过《人权宣言》。《人权宣言》的发表，是法国乃至欧洲历史上的一件大事，它对法国以至世界的人权、公民权、权力分立等观念和法治的发展都具有重大的影响。《人权宣言》第11条规定："自由传达思想和意见是人类最宝贵的权利之一，因此，每个公民都有言论、著述和出版的自由。"

1776年美国颁布《独立宣言》。《独立宣言》强调人人生而平等，应该批准对公众利益最有益、最必要的法律。1789年，美国对1787年《宪法》补充了10条修正案，统一称为《权利法案》，《权利法案》第1条规定："国会不得制定关于下列事项的法律：确立国教或禁止信教自由，剥夺言论自由或出版自由；剥夺人民和平集会和向政府诉冤请愿的权利。"

1988年利比亚政府发布《关于民众时代人权的大绿皮书》，该绿皮书第15条规定："教育和求知是每个人的正常权利，任何人都有权选择适合自己的教育，有权选择自己爱好的知识，别人不得干预或强制。"

2004年我国通过了《中华人民共和国宪法修正案》，在宪法第33条中加入了"国家尊重和保障人权"这一款的内容，人权成为公民的宪法权利，显示了我国对人权的重视。另外中国也加入了世界性的人权条约，因此这些条约中关于信息获取权的规定也是我国必须恪守的准则，我国将致力于保护公民包括信息获取权在内的任何一项人权，不侵犯人权是任何政府和个人行为的底线。

总之,从国际国内人权制度来看,信息获取权是一项基本人权。从积极的方面来说,社会各行各业的有关信息必须即时公开以保证公众获取,并且努力创造条件保证公众能通过多种途径获取所需信息。从消极的方面来说,任何人都不得干涉公民的信息获取权❶。

2.3 公民信息获取权的权利结构

在哲学意义上,每一种特定物质存在,都与周围的存在物发生作用,在这种相互关系中,作用的发出者、主动者即为主体,作用的接受者、被动者即为客体。在法律上,确定一种权利保护机制,必须明确的三个基本要素是权利主体、权利客体和权利内容。一切权利皆因主体而设,权利的享有者是谁,以及权利主体享有何种法律地位,是任何一种权利的核心要素。权利客体是权利所指向的对象,是权利利益的载体和范围,其作为权利的构成要素,决定了权利的性质和类型。权利内容是依照法律规定,权利主体就权利客体所享有的具体利益。权利的三个基本要素如图2-1所示。

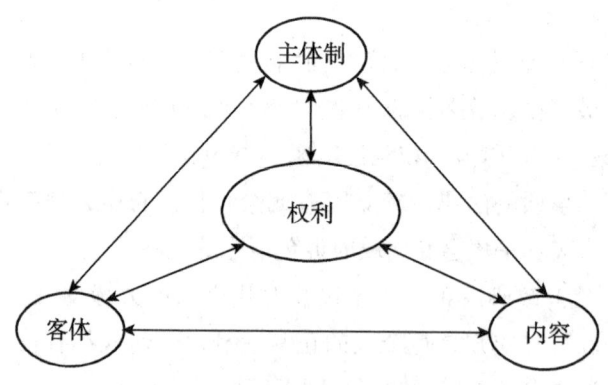

图2-1 权利的构成要素

信息获取权作为信息社会的一项新兴权利,其构成要素有哪些,信息获取权的主体、客体、内容具体如何界定,都有待进一步研究。信息获取权是

---

❶ 周淑云. 信息获取权的人权属性分析[J]. 图书馆学研究,2009(4): 88-89.

指信息主体有依法获得政府信息、企业信息、社会组织信息等与社会公共利益密切相关的信息的权利。信息获取权的权利主体即权利的享有者。信息获取权的义务主体包括行政机关和法律法规授权的具有管理公共事务职能的组织。信息获取权的客体包括与社会公共利益相关的一切非秘密性信息。国家重要决策、政府重要事务以及社会上当前发生的与普通公民权利和利益密切相关的重大事件都属于信息获取权的客体。

2.3.1 信息获取权的主体

在当代社会，法律是最有权威、最有成效的社会关系调整器。法律的社会功能在于合理地界定权利、分配利益，法律对社会的调控，就是行之有效地将构成社会关系的各种主体以及主体的权利义务，纳入法律的操作范围，使之具有国家意志性、行为规范性和强制执行性的特征❶。法律的演进和改革是缓慢的、循序渐进的。法律必须代表广大民众的理想和愿望，法律最偏爱的是正常的普通人❷。信息社会信息获取的普遍性是信息获取法产生的前提。权利是权利主体实现自己意志的资格，也就是实现自己意志的自由，权利人只有充分地享有和行使信息获取权，才能有效地开展其他社会活动。权利主体需要何种资格，其范围和边界在哪里，这些问题需要有明确的阐释。信息获取权主体概念的明确，是信息获取法产生的前提和基础。权利主体在权利关系中处于积极的、主动的、自主自为的地位，是积极进取的一方，是权利关系中的主角。

信息获取权是信息社会的一项基本权利，主体的确立对于信息获取权从应然走向实然，有着优先于其他权利要素的地位，理性地认识和确定信息获取权主体是信息法必须解决的基本问题。在信息化社会，各个权利主体有获取信息的强烈需求，获取信息的权利需要有法律的确认，所获取的信息也需要法律的保护。只有通过法律保护，权利主体的信息获取利益和自由才能得到最大限度的保护。

在信息获取权体系中，权利客体已然明确，即各类信息资源，而保护谁

---

❶ 何进平.论人权的权利主体 [J].社会科学研究，1992 (4)：81-85.
❷ 约翰·梅西·赞恩.西方法律的历史 [M].孙远申，译.西安：陕西师范大学出版社，2009：311.

的问题则尚存争议。需明确的是，此处所探讨的问题是信息获取权的权利主体，即仅仅指信息获取权的权利享有者，而并非探讨信息获取法律关系的主体，信息获取法律关系的主体既包括权利的享有者也包括义务的承担者。法律关系主体涵盖了权利主体，但范围更广，而权利主体仅指信息获取权的权利人。

对于信息获取权的主体，现有研究主要集中如下：

范并思将信息获取权利主要界定为获取政府信息的权利，他认为信息获取权的权利主体是公民，"政府生产与拥有的信息从理论上说应该属于全体公民所有，因而这些信息的权利人是全体公民"。❶ 刘伟红的观点与其一致，该学者同样对信息获取权主体作了狭义的解释，他认为信息获取权是一项公民权利，"公民信息获取权的主体应理解为公民"。❷

肖冬梅将信息获取权的主体界定为一般民事权利主体，"信息资源公共获取的权利主体是一定区域范围内某一社会共同体的不特定成员，具体包括自然人、法人和其他组织"。❸

汪全胜、方利平对政府信息获取权进行了论述，两位学者认为，政府不仅是信息公开的义务主体，同时也是信息获取的权利主体，信息获取权是政府最根本的信息权利，"政府信息获取权的权利主体是政府机关"。❹

李坤从图书馆与读者的关系出发论述了信息获取自由，他认为信息获取权的权利主体是读者，但对读者的具体范围，他并未认定，"信息获取自由是指人们合法地获取所需信息的自由权利。读者如果没有这种权利，自由便不能存在，或者处在被剥夺的状态"❺。

张衡、丁波涛将信息获取权的主体界定为公众，"公民信息获取权具有一般性，它除了可以作为广大民众获取政府信息的法律基础，也同样适用于其

---

❶ 范并思. 信息获取权利：政府信息公开的法理基础 [J]. 图书情报工作, 2008 (6)：36-38.

❷ 刘伟红. 公民信息获取权研究 [D]. 济南：山东大学, 2006：8.

❸ 肖冬梅. 信息资源公共获取主体和客体辨析 [J]. 图书情报工作, 2011 (7)：24-29.

❹ 汪全胜, 方利平. 政府的信息获取权初论 [J]. 情报杂志, 2006 (10)：96-97.

❺ 李坤. 试论读者的信息获取自由权利及其保护 [J]. 农业图书情报学刊, 2008 (9)：85-90.

他类型的信息资源公共获取领域"❶。

上述观点从不同的研究语境和观察视角，对信息获取权的主体进行了典型的剖析。概括而言，主要有以下几种观点：

第一种观点从信息获取权的基本权利属性出发，认为信息获取权是一种公民权利，该权利因公民身份取得，由国家保障其实现。信息获取权是法律规定的公民基本权利，国家和其他社会组织是其义务主体。

第二种观点从信息获取权的民事权利属性出发，认为信息获取权的主体即一般民事权利主体，即具有民事权利能力的公民、法人和其他组织。

第三种观点从特定领域的信息获取权利出发，认为信息获取权属于特定领域的信息利用者，如政府对国计民生基本信息的获取权，读者对图书馆信息的获取权，病人对病情信息的获取权，投资者对证券信息的获取权，消费者对商品信息的获取权，等等。

已有的关于信息获取权主体的研究尚未形成统一的定论，也缺乏对信息获取权主体系统深入的分析，上述研究成果对信息获取权主体界定的非一致性主要缘于缺乏对信息获取权的整体认识。确定信息获取权的法定权利主体，要考察信息获取权在权利义务体系中的地位，需要联系信息获取权产生的历史背景，信息获取法创设的价值目标加以分析。对信息获取权主体的分析，首先应明确主体的范围与特征，其次应确立主体与客体的关系以及各类主体的权利差异等。

笔者认为信息获取权的主体可以从广义和狭义两个角度理解。从狭义上而言，信息获取权主体是公民，将信息获取权作为一项公民基本权利，本书主要从狭义角度理解信息获取权。从广义上讲，信息获取权的主体包括所有信息需求者，即自然人、法人、其他组织和国家。

（1）广义的信息获取权主体

从广义上讲，信息获取权的主体具有普遍性。其权利客体不仅包括政府信息，还包括其他公益信息和商业信息。信息获取权既是公法领域公民的基本权利，也是私法领域的重要民事权利。从公法角度而言，公民参政议政的前提是信息的自由获取，没有公民信息获取权的保障，就无法实现真正的民

---

❶ 张衡，丁波涛. 公民信息获取权的法理基础——基于知情权的研究 [J]. 图书情报知识，2009（5）：95-98.

主；国家作为公权主体，同样享有信息获取权，没有国家对信息资源的充分获取，国家的政治经济文化发展将缺乏基本的决策依据。从私法角度而言，信息获取权是民事主体完成民商事活动的基础性权利，消费者对商品信息的充分获取才能实现商品交易的公平公正。没有对信息获取权的保障，民事主体民事权益的实现只能是一种幻想。

主体的普遍性是信息获取权的基本特征之一，信息获取权的主体是社会所有信息需求者。根据主体的性质来分，信息获取权的主体不仅包括自然人，也包括法人和其他社会组织以及国家。信息获取权是一种对世权，任何组织和个人都应保障信息获取权的实现。从广义上而言，信息获取权权利主体范围如图2-2所示。

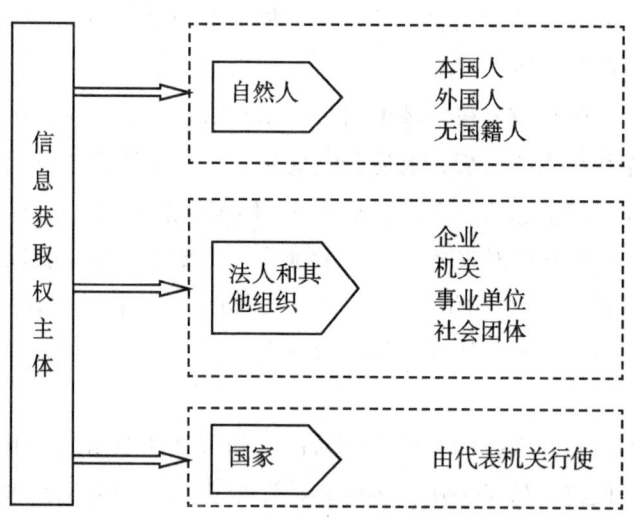

图2-2 信息获取权主体构成

①自然人主体

信息获取权是一项重要的人权，1948年的《世界人权宣言》第19条规定，"人人享有主张和发表意见的自由，此项权利包括有主张而不受干涉的自由，和通过任何媒介和不论国界寻求、接受和传递信息和思想的自由"。任何人都是信息获取权的主体。每一个人作为权利持有者，都有因信息获取而获益的权利。具体的、单个的个人是信息获取权主体的最主要的存在形式。

信息获取权是公民的基本权利，但与公法上规定的基本权利不同，信息获取权比其他基本权利的主体更广泛。在一国国家范围内信息获取权的权利主体不仅仅限于本国公民，还包括其他国家的国民和无国籍人。

任何人，不论其身份和地位如何，都应享有基本的信息获取权利。当然，在不同的信息活动情境中，因作为权利客体的信息资源类型上的差异和义务主体的不同，作为主体的自然人其身份也各有不同。对于政府信息而言，自然人作为权利主体是因为政府有向公民公开信息的义务；对于商品信息而言，自然人作为权利主体是因为生产者和经营者有向消费者提供商品信息的义务；对于公共图书馆信息而言，自然人作为权利主体是因为图书馆作为公共服务机构有向读者提供信息服务的义务；对于媒介信息而言，自然人作为权利主体是因为媒介有向受众传播信息的义务；对于医药信息而言，自然人作为权利主体是因为医疗机构有向患者提供医疗信息的义务……

虽然没有专门的信息获取权立法，但我们也欣喜地看到信息获取权在我国立法上的体现，以及社会对信息获取权维权意识的觉醒。《政府信息公开条例》《消费者权益保护法》《产品质量法》《证券法》《证券投资基金法》《医疗事故处理条例》等法律法规中都有关于保障信息权利主体信息获取权的规定。值得一提的是2012年新修订的《民事诉讼法》新增条文中也体现了对信息获取权的保护，第156条规定"公众可以查阅发生法律效力的判决书、裁定书"，这些规定体现了法律对信息获取权的多方位保护。

"不管是国民的权利，还是个人的权利，大凡一切权利的前提就在于时刻都准备着去主张权利。"❶ 因此每一个自然人，在政治、经济、文化活动以及日常生产、生活中，都应该主张自己的信息获取权利，即使是医院的病人、监狱的罪犯、生理上的残障人士，其信息获取权也不容剥夺。随着社会的发展和法治化进程的深入，人们信息获取权维权意识不断觉醒。近年来出现的大三学生申请公开河南贫困县水泥迎客松造价案，两律师申请公开贵州毕节处理"五少年死亡"事件的工作细节案，海南消费者因产品口味改变向王老吉公司讨要信息获取权案，山西太原患者因医院使用自费药未告知而起诉医院案……这些事件都表明了权利主体主张自己权利的意识、决心与勇气。

② 法人和其他组织主体

个人是信息获取权的主要主体，但信息获取权主体并非唯个体性。当个

---

❶ 鲁道夫·冯·耶林. 为权利而斗争 [M]. 胡宝海, 译. 北京：中国法制出版社，2004：1.

人被有机地联结而成为集合体后，该集合体同样是信息获取权的主体。集合体是一个独立权利主体，具有其特定的存在形态和组织方式，法人就是集合体中的一种。对于法人的正确观点应该是，其既非与自然人相同，具有人的实际结构，也非只是拟制、缺乏真实性，而是一个真正的实体物，其与人类比较，具有类推意义的人格特质❶。法人必须具备四个基本条件：第一，依法成立；第二，有必要的财产和经费；第三，有自己的名称、组织机构和场所；第四，能够独立承担民事责任。四个条件必须同时具备，缺一不可。在我国法人主要有企业、机关、事业单位和社会团体等机构。而另有一些合法成立的社会组织，有一定的组织机构和财产，但又不具备法人资格，这类组织在我国法律上统称为其他组织。承认非法人团体具有某种性质的民事主体地位，已成为理论和立法的发展趋势，这类不具法人资格的企业、单位、社会团体同样属于信息获取权的权利主体。

法人和其他组织，一方面是信息获取权的义务主体，尤其是对企业法人、机关法人、公益法人而言。近年来出现的一些热点事件也推进了法人信息公开制度，如郭美美事件促进了慈善信息公开，毒胶囊事件促进了医药信息公开。另一方面，法人和其他组织是信息获取权的权利主体。《中华人民共和国政府信息公开条例》第1条就明确规定："为了保障公民、法人和其他组织依法获取政府信息……制定本条例。"和公民信息获取权一样，法人和其他组织也有权获取各种类型的信息资源，包括政府信息、商业信息、公益信息在内。为了规范法人信息的获取与应用，上海市政府建立了法人信息共享与应用系统，并于2010年出台了《上海市法人信息共享与应用系统管理办法》，方便了法人之间的信息提供与获取。

③ 国家主体

在已有关于信息获取权主体的研究中，未见国家属于权利主体的论述，一般观点倾向于认为国家仅是信息获取权的义务主体。而笔者认为，国家是重要的信息获取权的享有者，虽然国家机关作为机关法人已包含在前述法人和其他组织者主体中，但国家仍有必要单独被列为信息获取权主体，在很多场合，国家机关只是代表国家行使权利，实质上的权利人是国家。

---

❶ 考夫曼. 法律哲学 [M]. 刘幸义，等，译. 北京：法律出版社，2004：161.

国家是全体人民利益的代表者。我国已有相关法律制度将国家界定为权利主体，如物权法规定，"法律规定专属于国家所有的不动产和动产，任何单位和个人不能取得所有权"，据此确立了国家对国家财产的所有权，国家成为权利的持有者。

在社会信息活动中，国家作为一个整体，是重要的信息活动参与者。一方面，信息获取权作为公民的基本权利，国家是最主要的义务主体；另一方面，社会信息的最大受益者是国家，政府信息是国家实现行政管理的重要依据，民生信息是国家了解社会的重要源泉。从信息获取的角度而言，每年的全国人民代表大会是国家获取各界信息的重要平台，国家通过这一平台发布关乎国计民生的重要政策信息，并获取来自社会各界的各类信息，以此作为国家实现其职能的重要依据。

我国关于保障国家信息获取权的法律主要有《统计法》《档案法》《气象法》《传染病防治法》等。《统计法》规定，"国家建立集中统一的统计系统，国家有计划地加强统计信息化建设，推进统计信息搜集、处理、传输、共享、存储技术和统计数据库体系的现代化"。获取统计信息是国家了解国情国力、促进社会发展的重要手段。国家作为权利主体，享有统计信息获取权、发布权等相关信息的权利。

权利主体是信息获取权体系最为关键的要素，是最基本的概念，是信息获取权理论体系的出发点和归宿。没有了信息获取者，即丧失了信息获取权存在的前提和基础。从广义角度而言，信息获取权是国家、集体和个人三方利益在信息活动中的体现，是每一个信息需求者的合法权利。信息获取权主体的明确界定以及权利主体权利意识的加强，必将推进信息获取权理论的深入研究与后续发展[1]。

(2) 狭义的信息获取权主体

从狭义的角度而言，信息获取权的主体是指公民。公民是与国家联系在一起的概念，公民以国家成员身份而存在，公民是社会意义、政治意义和法律意义的合一。从宪法学的角度而言，在宪法学中，将一国的全部权利和权力分为公民权利和国家权力两大部分，其他权利和权力都是由这两大部分派

---

[1] 周淑云. 信息获取权主体探析 [J]. 图书馆, 2014 (5)：31-33.

生而成的。在宪法学中，相对于国家的各种个体的权利都归于公民权利，相对于个人的集体的权力被视为国家权力。宪法作为国家的大法，其主要作用是调整国家与公民之间、国家权力和公民权利之间的关系，宪法的核心价值是保护公民权利，国家权力是为保障公民权利而存在的，是实现公民权利的必要形式，宪法被称为公民权利的保障书。对公民权利的保障是法治国家的应有之义。

从公民社会的角度而言，社会生活的基本单元为个人，任何政治、经济、文化组织都是由独立的个人集合而成的，不仅组织、团体的存在是为了其成员，国家和政治共同体的存在也是为了作为其成员的公民。社会发展的目标都是以人的全面发展和幸福生活为出发点和落脚点的。公民社会是突出每一位作为个体的公民的民主社会，每位公民的权利都得到充分的尊重，公民是社会的主体，是国家的主人，是权利的享有者。公民权利是一切社会权利的基础。公民社会提倡以人为本，将公民作为社会实践的主体，国家发展和社会进步的终极目标是为了满足人的生存与发展需要。

公民权利本位是社会主义民主的本质体现。在人民主权国家，国家的存在就是为了保护个人的权利，社会主义民主以尊重公民权利为最高价值。追求人的价值和人的自由发展，保障公民权利，是民主制度和法治建设的主要目标。保障公民权利是保证人民当家做主的社会主义民主制度实现的基础。公民权利本位体现了对人的价值的承认和尊重，社会是由一个个活生生的人组成，人们各有其需求，有其独立价值，没有超然于公民之外的抽象的权利。

公民是各种经济、政治、文化权利的主体，公民同样是信息获取权的主体，获取信息的权利是公民行使其他基本权利的基础，也是实现以权利约束权力的必备条件。

2.3.2 信息获取权的客体

主体和客体是常见的哲学概念。主客体及其相互之间的关系是哲学的基本问题，是哲学研究的基础与核心。哲学上客体是与对象相关联、与主体相对应的概念。客体是主体活动所指向的对象。"人由对象而意识到自己，对于对象的意识，就是人的自我意识。你由对象而认识人；人的本质在对象中显

2 公民信息获取权概述

现出来：对象是他的公开的本质，是他的真正的、客观的'我'。"❶ 对象性是客体的本质属性，是客体区别于其他概念的最根本特性。

客体由一个哲学范畴进入法学领域，始于德国法学家萨维尼❷。萨维尼确立了客体理论在权利体系中的重要性，他认为客体是划分权利类型的依据。权利客体、权利主体与权利内容是权利体系的基本构成。权利客体与权利类型关系密切，权利主体的利益作用于不同的对象就产生不同的权利类型。物权、债权、人身权、知识产权等民事权利类型的划分就是依据其客体的不同特性而形成的。权利客体是划分权利基本类型的依据，从权利客体范畴的不同得出权利基本类型的不同，一种东西只有能够客体化，才有可能在此之上形成一个权利。

权利客体作为权利的构成要素，是界定权利范围的重要标准，是权利存在的根基和源泉。从法学角度而言，如果权利的客体不能被正确界定，那么权利也只能是无本之木、无源之水。当一事物被认定为权利客体时，则意味着人在该事物上的利益得到了法律的确认，人基于该客体而获得受法律保护的权利。客体是主体利益在特定领域的具体体现。

权利客体的广泛性决定了权利类型的多样性。权利客体是多种多样的，有形和无形、人身和财产、事物与行为都可以成为权利客体。权利客体理论也是随着社会的发展而发展变化的。在传统社会，权利客体理论建立在有体物为社会财产形态的基础之上，物是最普遍的权利客体，随着社会信息化和市场经济的发展，社会财产形态日益多样化，包括信息在内的无形财产作为权利客体日益受到关注。信息是当今社会最重要的生产力要素，而信息获取是最基本的信息活动。信息获取权的设立能保障人们对信息资源的充分获取，使信息资源更好地发挥其价值与作用。

权利客体在权利体系中具有重要的地位，是划分权利类型和决定权利内容的依据。在当今信息化背景下，信息资源日益成为重要的权利客体。依附于信息资源的权利类型不断产生，如著作权、商业秘密权、个人信息权、知情权等，无不建立在权利主体对信息资源支配的基础上。厘清信息获取权的客体范畴，是研究信息获取权的核心与关键。

---

❶ 路德维希·费尔巴哈. 费尔巴哈哲学著作选集（下卷）[M]. 荣震华，等，译. 北京：商务印书馆，1984：30.

❷ 鲁慧丽. 法哲学视野下的权利客体新探[D]. 哈尔滨：哈尔滨工业大学，2006：1.

(1) 信息获取权客体类型

信息获取权客体是指信息获取权所指向的对象，是权利主体利益的承载和依托。从广义上而言，信息获取权的客体包括信息资源、信息技术、信息渠道、信息服务等。从狭义上而言，信息获取权的客体是指信息资源。信息资源是人类生存和发展的基础性资源，人类生产、生活的方方面面都离不开信息资源，人类社会活动的本质是人与人之间、人与自然之间信息交流的过程。人们通过不断获取、加工、利用信息资源使自身得以在社会中生存和发展，获取信息是人类的基本信息能力。人类凭借自身的信息能力，不断认识和改造世界，使社会信息资源日益丰富，信息资源构成了人类社会的宝贵财富和社会发展的坚实基础。

信息资源的组成与表现形式多种多样，可以是印刷型出版物，也可以是数字资料；可以是文字，也可以是图像、声音或多媒体形式。它可以隶属于不同的机构或组织，如政府、企业、学校等。作为权利客体的信息资源类型多样，特征各异，从信息获取的角度而言，信息资源依据不同的分类标准可分为多种类型。

①依获取来源的信息资源分类

依获取来源为分类标准，信息资源可分为政府信息、组织信息和个人信息。虽然同为信息获取权的客体，但这三类信息在信息获取法上的规定各有不同。对于政府信息而言，政府是信息获取权的主要客体，政府信息应该被广泛提供和获取，每一个权利主体，包括个人、组织和国家，都是政府信息的获取主体。政务信息工作的主要任务是提高政府信息资源的交流和有效利用，最大限度地满足信息用户的需求。[1] 政府信息活动对公众的依赖以及政府信息对整个国家的价值极其重要[2]。政府部门通过多种途径公开信息，是保障获取的重要途径，以此为宗旨，我国于 2007 年发布《政府信息公开条例》，以保障权利主体依法获取政府信息的权利。

组织信息是指除政府机构以外由其他社会组织提供的信息，这类组织包括专门的信息服务机构和其他社会机构。专门的信息服务机构，如图书馆、

---

[1] 卢明芳，秦素娥. 政府信息资源用户类型分析 [J]. 吉首大学学报（自然科学版），2009（1）：125 – 128.

[2] 张凯. 信息资源管理 [M]. 北京：清华大学出版社，2005：265.

档案馆、媒介组织等，它们作为社会存在，其主要功能是向社会公众提供信息资源，以满足人们学习、娱乐等方面的需要。还有其他社会组织，如企业、社会团体，同样向社会提供内容丰富的信息资源，以供社会公众公开获取，如图2-3所示。

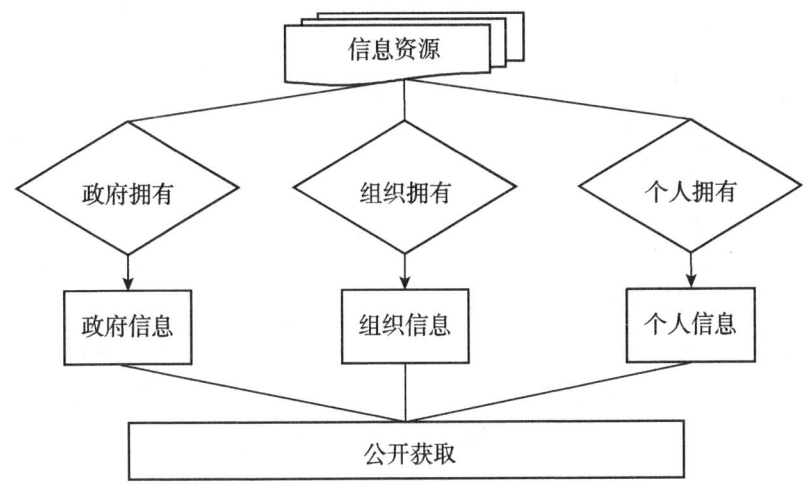

图2-3 依获取来源的信息资源分类

在当今全媒体时代，个人也成为重要的信息提供者和信息发布者，个人借助博客、微信等网络平台向社会发布各类信息资源，这些信息被广泛收听、关注、转载、获取和利用。即使个人并非广泛意义上的信息获取权义务主体，但个人信息对权利主体信息获取权的实现具有不可替代的作用。

②依获取范围的信息资源分类

依获取范围为分类标准，信息资源可分为公开信息、半公开信息和非公开信息。公开信息是指能够通过公共渠道获得的信息资源。公开信息资源通过公开渠道发布，可被充分共享和利用。一般而言，公开信息的数量是庞大的，如公开出版的信息、通过公共传媒发布的信息、公用网络上发布的信息等，这类信息在一定程度上能被最广泛的权利主体无障碍地获取。

半公开信息是并不面向全社会发布，但能在限定范围内实现获取的信息，如内部信息和非公开出版物等。半公开信息是重要的信息资源，但其只能在一定范围内传播和获取，因此半公开信息是有限的信息获取权客体。

非公开信息如国家秘密、商业秘密、个人隐私。作为信息公开的例外，这类信息资源被特定人所持有，并采取必要的保密手段以防止信息泄露。一般而言，非公开信息是信息获取权客体的排除对象，如图2-4所示。

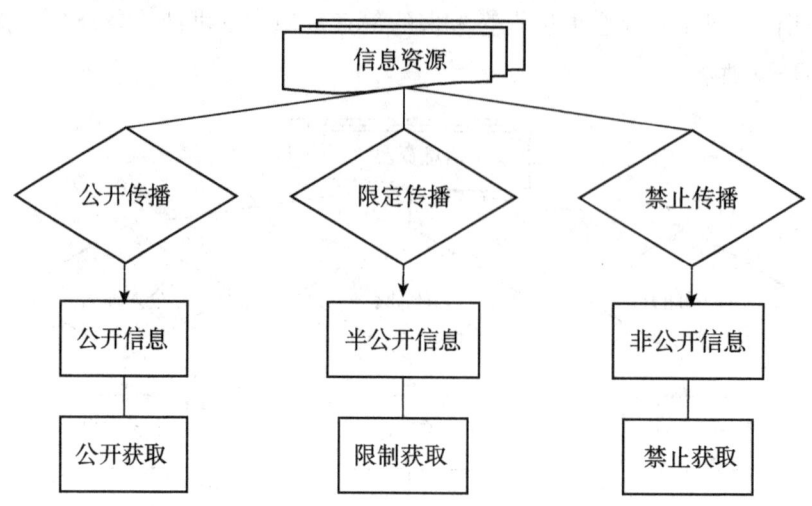

图2-4　依获取范围的信息资源分类

③依获取成本的信息资源分类

依获取时是否需要付费为分类标准，信息资源分为公益信息与商业信息。公益信息主要包括政府和公益性信息服务机构提供的信息。政务信息资源是指由政府机关生产或采集的，与经济、社会管理及公共服务相关的活动情况或数据方面的信息。目前我国的政府部门掌握着全社会信息资源的80%。相比其他社会组织而言，政府具有更大的信息优势。从信息数量上来看，政府部门是整个社会最大的信息拥有者和管理者。从信息的效用来看，政府信息资源对整个国家、社会具有更大的影响力和约束力。从信息的价值上来看，政府信息资源具有较大的社会价值，政府信息资源开发能产生重要的经济价值与社会价值。公益性信息资源的一个重要来源是由公益性信息机构提供。"公益性信息机构"是指专门从事公益性信息服务的社会组织，如公共图书馆、博物馆、大众传播机构、非营利中介机构等，其既可由政府设立，也可由社会力量兴办。这些公益性信息机构的设立是为了充分满足社会公众的基本信息需求，维护广大社会公众的信息利益。公益性信息机构通常以免费或较低的收费为公众提供信息服务，其服务性质是非营利性的。公益性信息并不等同于免费信息，有些需付费的信息资源同样是公益性的，如图书馆提供

2 公民信息获取权概述

的需要付费的信息资源。开发公益性信息资源是国家信息资源开发利用工作的重要组成部分，对促进经济发展和科技进步、提高全民素质以及消除"数字鸿沟"有着重要意义。信息获取权是社会公共利益相关的基本权利，免费提供信息资源是政府部门和公益性服务机构的义务，如图2-5所示。

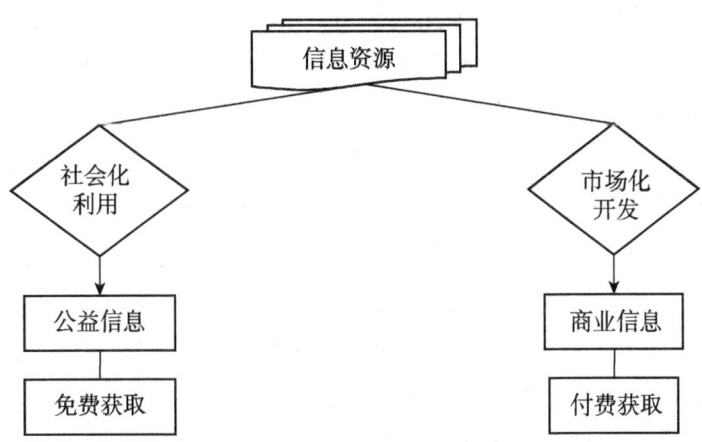

图2-5 依获取成本的信息资源分类

随着网络技术的发展，免费获取网络信息成了网民的消费习惯。一部分信息资源作为公共物品被免费获取，而另一部分信息资源却被商业化利用，信息资源是信息社会的主要财产形态，蕴含着巨大的商业效益和市场开发价值，获取时需付费的商业信息也是重要的信息存在形态。商业性信息资源是指商业机构或其他机构以市场化方式收集和生产的，以营利为目的的各种信息资源。商业性信息资源并不属于必须向公众免费提供的信息。商业性信息服务也是满足社会公众信息需求的有效手段。促进信息资源的商业性开发，是发展信息资源产业、促进国家信息化建设的重要手段。

虽然信息资源的类型和表现形式多种多样，但各种信息资源具有其共同的社会作用。信息资源作为重要的社会生产要素，具有与能源、材料等有形资源同等重要的社会地位，在人类进化和社会发展过程中，信息资源是一种不可缺少的推动社会进步的重要因素。

（2）信息获取权客体的特征

①信息资源具有公共性

信息资源具有典型的公共物品属性。公共物品是指这样一种物品，"每个人对这种物品的消费不需要从其他人对它的消费中扣除",换言之,一个人对它的消费不会导致别人对该物品消费的减少。根据经济学理论分析,公共物品具有两种基本的特性:非排他性和使用或消费的共同性。非排他性是指,只要由人供给某一物品,任何人都可以从该物品中受益,而难以将之排除在外。使用或消费的共同性意味着个人使用或享用一项物品并不阻止其他人的使用,尽管它被一个人使用了,其他人依然可以使用,且量不少,质也不变。❶

信息资源具有公共物品的属性,但不是所有的信息资源都属于公共物品。只有那些与社会公共事务有关的信息才属于公共物品的范畴。如国家立法机关和政府部门公布的法律法规、政策文件等公共信息以及其他具有公共物品属性的信息资源。公共利益的存在决定了公共信息产生的必然性,如政府部门在处理公共事务过程中利用公共财政收集或保存的信息,理应属于社会公共物品。另外有一些信息资源,虽然同样具有信息资源的一般特征,但是被排除在公共物品之外,如国家秘密、商业秘密、个人隐私等方面的信息。对于这类信息,不公开更加符合国家和广大人民群众的利益,因此这类信息只为特定的部门或个人所掌握,而不能向广大社会公众充分公开。

设立公民信息获取权是信息资源公共性的内在要求。信息资源作为一种公共物品,应该被广大民众所了解、知晓和获取。缺少某些信息可能造成社会公众在生产生活中的诸多不便,以及人们在社会中行为选择的失败,尤其是在现代信息社会,人们对信息的依赖程度越来越高。因此信息资源的公共性要求设立公民信息获取权。为社会提供及时、准确、透明的信息是政府的一项重要职责。政府应该及时提供必要的信息,降低组织或个人获得相关信息的费用,使公民的信息获取权得到充分保障。同时,设立公民信息获取权也是防止信息垄断、制约信息寻租、促进社会发展的重要举措。

②信息资源具有可再生性

信息是一种再生性资源,这种资源具有可反复利用性,信息能够同时为众多的使用者所共有。信息资源在满足社会需求和利用的同时,不仅不会被消耗掉,还会产生出新的信息资源,而且信息资源利用得越多越广,其效用发挥就越充分,创造出的新信息就越多。❷ 信息资源的这一特征与材料和能源

---

❶ 迈克尔·麦金尼斯. 多中心体制与地方公共经济 [M]. 上海:三联书店,2000.
❷ 马费成. 信息资源开发与管理 [M]. 北京:电子工业出版社,2003:21.

有着根本不同，材料和能源的利用表现为占有和消耗，当材料或能源数量一定时，各利用者在资源利用上总是存在着明显的竞争关系。信息资源的利用不存在上述的竞争关系，可以在同等环境条件下共享某信息资源。信息资源能持续再生更新、繁衍增长，从整个社会来看，对信息资源的利用不会导致信息资源的损耗，反而增加了信息资源的数量。信息资源具有可增值、可再生的特性，信息资源利用的结果是再生新信息，信息的价值体现在传播、扩散与利用，因此应当鼓励消费和利用信息资源，而不是对信息的垄断与控制。

信息资源是一种再生性资源，它的开发利用有其自身的特殊规律。❶ 信息资源在传递和交流过程中具有无损耗性的增值性。信息资源的开发利用不仅不会造成损耗，而是在开发利用中创造出新的信息，它具有扩充和再生的特性。信息资源被界定为公共物品，能够被社会成员共享，成为信息获取权的客体，正是因为信息资源的这一特性决定的。

③信息资源具有时效性

时间对于事物效能产生影响的特性，即时效性。信息资源的时效性是指信息的新旧程度对其效用的影响。信息资源具有时效性，时间对信息资源的效用产生重大影响，在现代信息社会，信息数量巨大，信息更新速度极快，信息的时效性日益显现。

时效性是衡量信息资源质量的主要因素之一。"新"与"快"是信息资源的主要特征。发布时间越快、越新的信息资源其时效性越强，价值越大。而过时的信息则价值较小。时效性强的信息资源，不但有时间效益而且具有较好的经济效益。如新闻信息资源、证券信息资源、科研信息资源都具有时效性极强的特征。

信息资源和其他物质一样，具有一定的生命周期，信息生命周期体现了信息资源的时效性。信息生命周期是指信息所经过的阶段，其中几个最主要的阶段是生产、收集、传播、利用、存储和处理❷。美国著名信息资源管理专家霍顿曾提出，信息是有生命的，信息资源是一种具有生命周期的资源。他认为，信息生命周期是指信息运动的自然规律，一般由信息需求的确定以及

---

❶ 符福垣. 信息资源学 [M]. 北京：海洋出版社，1997：3.
❷ 朱晓峰. 论政府信息资源生命周期管理 [J]. 中国图书馆学报，2006 (3)：69 - 72.

信息资源的生产、采集、传播、处理、存储和利用等阶段所组成❶。在生命周期内，信息资源是有效的，而超出生命周期的信息资源则是无效的。信息资源比其他任何资源都更具有时效性。一条及时的信息可能价值连城，一条过时的信息则可能分文不值。一旦超过一定期限，信息的效用就会减少，甚至丧失。因此利用信息的速度和效益成正比，速度越快效益越好。例如，在激烈的市场竞争过程中，谁先准确地把握了市场信息，了解了消费者的需求，那么谁就掌握了主动权。所以信息资源的时效性表现为开发、利用它的时机性。这就要求信息资源的利用者要善于把握时机，只有时机适宜，才能发挥效益。

信息资源的生命周期规律表明无论是何种载体的信息资源，都具有时间第一性的属性，信息效用有一定的期限，过了期限，效用就会减少，甚至丧失。并非所有的信息永远都是有价值的资源，它会随着科技的发展、社会的变迁等原因日益贬值或丧失价值。信息从产生到获得，要经过一个收集、传递、加工的过程，其时间越长，其滞后性越强。信息要提高时效性，提高效益，要努力克服时效性与滞后性的矛盾，信息从产生到获得的时间越短，时效性就越强。

掌握了信息资源的时效性，在具体进行信息资源获取时，对于时间性要求强的信息资源，就要争取在第一时间内快速、准确地获取。如股票信息，竞争对手有关信息，及时获取这类信息资源虽然需要支付较多的成本，但其意义重大，对企业和个人而言收益更多。信息资源具有时效性，信息获取权设立的目标之一就是使信息资源能及时地为社会公众所获取，而信息提供者对公民信息获取权的满足不仅仅在于信息内容的公开，更重要的是公开的及时性。

④信息资源具有价值性

价值性是指具有满足人的物质、文化等各种需要的属性，或者说对主体而言，其具有积极性和有用性。信息资源是社会文明的载体，是人类智慧的结晶，是社会的基础资源。对人类而言，信息资源能满足人们生存和发展的需要，具有价值性。信息资源的价值，是指信息资源具有减少不确定性的作用。

---

❶ 刘巧英. 信息生命周期管理对图书馆信息服务的启示 [J]. 图书馆学研究，2006 (8)：57.

信息资源的价值是多方面的，既包括经济价值和社会价值，也包括文化价值和科技价值。信息资源是社会生产力的关键要素，社会生产力是社会变革与发展的最终决定力量，而社会生产力的发展程度和信息资源的开发利用紧密相关。信息资源与其他生产要素一起，共同构成社会生产力要素。信息资源与其他社会生产要素相互作用，促进社会生产力的发展。信息作为一种最活跃、最积极的要素，在社会中扮演着重要的角色。在政治领域，信息资源是政治民主的前提；在经济领域，信息资源是经济发展的保证；在文化领域，信息资源是文化繁荣的基石；在科技领域，信息资源是科技进步的源泉。信息资源对人的发展起到至关重要的作用。社会信息资源的存在，促进了人的素质提高与全面发展。信息资源在社会的传播与流通，拓宽了人们的视野，增强了人们认识世界和改造世界的能力，信息资源成为促进人的全面发展的重要源泉。信息资源被重视和利用的程度，直接决定着人的素质的提升和人的全面发展。

信息资源价值的实现，依赖于信息资源能被社会公众广泛获取。没有信息在社会上的传播与共享，信息资源的价值性只能停留在理想状态，只有被充分获取和利用，信息资源的价值才能真正实现。当社会上存在信息需求时，信息资源对需求者就具有特定的价值，当这些信息资源被需求者获取和利用时，信息资源的特定价值才真正实现。信息资源价值总是和人的需要联系在一起的，而信息资源价值的实现程度则与信息获取程度密切相关。

信息资源与人们之间的价值关系是信息获取权设立的前提条件。只有通过法律保障信息获取权，信息资源对人的价值才有可能实现。社会公众获取权的实现，也是信息资源价值的体现。

⑤信息资源具有稀缺性

稀缺性是指资源相对于人类的需要，总是少于人们能免费或自由取用的情形。当今社会信息的作用日益突出，信息成为社会发展所依赖的关键性资源。它与物质、能源相并列作为三大经济资源之一，相对于人们无限的需求而言是必然具有稀缺性。[1]虽然信息资源具有使用上的公共性，但相对于信息需求而言，人们实际拥有的信息总是有限的。当今信息时代，信息无处不在，

---

[1] 赵云志．正确认识信息资源的稀缺性［J］．情报理论与实践，2000（3）：182-184．

似乎并不稀缺,而在特定的时空环境下,相对于特定的人而言,真正有用的信息总是稀缺的,人们的信息需求总是不能得到有效满足。由于受认识水平、加工能力、技术条件的限制,信息资源远不能满足实际需要。❶

信息资源的稀缺性是指信息资源的供给不能满足社会公众的实际信息需求,需求因稀缺而生,信息资源的稀缺性是产生信息获取需求的重要原因。现代信息社会,信息资源数量急剧膨胀,信息资源增长迅速,但是信息资源数量上的丰富程度并不能排除信息资源的稀缺问题❷。

信息资源的稀缺性主要体现在以下几个方面:

第一,从信息资源的产生看其稀缺性。虽然社会信息总量非常丰富,但是从社会信息资源的产生过程来看,信息资源的产生并不是自然而成的。信息资源的产生需要投入一定的人力、物力、财力,需要人们的创造性思维活动。从这一点看,信息资源是一种有限的资源,它必须依赖人类的创造性劳动才能产生,是一种稀缺性的社会资源,因此信息资源具有稀缺性。既然信息资源的产生需要一定的成本,信息资源的获取也就需要一定的经济付出。

第二,从信息资源的发布看其稀缺性。信息资源产生出来以后,并不是每种信息资源都是向社会全面公开的。相反,面向所有社会成员公开的信息数量很少,只有少量关系到社会公共利益的信息资源才向社会公开发布,法律法规、文学艺术作品等信息资源一般是可以公开发布的。由于受到多种因素的影响,很多信息资源并不是面向社会发布的。这类信息如涉及国家机密的文件、企业的商业秘密以及其他很多内部信息等,这些信息资源都不是普通社会公众所能接触到的。而且,对于那些可以公开发布的信息资源,也并不是免费向社会公众提供的,这就使得很多社会公众获取这些信息受到限制。正是由于信息生产者没有向社会提供其所拥有的完全的信息资源,所以社会公众可供利用的信息资源减少,从而造成了信息资源的稀缺性。

第三,从信息资源的利用看其稀缺性。信息资源利用上的稀缺性主要表现在社会信息资源不能满足社会公众的信息需求。虽然信息数量众多,但是往往不能很好地满足社会公众日益增长的信息需求。由于社会信息分布的不均衡、人们获取信息手段的有限以及大量虚假、冗余信息的存在,真正有用

---

❶ 乌家培,等. 信息经济学 [M]. 北京:高等教育出版社,2002:21.
❷ 周淑云,王好运. 信息获取权客体辨析 [J]. 图书馆,2015 (1):18-20.

的信息是相对不足的。因此相对于社会公众日益增长的信息需求，信息资源的稀缺性是存在的。

正是因为信息资源存在这一特性，才需要通过制度设计合理配置信息资源，使社会公众的信息需求得到最大限度的满足，使信息资源在利用中实现增值，从而尽可能地减少信息资源的稀缺。

信息资源是权利主体信息获取权实现的基础要素，是权利主体利益的作用对象和依托。信息资源是一切社会生产、生活的基础，通过立法保护社会公众对信息资源的充分获取是信息社会发展的必然。只有通过信息资源的开发和利用，使其达到满足需求的目的，信息资源的价值才能得到充分发挥，社会公众在信息领域的利益才能得到保障。

2.3.3 信息获取权的内容

信息公平是社会公平的重要基础，信息获取权是信息公平的重要组成部分，是社会公众的基本权利。从信息政治学的角度看，为了保障人们的信息获取机会的公平，首先要赋予人们信息获取的自由权利❶。厘清信息获取权的基本内容，是信息获取权理论研究的首要任务。

主体、客体、内容是权利的三个基本要素。简言之，主体即享有权利的人，客体即权利所指向的对象，内容是指主体对客体拥有哪些权利。从狭义上讲，信息获取权的权利主体是公民。信息获取权的客体包括与社会公共利益相关的一切非秘密性信息。而信息获取权的内容是什么，至今缺乏定论。

信息获取是一个复杂的过程，信息获取的核心要素是信息资源，为实现信息资源获取需要与之相配套的信息技术、信息渠道、信息服务。权利以有形或无形之社会利益为其内容或目的❷。信息获取权的内容即社会公众在信息资源、信息技术、信息渠道、信息服务上所附的社会利益。与此相应，公民信息获取权包括四项基本权利：信息资源内容选择权、信息获取技术知悉权、信息传播渠道接触权和信息服务质量保障权。信息获取权的内容构成如图 2-6 所示。

---

❶ 蒋永福，庄善杰. 信息获取自由与公共图书馆 [J]. 图书馆论坛, 2005 (6)：83-87.

❷ 史尚宽. 民法总论 [M]. 北京：中国政法大学出版社, 2000：248.

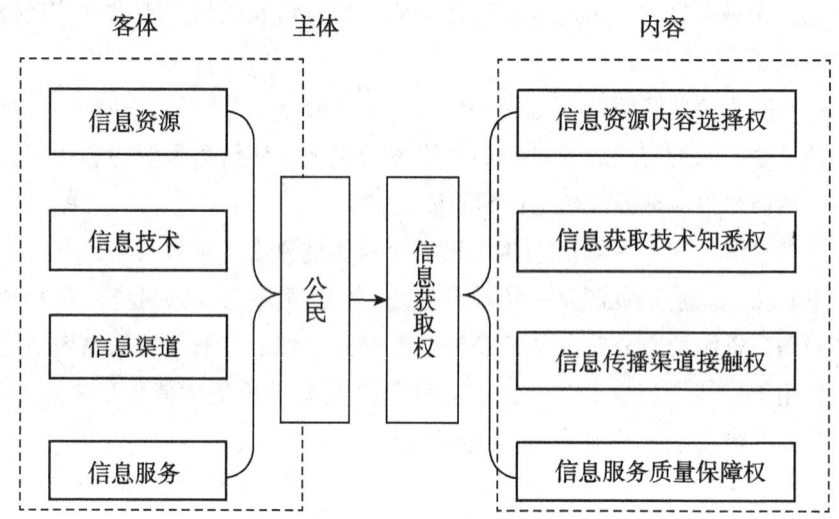

图 2-6 信息获取权的内容构成

（1）信息资源内容选择权

权利是主体以相对自由的作为或不作为的方式获得利益的一种手段。实际上任何权利，其本身就含有权利主体可以行使这种权利，也可以不行使、放弃这种权利的含义。推而广之，任何权利，都具有一定程度的选择性，都是一种选择权。从这个角度看，信息获取权与信息资源内容选择权是相通的、一致的。信息资源是信息获取的基础，一方面因为社会信息内容的丰富性和多样化，不可能有人能掌握所有信息资源；另一方面每个人的信息需求都有差异，没有人需要所有的信息资源。因此社会公众对信息的获取是有选择的，社会公众对于社会信息资源理应有选择的自由。

信息资源内容选择在本质上是追求个人利益的行为，是个人利益在信息资源中的集中反映。信息资源内容选择是社会公众意愿的体现，是个人利益的外在表现。从信息需求的角度而言，信息需求是信息资源内容选择的前提和基础，信息资源内容选择是公民信息需求得以满足的途径，是公民信息获取权利真正实现的表现。从信息消费的角度而言，公民作为信息消费者，信息内容选择是完成信息消费的重要前提，信息资源内容选择权是公民作为信息消费者的基本权利。为了保障公民的信息消费权益，公民有权根据自己的需求、目的、兴趣、习惯、风格等情况，自主选择能满足自身需要的信息内容。信息资源内容选择权是公民信息获取权的法律体现，是对公民人格独立与意志自由的承认。赋予公民信息内容自主选择权，符合人民当家做主的社会主义民主政治理念，是公民积极性、主动性、创造性得以充分发挥的前提。

信息资源内容选择权是指作为主体的公民拥有对信息资源的内容进行选择的资格和自由。公民对于信息资源的内容有选择的自由，包括获取与不获取的自由、获取此信息与彼信息的自由，公民的信息资源选择自由不受任何非法干涉。政府或其他义务主体有提供相关信息内容的义务。信息提供者应该树立信息服务的观念，提高信息质量，切实保障公民的信息内容选择权。信息提供者应该提供内容丰富的信息资源以供社会选择，但是不应该将公众不愿获取的信息强加给公众。现在这种信息的被动、被迫接受的现象比较普遍，如手机上的垃圾短信、网络上的垃圾信息……从公民权利的角度出发，这些行为是对公民信息资源选择权的剥夺，是对信息获取权利的侵犯。国家、社会组织和个人不应该妨碍公民的信息资源选择权，应该尊重公民对信息资源的自主选择。公民信息资源内容选择权的充分保障是实现社会民主、个人发展的重要保证。

公民信息资源内容选择权有着丰富的内容，其种类、范围、限制程度和行使方式随着信息社会的发展而发展变化。在现代信息社会，信息资源内容选择权应该在广大社会公众的实际生活中得以体现，将这项权利渗透到公民的政治、经济、文化生活中去，使每个公民都能依法维护自己的信息获取权利。

（2）信息获取技术知悉权

社会信息资源总是依附于一定的载体而存在，印刷的或者数字的。公民信息获取权的实现，关键的因素是信息获取技术的掌握。以计算机、网络为代表的现代信息技术正渗透至社会生活的方方面面，在信息资源的保存、传递、加工领域尤甚。网络共享性与开放性使人人都可以在互联网上索取和存放信息，由于没有质量控制和管理机制，这些信息没有经过严格编辑和整理，良莠不齐，各种不良、无用甚至自相矛盾的信息充斥网络，形成纷繁复杂的信息世界。❶ 面对信息资源品种类型十分丰富的假象，用户需要的真正有价值

---

❶ 蔡荣生，漆良藩. 网络环境下信息内容检索探讨［J］. 图书馆论坛，2009（2）：49－50.

公民信息获取权利保障研究

的信息资源淹没在海量数据中,寻找信息、利用信息难度加大❶。从信息检索的角度而言,如何从海量的信息资源中获取自己所需要的信息内容,社会公众需要掌握相关的信息获取技术。信息获取技术是社会公众在浩瀚信息海洋中遨游时的航标与灯塔。

现代信息社会,信息总量日益丰富,信息呈现手段不断更新,但社会公众的信息缺乏现象依然存在,一个重要的因素是社会公众的信息能力不足。如果社会公众的信息素养和信息能力缺乏,将会直接影响其信息获取的效果和质量。信息能力是一种基本的信息素养,它是一种在技术层面、操作层面和能力层面上的素养,它是信息素养的重要内容。❷ 培养公众信息能力,提高信息素养,是实现公民信息获取技术知悉权的重要前提和基础,是公民信息获取权真正实现的重要保证。从传统的信息检索技术到数字网络技术,公民有知悉相关信息技术的权利。

信息获取技术知悉权是指公民为获取信息内容,有掌握相关信息获取技术的权利。信息获取技术主要是指信息检索技术。只有熟练掌握信息检索技术,社会公众才能从信息海洋中快速找出所需要的信息。在当今网络环境下,社会公众应该学会熟练使用各种网络检索工具,包括大众化的信息检索工具,如搜索引擎,以及各种专业性的信息检索工具。通过检索工具的熟练运用,用户能从互联网、各类数据库以及传统文献资源中找到自己所需信息。为此,信息提供者应开展广泛的用户培训,加强信息技术教育,以提高社会公众的信息素质、信息能力,最终实现信息资源的有效获取。如何使广大社会公众了解、掌握信息检索方法、技巧、技术,是公共信息服务提供者的一项重要任务。

(3) 信息传播渠道接触权

从静态的角度而言,社会信息资源的内容需要依附于一定的载体形式;从动态的角度而言,社会信息资源的流动需要借助一定的传播渠道。信息传播是在一定的渠道条件下完成的。依据传播学理论,信息都是通过不同的传播模式由传播者借助传播渠道或媒介从信息源传送给受众。传播渠道在基础

---

❶ 张彦,王守宁. 网络信息内容质量探析 [J]. 图书馆学研究,2006 (7):49 – 51.
❷ 章慧敏,傅德荣. 信息素养与信息技术教育 [J]. 中国电化教育,2001 (9):17 – 19.

2 公民信息获取权概述

性的层面上影响着传播对象接受信息的质量,例如物理信号是否清晰,信息是否可达,信息是否及时等❶。信息资源在社会的传播需要借助畅通的信息渠道,渠道的宽狭和顺畅与否,直接影响到信息传播的质量高低和数量大小,影响到传播的速度快慢。社会信息资源的传播渠道是多种多样的,从单一载体到多维载体,从传统媒介到新兴媒介。报刊、广播、影视、网络、手机被称为五大媒体,除以上媒体形式外,信息资源通过会议、论坛、专业信息服务机构等形式广泛传播。合适的信息渠道是信息获取过程的必要环节。

信息传播渠道接触权是指公民为获取信息有接触信息媒介的权利。信息获取权包括公民的信息传播渠道接触权。任何信息的获取必须以顺畅的信息流通渠道的存在为前提,国家和政府应充分利用现有技术拓展信息传播渠道,防止信息在传播过程中可能出现的减损,通过多种途径与方式,保障公民能无障碍地接触各种信息传播渠道,使公民从信息传播渠道能够获得更多的信息,从而实现信息资源的公共获取。信息传播者对信息的组织与加工,必须尽力使之具有获取价值,从内容选取到形式布局,都应该从信息资源易于传播、适于获取的原则出发,使信息能被公民有效获取。

构建通畅的信息传播渠道,使有价值的公共信息能为公众所接触,是社会发展和民主保障的需要。政府作为国家力量在信息传播渠道的构建中起最关键的主导作用。政府建立的网站、手机短信平台、手机报等,在社会公众中具有广泛影响力,其信息渗透力甚至超过电视、报刊等传统媒体。信息传播渠道的建设,需要在国家力量、地方政府主导下,结合公民的实际需求,通过各类媒介技术、信息渠道和传播内容形成。

(4) 信息服务质量保障权

服务质量是指服务能够满足规定和潜在需求的特征和特性的总和,是指服务工作能够满足被服务者需求的程度。信息资源在社会上的流动总是体现在从信息服务提供者传递给广大社会公众。信息获取的基础是社会信息服务,信息有效获取的前提是高水平的信息服务质量,信息服务质量的高低直接影响信息获取权的实现,只有信息消费者的需求得到充分满足,公民信息获取权才能真正实现。公民信息获取权的内容包括信息服务质量保障权。

---

❶ 王众,郑业鲁. 农村信息传播渠道和传播机制的构建 [J]. 农业图书情报学刊,2004 (2): 5-10.

信息服务质量是衡量信息服务社会效益的主要标志，信息机构的信息服务质量的好坏主要由以下几个方面来体现：信息资源的丰富性、信息获取的方便性、信息传递的及时性、信息服务的精练性和信息收费的合理性。从社会公众的角度而言，信息服务质量可以通过用户满意度来衡量。

信息服务质量保障权是指公众在利用信息资源过程中有权要求有关服务部门提供优质高效和公平的信息服务，并保证提供的信息内容产品具有较高品质。由于公众在消费信息服务的过程中不仅会消耗一定的成本，而且还可能面临着因信息误导所产生的各类管理风险，因此，公共信息管理部门在面向社会公众开展信息服务时必须遵循优质、高效和无差别的服务原则，兼顾各类公众的信息消费需求特点，在丰富信息服务类型基础上努力提高信息内容产品的质量❶。

提供优质的信息服务是信息机构生存和发展的基础，信息服务机构应不断跟踪、调查用户的信息需求，为用户提供满意的信息产品和优质服务。为确保公民信息服务质量保障权的实现，信息服务提供者应组建公共服务管理平台，以提高信息服务的质量，保障公民信息获取。公共服务管理平台是一种面向公众、提供公共信息服务的网络载体，一般由政府为主导，企业、事业单位为补充，利用现代信息技术和信息管理方法，充分整合社会生活中与大众息息相关的公共信息资源，并根据公众的需求向其提供更加有组织、有效率的信息服务，目的是提高社会公共服务质量和效率，促进公共利益和社会公平进程。❷ 图书馆、档案馆等部门，作为公共服务管理体系的组成部分，应以公众的需求为导向，切实提高公共服务管理平台中公共产品和服务的供给能力和质量，保障公众的信息获取权利❸。

---

❶ 周毅.信息资源管理流程中公众的信息权利探析［J］.中国图书馆学报，2009（1）：86－91.

❷ 程结晶.公共服务管理平台中档案信息传播服务模式的构建［J］.档案学研究，2010（4）：46－49.

❸ 周淑云，罗雪英.信息获取权内容辨析［J］.情报理论与实践，2014（5）：23－25.

3 公民信息获取权保障的战略分析

3.1 信息获取权保障的必要性

3.1.1 信息获取权保障是社会信息化的必然要求

信息、材料与能源被称为现代社会的三大支柱。现代社会已从工业社会迈向信息社会。信息是物质世界及人类社会活动的产物,随着社会的发展进步,尤其是信息技术的不断发展,信息资源在社会生产生活中的重要性日益突出,信息成为事关国计民生的重要战略资源,社会信息化水平已成为衡量一个国家或地区现代化程度的重要标志。

社会学家将现代社会描述成"后工业社会""知识社会""信息社会"。现代社会已进入信息社会的观点可以从社会学家的理论中找到依据。信息社会学家从不同的角度和层面对信息社会进行深入探讨,他们对以下问题进行深入思考:什么是信息社会?信息社会的基本特征是什么?信息化与政治、经济、文化发展有什么关系?信息化将会产生哪些社会影响?在信息社会学领域,比较经典的信息社会理论有丹尼尔·贝尔的"后工业社会理论"、阿尔文·托夫勒的"超工业社会理论"和约翰·奈斯比特的"信息社会理论"等。

美国社会学家丹尼尔·贝尔的后工业社会理论,对全球信息化浪潮的形成起到了巨大的推动作用。贝尔认为:"后工业社会既是一个知识社会和服务社会,同时也是一个以信息为中心的社会。如果说工业社会主要以能源为中心的话,那么后工业社会就是一个以信息为中心的社会,信息正成为所有社会的基础。在后工业社会,重要的既不是人力资源也不是自然资源,而是信息。因为在后工业时代,信息已成为真正意义上的核心性资源,因此,当前我们所处的时代已经从一个以财富与物质生产为中心的社会转型为一个以信息与知识为中心的社会。"

阿尔文·托夫勒在《第三次浪潮》中描述："人类社会历经了三次浪潮。500年前，在人类社会发展处于第一次浪潮时，最重要的资本是土地。后来发生了工业革命，也就是出现了人类社会发展的第二次浪潮，产生了现代资本主义。第一次浪潮和第二次浪潮时的这些资本大体都有这样的特点：看得见，摸得着；我占有了，你就不能占有。现在，人类正在向以知识、信息为基础的社会——第三次浪潮移动。由计算机引发的信息革命将会主宰世界，并创造出第三次文明——信息文明。在人类社会发展的第三次浪潮中，出现了一种新的经济，就是知识经济。这是一种革命性的变化。知识不仅仅是生产过程中的一个要素，而且是起主要作用的要素。我使用某些知识，你也可以使用同样的知识，更重要的是，如果我们创造性地利用这些知识，就可以创造出更多的知识。如果在你的头脑里有正确的知识，你在合适的时间、地点，正确地使用它们，你就可以用更少的土地、更少的资本、更少的能源、更少的时间生产出所需要的产品。知识是可以替代这些要素的更重要的东西。人类社会的第三次浪潮带来了资本性质、生产方式、就业方式等方面的变化。社会的一切都以信息为中心。"

美国学者约翰·奈斯比特在《大趋势——改变我们生活的十个新方向》等一系列著作中，以其独特的视角和精辟的见解系统地阐述了他对社会发展趋势的看法，为人们描绘了未来社会美好的前景，形成了新的信息社会理论。约翰·奈斯比特认为："人类社会已经进入信息社会。人类社会分为农业社会、工业社会和信息社会三个阶段，目前我们已经进入了一个以创造和分配信息为基础的社会。在新的信息社会中最重要的战略资源是信息而不是资本。知识已经成为首要的产业，这种产业为经济提供必要的和重要的生产资源。我们现在大量生产知识，而这种知识就是我们经济的推动力。"

美国经济学家珀拉德从经济学的角度论证现代社会已进入信息社会。他在《信息经济》一书中用定量方法研究信息活动在美国经济总体中所占比率，珀拉德将信息部门分成第一次信息部门和第二次信息部门，向市场提供信息服务的部门称为第一次信息部门，政府及非信息企业内部的信息部门称为第二次信息部门。珀拉德通过定量方法分析出1967年美国国民经济总产值的46%都和信息活动相关，并且约半数劳动者从事的工作与信息相关，这些劳

3 公民信息获取权保障的战略分析

动者的收入来源中，约53%来自信息工作所获得的收入，从而他得出结论："美国已经发展成为一个以信息为基础的经济实体。由于其经济活动的主要成分是信息消费品、服务部门及官方和私人官僚体制（第二次信息部门），因此我们事实上已经步入信息社会。"❶

尽管学者们对信息社会的论述各不相同，但是他们一致认为：信息革命是人类历史上继农业革命和产业革命之后出现的又一次巨大的历史性转折。信息技术革命已经渗入人类活动的全部领域，它正以惊人的速度改变并重塑着我们的生活环境。

信息获取是信息社会的核心要素。信息社会最基本的生产力要素是信息，信息成了社会活动与社会生产的核心。信息社会的经济是以知识信息为基础的知识经济。信息社会的社会生产主要表现为人类所从事的信息生产、表达、加工、存储、获取、交换等活动，而信息获取是这些活动的关键因素。信息社会中信息产业的发展很大程度上取决于能否及时获取与利用信息资源。在信息产业中，谁能及时获取和充分利用知识信息，谁就是胜利者。信息的生产、表达、加工、存储与交换都必须有信息来源，因此这些活动的前提是获取信息，而且信息资源公共获取，保证世界任何国家、任何个人享有平等获取信息的机会也是这些活动的最终目的。根据2005信息社会世界峰会第二阶段突尼斯会议公布的数据，"全球70%的因特网用户目前集中在占世界人口16%的最富裕国家，占世界人口40%的最贫穷国家仅拥有全球因特网用户的5%，美国62%的人拥有自己的电脑，而在贫困的尼泊尔，1958人中才有一台电脑。当世界上最发达国家的人口中超过一半的人可以轻易上网时，接近98%的非洲人却与网络无缘。最不发达国家正面临着信息边缘化的危险"❷。这种信息获取机会的不平等是与信息社会发展要求相悖的。

2003年信息社会世界首脑第一阶段日内瓦会议上提出信息社会的十项国际标准："连接所有村庄，并建立社区接入点；连接所有大学、学院、中学和小学；连接所有科研中心；连接所有公共图书馆、文化中心、博物馆、邮局和档案馆；连接所有医疗中心和医院；连接所有地方和中央政府部门，并建

---

❶ Porat, Marc Uri. The information economy: Definition and measurement [M]. Washington: US Department of Commerce, 1977: 87.

❷ 刘顺，张有浩. 突尼斯峰会呼唤缩小"数字鸿沟".

立网站和电子邮件地址；根据国情，调整所有中小学课程，以应对信息社会的挑战；确保世界上所有的人都能得到电视和广播服务；鼓励内容开发并创造技术条件，使世界上所有语言均能在因特网上得到体现和使用；确保世界一半以上的居民在可及范围内获得信息通信技术。"❶ 分析以上十个标准可以看出，其实质是保证所有民众，包括农民、城市居民、学生、科研人员能够通过网络自由获取丰富的信息资源，这些信息包括政务信息、商业信息、文化信息、医疗信息、社区信息等。这些关于信息社会的国际标准都是围绕信息获取而设立的。

近年来，计算机与通信技术突飞猛进发展，新技术革命给人类社会带来新的发展空间，社会信息化的发展创造着新的经济生活形态、社会管理模式和新的生活方式，推动了社会进步，从根本上改变了人类的生产和生活方式。信息技术改变了人类记录信息和传递信息的手段，互联网将来自世界各个节点的信息联结成一个开放的、庞大的信息资源库，使信息资源能充分应用到社会的各个领域，遍布世界每一个角落。技术的发展使信息真正成为社会生产生活的核心，使社会各行业、各部门都能享受信息化的优秀成果。技术的进步使公民获取信息资源成为可能，而公民信息获取权的实现还受到诸多因素的影响和制约，如果公众不能掌握全面、准确、充足的信息，势必阻碍社会信息化发展的步伐。因此，要使社会公众真正受益于社会信息化，必须建立公民信息获取权保障体系，使任何人，不论其年龄、身份、地位、经济状况、身体情况，都能获取自己所需的信息资源，以此保证社会公众自由获取信息。

信息获取权的保障是信息社会的必然选择。在农业社会和工业社会，虽然有信息活动和因信息而产生的社会关系，但由于信息并未受到整个社会的重视，因此信息获取权未得到立法的肯定。在信息社会，信息资源对社会发展进步的影响效果越来越明显，信息的作用和价值日益显现，信息作为资源受到前所未有的关注，这是信息获取权保障制度得以产生的时代背景。要全面实现社会信息化，首先必须从制度方面保障社会公众的信息获取权，建立促进信息资源公共获取的社会机制。

---

❶ 杨骏. 世界首脑会议通过信息社会应达到的 10 个标准.

3 公民信息获取权保障的战略分析

一方面,公民信息获取权保障是社会信息化发展的产物,信息化是公民信息获取权保障得以实现的前提条件;另一方面,公民信息获取权保障也能进一步促进社会信息化的发展,随着公民信息获取权的实现,社会信息资源得到最大限度的开发和利用,从而生产出更高质量的信息产品和信息服务,促进全社会信息化。

社会公众能自由方便地获取所需信息,是社会进步的重要衡量指标。信息是经济生产力中最活跃的要素。生产力包括三个最基本的物质要素——劳动者、劳动工具、劳动对象,同时也包括科学技术、教育培训、经营管理、信息资源等精神要素。信息资源既是一种有形的独立要素,又是一种无形的内含于其他各种要素中的非独立要素[1]。信息资源对生产力和社会的发展具有极其重大的影响和作用。在中国古代,国家实行闭关锁国的政策,普通民众过的是足不出户、自给自足的生活,社会信息不能够进行自由交流,人们较少有机会获取外界信息,更不用说通过电视和网络获取信息了。在这种信息闭塞的环境下,社会发展非常缓慢。随着时间的推移,社会信息资源越来越丰富,信息传递手段增多,人们获取信息途径增多,信息的繁荣促进了社会的变革和进步,相反社会的进步也带来了信息资源的增多,两者相辅相成。综观现在信息能力强大的国家,无一不是经济、文化各方面发展全面的国家。

3.1.2 信息获取权保障是实现社会公平的必要条件

社会公平是各种利益在全体社会成员之间合理、公正、平等分配,使不同主体之间的利益实现协调与平衡。公平是社会主义民主的本质要求,是和谐社会的基本特征,是衡量社会文明程度的重要标尺。实现社会公平,有利于调动公民各方面的积极性,有利于社会稳定与全面发展,有利于国家的长治久安。

维护和实现社会公平首先要求有合理的制度,实现社会资源的合理分配,使各种社会利益相协调,避免造成社会成员之间差距扩大和两极分化。社会公平不仅体现在社会财富上的合理分配,还包括公民政治权利、文化教育权

---

[1] 靖继鹏,吴正荆.信息社会学[M].北京:科学出版社,2004:206.

利等方面的平等。要充分实现社会公平，需要国家从法律和制度层面营造公平的社会环境，保证全体社会成员平等地享有经济、政治、文化权利，实现政治参与、文化教育、劳动就业等方面的公正与平等。

维护和实现社会公平，需要确立公民的主体地位，保证公民基本权利的平等，避免不同社会成员之间的权益失衡。保证公民平等地享有基本权利是社会公平的内在要求，是社会公平实现的前提与基础。权利公平是其他社会公平实现的前提条件，如果法律不赋予公民享有平等权利，其他社会公平就无从谈起。权利公平要求立法保护所有公民的基本权利，使所有社会成员共享社会资源，享有均等的发展机会。通过立法完善事关公民基本权益的制度安排，应当成为促进社会公平实现的基础性工程。法律与政策是维护社会公平的基本保障，因此国家立法机构和政府部门应当将实现社会公平作为其基本职责。保障公民信息获取权利，使每一个公民享有接触信息的机会，共享社会信息资源，享受社会信息成果，在信息活动时获得公正的待遇，是实现社会公平的必要条件。

信息社会一个突出的问题是信息富有者和信息贫困者之间的差距越来越大。这种信息获取的数字鸿沟不仅表现在信息发达国家与信息落后国家之间的信息获取差距，而且各国国内各地区之间、城乡之间、行业之间、企业之间以及不同人群之间在信息拥有和获取方面也存在很大差距，更为严重的是这种差距还有继续扩大的趋势。这种差距的产生有多种原因，主要原因有两个：一是经济上的不平衡导致信息基础设施建设上的差距，另一个重要方面是制度上的缺失。因为缺乏促进信息资源公开、共享与公共获取的社会制度，因此使得信息在社会上的分配不公。

信息社会世界首脑会议上提出："所有人，包括在农村生活的人和残疾人都应容易地获得信息。处于社会边缘地位者、失业者、社会地位低下者、被剥夺权利者、儿童、老年人、残疾人、土著人民以及有特殊需要的人应得到特别注意。增强我们交流和分享信息及知识的能力，会增加为各国人民创造更加和平、更加繁荣的世界的可能性。但是，除非世界大多数人民能够充分参加新兴的知识社会，否则他们将无法得益于这场革命。"[1] 因此人人能自由

---

[1] 联合国大会.信息社会世界首脑会议决议.

获取信息是信息社会的基本原则，应努力解决发展不平衡问题，缩小数字鸿沟，建设一个公众广泛参与、和谐发展的信息社会。为了使社会公众享有平等获取信息的机会，建立一个平等、公平的信息社会，首先必须从制度上设立信息获取权，促进信息资源公共获取、缩小数字鸿沟。当然不能只是以口号或宣言的形式倡导信息资源的公共获取，而必须制定完备的公民信息获取权保障机制。

3.1.3 信息获取权保障是维护公众利益的重要手段

公众利益即广大社会公众共同享有的权益，公众利益所代表的是广大社会公众的整体利益，是社会大多数人共享的正当权益，每一个不特定的社会成员都可以平等地享有该利益。公众利益体现了一定社会条件下不特定多数主体利益的一致性。公众利益是一种社会普遍存在，具有公共性、共享性特征，其主体是社会上绝大多数人，而不仅指某一个人或某一个组织。公众利益是一切权利的界限，不得受到恣意侵犯。

公众利益与个人利益是两个不同层面上的利益，公众利益与个人利益之间没有绝对的界限，两者之间对立统一、相互依存，它们之间既存在着一定的冲突与对立，又统一于一定的社会实践中。在一般情况下，公众利益的实现会在一定程度上限制个人利益，个人利益的实现则可能以公众利益的必要让渡为前提，任何社会公众利益都不会与特定的个人利益完全重合，公众利益不可能脱离个人利益而存在，个人利益也不能超越社会公众利益。公众利益的存在以个体利益为基础，对个体利益的保障能促进公众利益的实现，个体利益与公众利益是具体与抽象、特别与一般之间的关系。现代社会纷繁复杂，个体利益呈多样化趋势，不同个体之间存在利益上的冲突与矛盾，但是，每个个体利益均涉及某些受到普遍承认的公众利益。实现公众利益最大化，是民主社会的重要目标。信息获取权制度的设计必须充分考虑对社会公众利益与个人利益的双重保护，将实现个体利益与社会公众利益的平衡作为制度构建的基本价值目标。只有通过信息资源的有效开发和利用，实现信息资源的高度共享，才能提高人们的生产效率和生活质量，真正维护社会公众的切身利益。

正如人们在社会的生存离不开食物，在现代信息社会，人们也不能维持无信息的生存，对现代人来说，与信息的隔离甚至比无食物的生存更难以适应，这一点已被科学家们所做的人体生理与心理实验所证明❶。试想想，如果你的周围没有电视、没有书本、没有网络、没有报纸，也没人与你说话和交流，会是怎样一种情形。也许没有人能生活在这种环境里面，人不能离开信息而生存。信息与物质一样都是人类生存必不可少的条件。

信息在人类发展中也起着重要作用。人们通过获取信息，将所掌握的信息变成头脑中的知识，从而为己所用。尤其是在当今信息社会，信息资源已经成为人类社会发展的主要资源因素。人们通过信息获取，积累了大量的信息资源，这些信息成为人们生存和发展的基础。在科研领域，优秀科研成果的产生建立在信息资源充分获取的基础之上；在工业生产领域，新产品的研制开发建立在信息资源充分获取的基础之上；在商业领域，利润的增加需要获取更多市场信息。在信息社会，信息获取对人类发展的重要性越来越突出。

从党和国家的角度而言，保障公民信息获取权，也是信息化背景下执行党的群众路线的需要。一切为了群众、一切依靠群众，从群众中来、到群众中去，是我们党的根本工作路线。信息社会信息资源成为最核心的社会资源，对信息资源的充分获取是人民群众根本利益的体现，满足社会公众对信息获取的需求是党和国家工作的出发点和归宿。人民是我们国家的主人，是历史的真正创造者，要建立有利于保障人民利益的信息获取权保障机制，切实维护广大社会公众的共同利益。

信息的自由获取、自由传递与自由表达是信息社会人们的普遍追求，信息的自由流动与公共获取体现了广大人民群众的根本利益。只有信息的充分公开，公众的广泛参与，民主、透明的决策，才能使社会公众的信息利益得以充分实现。

3.2 信息获取权保障的意义

信息的获取、开发和利用成为当今世界发展的重要因素，公民信息获取权保障惠及全民、福泽众生，对政治、经济、文化和社会发展有着非常重要的意义。

---

❶ 蒋永福. 信息获取自由与公共图书馆［J］. 图书馆论坛，2005（6）：83.

3.2.1 政治意义

（1）公民信息获取权保障是民主政治的体现

公民参与是民主政治的基础，没有公民广泛参与的政治不是真正的民主政治，每一次技术革命都会对公民政治参与产生重大影响。报纸、电视等传统媒介便利了公众的参政议政，而信息技术的发展，使信息的传递更为便捷。信息是民主的基础，全球自由表达运动"第19条"组织曾将信息称作民主政治的氧气❶。有学者认为，信息自由是民主的生命之血。❷ 如果社会公众不能知道相关社会信息，不能知道政府的行政行为，就无法有效地参与国家的管理。

随着信息化的发展，很多国家都通过立法保障公众的信息获取权，以增强公众对政府的信心，通过公民信息获取权的保障加强公众对政府的信任。信息的充分获取使得社会公众能更多地了解政府角色与政府的决策，也能督促政府为其决策承担责任。

腐败是制约民主政治发展的重要因素。信息获取法对于减少政府机构的腐败发挥着重要作用。知识是力量，透明能有效抑制腐败和其他黑暗的产生。致力于反腐败的国际非政府组织"透明国际"曾专门探讨了信息获取权在反腐败中的作用。透明国际组织的主席休格特·拉贝尔认为，腐败会让人们失去信心。而要遏制腐败，需要建立良好的保护举报人的制度，并让人们能更好地获取公开信息，即增加信息透明度。公众参与打击腐败将迫使当局采取行动，这样才能建立一个更廉洁、更透明的世界。❸

我们国家正在构建的社会形态是社会主义民主政治，要充分实现社会主义民主政治，必须坚持人民主体地位，保障人民当家做主，充分保障广大人民的权益。公民信息获取权的保障是社会主义民主政治的基本要求，在信息社会，公民的有效参与和民主政治的实现显然取决于社会公众对信息资源尤

---

❶ Article 19. The Public's Right to Know: Principles on Freedom of Information Legislation, 1999: 1.

❷ Andrew Nicol QC, Gavin Millar QC & Andrew Sharland, Media Law and Human Rights [M]. Blackstone Press Limited, London, 2001: 4.

❸ 宋利城. 透明国际组织发布报告：6成受访者认为腐败加重[N]. 青年参考，2010-12-14.

其是公共机构所掌握的信息资源的获取。在政治领域同样需要利用信息化发展的成果，用信息化有力地推动社会主义民主政治的发展。公民信息获取权保障不但有利于社会主义民主政治的维护和发展，还有利于我国政府信用的增强，进而有利于保障社会主义国家的政治稳定。

（2）信息获取权保障是公民政治权利实现的基础

政治权利是指根据宪法与法律的有关规定，公民参与国家政治生活的权利。政治权利是公民利益在政治方面的体现，是公民权利的重要内容，同时政治权利也是公民其他权利的基础，公民政治权利的实现是民主政治的基础。让人民充分地获取政党和政府的相关信息，表达自己的意愿，参与国家政治生活，是人民当家做主的重要方式，是社会主义民主政治的具体体现。

信息获取权是公民实现其政治权利、民主权利的基础，只有在充分获取信息的基础上，公民才能有效地参与政治，行使自己的选举权和被选举权，参政议政权和监督权。党的十八大报告提出"以扩大有序参与、推进信息公开、加强议事协商、强化权力监督为重点，拓宽范围和途径，丰富内容和形式，保障人民享有更多更切实际的民主权利"的要求。公民民主权利的实现有赖于政府履行信息公开的义务。只有通过信息公开保障公民信息获取，公民的政治权利才能充分实现。

3.2.2 经济意义

（1）信息成为重要的经济资源

经济是人类社会的物质基础，是维系人类社会运行的必要条件。人类的经济活动离不开必要的资源，传统的经济活动主要依赖于原材料、劳动工具、劳动力等资源的投入。而信息时代，信息和知识成为国民经济的重要战略资源，在经济发展中起主导作用，成为经济增长的主要力量，经济活动主要依赖于信息技术、信息资源等信息产品的投入。信息是经济活动的生命线，如果没有可靠的信息，市场就不可能很好地运转。❶

信息社会的经济是基于知识、信息而产生的新型经济，这种经济形态是以信息而不是以实物为基础的经济。在经济领域，信息的准确与否决定着经

---

❶ 世界银行世界发展报告编写组：世界银行 1998/99 年世界发展报告：知识与发展[M]．北京：中国财政经济出版社，1999：72．

济建设的成败，信息是经济建设的脉搏。在信息社会中，以开发和利用信息资源为目的的信息经济活动成为国民经济活动的主要内容。信息经济建立在信息的收集、整理、加工基础之上，通过信息与知识的生产、传播、利用与消费来从事经济活动，创造经济效益，获得社会经济的发展。在信息社会，信息资源具有极大的经济功能和作用，直接影响着人们的经济行为。

信息社会，经济的繁荣与发展不再由自然资源、资本和机器设备决定，而是直接依赖信息的积累和利用，信息成为企业重要的无形资产。在激烈的国际竞争中，谁抢先占有和控制信息，谁能对信息资源进行有效开发，谁就能在世界经济格局中赢得竞争优势，信息的储存、交流和保障能力成为综合国力和经济竞争力的重要组成部分。

(2) 信息获取权保障促进经济的发展

信息时代，社会经济发展中的各行业、各组织都离不开信息的支持。因为信息支配着人们的各类经济活动，经济主体决策的依据是他们所能掌握的信息，人们对掌握信息的需求更迫切。对信息的获取能力和处理能力是决定经济主体经济活动成功与否的关键。瞬息万变、层出不穷的信息成为经济活动中的重要力量，社会公众需要及时获得相关信息，为其经济活动所用，为社会经济活动服务。以前，在市场经济中，无论是在政府和公众之间还是公众个人之间，为各自的利益和目标相互封锁信息。政府信息公开会从根本上改变这种状况。❶ 信息获取权保障能降低经济主体之间的信息不对称，优化资源配置，从而促进经济的发展。

信息日益成为经济增长的重要源泉。信息是创新的主要来源，创新是获取信息、加工信息、处理信息的过程，在经济活动中，经济体通过信息获取实现创新，使其经济活动从无序到有序，从低效到高效。对于企业而言，无论是技术的进步、产品的革新还是管理的优化，都离不开信息的获取。哈佛大学罗伯特·巴罗等运用罗默的研究方法对发达国家和欠发达国家进行的调查说明，严重阻碍发达国家发展的社会因素不是缺乏有形财产，而是缺乏无形资本和人力资源。彼得·德鲁克提出，在世界经济发展进入知识社会阶段，最重要的生产因素将不再是自然资源、资本和劳动力，而是知识和信息❷。从

---

❶ 郭建平. 政府信息公开的经济学意义 [J]. 档案学通讯, 2009 (4): 20-22.

❷ 乌家培, 等. 信息经济学 [M]. 北京: 高等教育出版社, 2002: 240.

世界范围来看,建立在信息资源的有效获取基础上的信息化发展极大地促进了经济全球化的进程,促进了国家的产业升级,提高了生产效率,推动了全球经济的发展。

3.2.3 文化意义

(1) 信息是文化发展的象征

文化是民族的血脉,是人民的精神家园。信息时代是一个文化的整体性与多样性并存的时代。信息与文化不可分离,两者之间有着紧密的联系。一方面,信息本身即是一种文化存在,信息的价值和意义就是形成文化,信息资源即人类文化的表现形式;另一方面,文化是以信息的形式存在的,"文化是由共识符号系统载荷的社会信息及其生成和发展"❶。文化是一种特殊的信息,文化的传播即信息的交流与扩散。

信息时代政治和经济正发生转型,文化也产生了新的发展方向。农业时代的文化被喻为"井圈文化",受社会环境的制约,农业时代的文化活动因信息来源的有限和活动视野的狭隘而被禁锢在狭小的圈中;工业时代的文化被喻为"河流文化",源远流长,但毕竟有它的边界;信息时代的文化被喻为"海洋文化",因为信息技术的发展,信息时代的文化跨越时空,虚实相间,无边无际。信息文化是一种新的文化形态,是由于信息技术对社会生活的全面渗透造成的。❷

(2) 公民信息获取权保障促进文化发展

国家通过公共文化服务体系的建立和完善保障社会公众广泛参与文化活动,共享文化成果,使用文化设施,享受文化服务,实现文化信息的充分获取。信息获取权保障的文化意义体现在三个方面:一是丰富了人民群众的文化生活,二是激励文化创造,三是推进了整个社会的文化发展进程。

国家通过各种制度和措施保障公民信息获取权,促进了社会公众对传统文化的了解,对各种类型文化产品的获取满足了人民群众的基本文化需求,提高了人民群众的基本文化素质,丰富了人民群众的文化生活,保障了人民群众的基本文化权益。

---

❶ 蔡俊生,陈荷清,韩林德. 文化论 [M]. 北京:人民出版社,2003:31.
❷ 肖峰. 信息、文化与文化信息主义 [J]. 自然辩证法通讯,2010 (2):86-92.

公民信息获取权保障的另一个重要的文化意义是能激励社会公众的文化创造。文化的生命力在于文化的创造力，对文化信息的接触与了解，将激励社会公众的文化创造力，使其能更自觉、主动地承担起文化创造的历史责任。文化继承与借鉴是文化创造的基础，马克思认为："人们自己创造自己的历史，但是他们不是随心所欲地创造，并不是在他们选定的条件下创造而是在直接碰到的、既定的、从过去继承下来的条件下创造的。"❶ 任何文化创造都是从继承与借鉴开始的，试想如果文化工作者不能充分地了解整个社会的优秀成果，单凭自己的思维能力进行创作，必定难以创造出优秀的文化成果。公民信息获取权保障激励了社会公众的文化创造，使人民群众能创作出更多有益的文化成果，使社会总体精神财富增加。

公民信息获取权保障推动了社会的文化繁荣与发展。为了实现全社会的文化信息资源共享，国家和地方政府必然通过各种文化惠民措施促进文化事业的发展，如文化站、文化馆、文化俱乐部等，以此实现社会的文化繁荣。另外，社会公众对文化信息的需求也将催生更多经营性文化产业的兴起，更多的文化服务企业和文化项目将产生，从而推动社会的文化建设，提高国家文化软实力。

3.3 信息获取权实现的阻碍因素

信息获取权是公民的基本权利。受各种因素影响，人们自由、平等、方便、快捷、及时获得信息的权利有时不能顺利实现，公民信息获取仍然存在现实障碍。在信息社会，妨碍公民信息获取权实现的因素主要包括信息寻租、信息污染、信息不对称等方面。

3.3.1 信息寻租

（1）信息寻租的概念

"寻租"这个术语是安·克鲁格（Anne Kruger）于1974年在《寻租社会

---

❶ 中共中央马克思恩格斯列宁斯大林著作编译局．马克思恩格斯选集（第1卷）[M]．北京：人民出版社，1995：585．

的政治经济学》一文中最先使用。这篇论文是寻租理论发展过程中的一个里程碑,寻租理论研究由此蓬勃兴起,从此,寻租理论逐渐渗透到经济学的各个分支,并为社会学、政治学、法学和行政管理学等其他社会科学提供新的研究思路。

广义的寻租是指社会上追求经济利益的一切非生产性活动。❶ 寻租的实质是通过限制自由竞争和资源的自由流动达到垄断的目的,从而获得经济租金的非生产性活动。因此寻租是一种不正当竞争行为。寻租所得之利是一种不当得利。

信息寻租是指信息拥有者凭借自己所掌握的信息,人为限制信息自由流动以谋取利益的行为。利用信息寻租牟取暴利是信息化社会的特有现象。在当今信息社会,信息已成为一项重要的社会资源。在市场经济制度下,信息成为重要的资本,谁拥有信息谁就拥有财富。因此信息拥有者想方设法对自己所掌握的信息进行垄断,以获取其他传统产业领域无法比拟的高额垄断利润。

信息寻租主体是一个广泛的概念,它包括一切依靠信息谋取经济利益的社会组织和个人,如政府部门、信息企业、信息提供商等,只要他们利用信息获得经济租金,都可以被称为信息寻租者。

信息寻租与信息垄断有着密切联系。有学者认为,在 20 世纪最可怕的、最值得警惕的是财富的垄断和权力的垄断,而在 21 世纪,最可怕的是信息的垄断。信息垄断导致社会信息的不透明、不公开,导致信息不对称。不对称或不完全的信息使得信息的优势方会利用自身优势和外部制度缺失攫取大量租金,改变社会资源的分配,从而对信息的劣势方造成直接威胁,并破坏社会公平竞争的基础。

(2) 信息寻租的表现

信息寻租的表现是多种多样的。不同类型的信息资源都有寻租的可能。

①政务信息资源的寻租

目前我国政府部门掌握着大量社会信息资源。政府作为代表人民管理国家和社会公共事务的机构,理应将这些信息资源提供给广大社会公众,向公众公开,同民众共享。而在现实中,政府信息却体现出"政府信息部门化,

---

❶ 张振轩. 刍论寻租 [J]. 江汉论坛, 2005 (2): 40-42.

部门信息利益化"的趋势，各种政府信息之间缺乏有效连接，不同的政府信息分属于不同的政府部门，各部门各自为政，缺乏信息共享，互不连通，较少将政府信息向社会公开并提供给公众利用，导致这种信息优势异化，信息寻租应运而生。

随着信息社会的来临与信息经济价值的凸显，政府部门借手中垄断的信息实施寻租的现象时有发生。各部门把自己掌握的信息资源当作寻求政治利益和经济利益的筹码，追求自身利益最大化，形成信息垄断。实践中，有的政府机关直接利用手中的信息吃、拿、卡、要，有的则通过各种间接方式牟取不当利益。例如，在房地产交易中，因为信息缺乏公开，导致房地产开发中出现内幕交易行为和暗箱操作，进而产生信息寻租行为；工程发包中拥有决定权的部门进行暗箱操作行为形成的租金；政府采购中主管采购的官员利用采购权从供货商处获得的租金。政府部门在政治压力或者有关利益集团和个人的游说下将有关信息优先提供给设租者，从而获得经济利益。

正如著名经济学家吴敬琏教授所指出的那样："有些政府部门及其工作人员把工作领域看作自己的'领地'，把自己所掌握的公共信息视为自己的私有财产和权力基础。依靠职权，千方百计地垄断信息，甚至利用信息垄断寻租。"❶

②公益性信息资源的寻租

公益性信息资源主要是指教育、科学、文化、旅游、娱乐、公共交通、医药、卫生等方面的信息。公益信息的准公共产品性质及公益信息分布的不对称，使得公益信息服务领域中的租金无处不在，这必然会诱使各利益主体参与到对各种公益信息寻租的追逐活动中来，因此公益性信息寻租行为是大量存在的。

如教育寻租，利益主体通过游说、贿赂、权权交易、权钱交易等各类疏通活动获得自己所需的教育信息，而这些信息原本应该在社会中进行公开公平分配。寻租者由此获得了他们所需要的教育租金，租者获得自己所需的教育资源，二者各取所需完成交易。教育领域的乱收费行为、择校行为、买卖文凭行为等都是教育寻租的主要表现形式。

---

❶ 李艳芳. 论公众参与环境影响评价中的信息公开制度 [J]. 江海学刊, 2004 (1): 126-132.

科技信息寻租行为也广泛存在。如有的科研项目由国家进行全力资助，但科研成果却被某些单位或个人所垄断。这些单位或个人利用这些宝贵的信息资源大肆进行寻租活动赚取超额利润。这种寻租活动甚至被披上知识产权保护的合法外衣。有的科技信息被开发商漫天要价，如微软公司以 Windows 垄断计算机操作系统，因为缺乏有效竞争，公司可以为所欲为制定垄断高价，并收取巨额版权费、专利费、商标费等以获取高额垄断利润。

公益性信息资源的寻租使信息垄断与信息共享之间的矛盾日益激发。共享性是信息的本质属性之一，但现实中的各种信息垄断行为使信息资源的这一属性被垄断寡头们的经济利益所吞没，信息寻租阻碍了公众对信息资源的有效获取。

③商业性信息资源的寻租

商业性信息资源是指商业机构或其他机构以市场化方式收集和生产的，以营利为目的的各种信息资源。商业性信息资源并不属于必须向公众免费提供的信息，但是在商业信息交易中，同样存在着不公平交易行为，存在以谋取非生产性利润为目的的寻租现象。如在证券信息交易中，有人通过获取有关内幕信息进行内幕交易及市场操纵，想方设法设置寻租空间，抓住一切可以设租的机会获取经济利益。信息寻租破坏了市场公平博弈环境，会对信息获取处于弱势地位的社会群体造成新的不公，他们无疑将成为寻租行为的最终受害者。

（3）信息寻租的危害

寻租活动是一种非生产性营利活动。寻租作为以不正当手段获得额外收入的行为，并不会增加社会财富，相反却导致资源配置的低效率甚至资源的严重浪费，导致公共资源为私人所吞噬。信息寻租的可能性迫使人们花费额外的时间、精力、资源去从事这一类交易活动。对整个社会而言，这类交易活动没有增加任何社会产出，反而消耗了大量的社会资源，不利于社会的进步。信息垄断、专权及寻租活动还会使信息资源不能在社会中高效合理地流动，使信息的价值不能得到充分发挥。寻租活动使原本应该由社会公众所分享的信息资源被寻租者所垄断，严重干扰了正常的社会秩序，导致经济增长缓慢和社会资源的浪费。

信息作为一种公共资源，应该为社会公众所自由获取，信息获取权是公民的基本权利，但是信息寻租阻碍了公众自由获取信息的渠道。信息寻租使信息由公共资源转化为少数人赚取利润的工具，导致信息资源在社会的分配不公及信息不对称。信息富有者和信息贫困者之间的数字鸿沟也越来越大。

信息寻租使信息资源由少数人所拥有，信息优势方凭借其所掌握的信息资源实现信息垄断，谋求高额利润。信息寻租行为破坏了社会正常的信息生产秩序。作为寻租对象的信息资源往往价格较高，信息消费者在获取被寻租的信息资源时，需要支付比一般信息商品更高的价格，因此信息寻租成为妨碍公民信息获取权实现的主要因素。

（4）信息寻租的控制

寻租活动对一个社会的正常存在和发展具有消极作用和负面影响，其产生的危害无论在经济领域、社会领域还是政治领域都比较严重，因此必须积极探求抵制寻租的理论根据和现实对策，以有效地抑制和消除寻租现象。

①建立信息公开制度

新制度主义认为，"制度既给我们提供了行为规范，又给我们带来了效率"❶。建立信息公开制度，可以保证信息的公平、公正、公开，努力提高社会信息的透明度，使可能存在租金机会的信息充分展现在公众面前，从而遏制寻租行为。政府信息公开制度作为一种工具、手段和系列规则，可以规避信息优势方利用信息进行寻租。只有通过信息公开制度体系，才能对社会的信息生产、传递、消费行为予以规范，并借助其权威性、强制性来约束政府信息公开行为。国家应该广泛建立信息公开机构和信息服务机构，使信息公开制度真正得到实现。

②加快国家信息化建设

加快国家信息化建设，建设信息化高速公路，提高我国信息化水平，有利于抑制信息寻租行为。信息基础设施的建设和信息资源开发利用工作的加强，将促进国家信息产业的健康发展，形成完善的信息生产、交流、传播与运行机制，使信息寻租失去存在的基础。

③完善有关法律法规，制约信息寻租行为

法律和制度是遏制寻租的有效方法。为了取缔信息寻租行为，必须加强

---

❶ 刘春田. 关于社会主义政治制度文明建设的思考 [J]. 实事求是, 2004 (1): 12-14.

立法司法工作，让信息产业在一个充分法治的环境中运行，做到有法可依、执法必严，形成一种有利于克服寻租活动的社会环境。在立法上，应该规定信息寻租是一种违法行为，在司法上，加大对寻租者的惩罚力度，从而提高其寻租成本，减少寻租行为。但是立法并非终点，只是起点。遏制信息寻租行为需要经过多方的努力，需要做大量的工作才能使保障公民信息获取成为人们自觉遵守的行为准则。随着我国社会主义市场经济体制的建立，随着法治的不断健全，随着信息社会的发展，信息寻租现象将会逐步消除。❶

3.3.2 信息污染

自从人类进入信息社会以来，社会信息量越来越大，信息内容越来越丰富，信息传输速度越来越快，人们在生产和生活中尽享信息革命所带来的便利。尽管信息革命带来了诸多奇迹与便利，但事实上，技术并不会引领我们走向天堂，随着信息技术的发展而出现的社会问题也是不可忽视的。正如汽车在方便人们出行的同时也导致了环境污染和交通事故等社会问题。信息社会面临的一个重要的社会问题就是信息污染。来自不同媒介的各种各样的信息时时刻刻闪现在人们面前，琳琅满目的信息总使人目不暇接、眼花缭乱。信息的生产超出了人类处理信息的能力。信息过剩一旦发生，信息不再对生活质量有所帮助，反而开始制造生活压力和混乱，甚至无知。如果信息超出人类的承受能力，它就会破坏我们自我学习的能力，使作为消费者的我们更容易受到侵害，使作为共同体的我们更缺乏凝聚力。这种状况使大多数人控制生活的能力一点点削弱。❷ 信息污染是一种异常的社会现象，已成为人类面临的新问题。信息污染不仅影响了人们对有用信息的利用，而且给社会的发展、人类的生存、生活、学习及身心健康造成危害。从全球来看，现在全世界每年约有100亿信息单元的信息量在传递，并以每年15%至20%的速度激升。这种信息大爆炸，一方面为社会发展提供了巨大的信息动力，另一方面，人们身处信息的汪洋大海，寻找信息的视线变得更加模糊不清，甚至被信息泛滥的洪水所淹没，形成信息超载。因此，骤然增加的各类信

---

❶ 周淑云. 信息寻租问题浅析 [J]. 情报杂志, 2007 (5): 93 – 97.
❷ 戴维·申克. 信息烟尘——在信息爆炸中求生存 [M]. 黄锫坚, 等, 译. 南昌: 江西教育出版社, 2001: 9.

息源在带给人们"信息过剩"的同时,又带给人们新的信息匮乏及至信息污染。❶

(1) 信息污染概述

所谓信息污染,是指社会信息流中混杂着许多陈旧过时、虚假伪劣的信息,以至于危害人类的信息环境,影响人们对有效信息的正常吸收利用的社会现象。❷

在人类历史发展的长河中,印刷术出现之前,信息生产的速度是缓慢的,印刷术的出现推动了文明进步的速度,推动了社会大规模的信息生产。然而在信息革命发生之前,社会信息传播过程的三个基本环节——生产、分配和处理基本上是同步发展的。直到20世纪中叶,随着计算机、微波传送、电视和卫星通信的介入,信息生产与吸收之间的和谐历程被粗暴地打断了。具有超级生产和传播能力的技术,超出了人类的信息处理能力,使我们的处理能力永远亏空。就这样,在自然史的很短一段时间里,我们从信息匮乏阶段跳到了信息过剩阶段。就生产、编辑和传播而言,信息也变得更加廉价了。所以,几乎任何人都可以变成一个信息暴食者。正像肥胖代替饥饿成为这个国家首屈一指的饮食问题一样,信息过剩也将代替信息匮乏,成为严重的心理、社会和政治问题。"就未来的技术而言,真正的问题,"哥伦比亚大学的伊莱·诺姆(Ely Norm)说,"看来不会是信息的生产,当然也不是传输,几乎任何人都可以增加信息。真正的问题是如何减少它"❸。

信息污染体现在人们社会生产生活的各个方面。信息社会,人们从事的政治、经济、文化、教育活动及日常生活中都存在着许多虚假、冗余、过剩、老化、淫秽等不良信息,影响了人们对有用信息的吸收利用,甚至对人类造成危害和损失。

信息污染的表现形式多种多样。信息超载、信息失实、信息过时、信息重复、信息堵塞、信息错位、信息干扰、信息无序、信息病毒等都可以归结为信息污染的表现。信息污染中比较突出的问题主要体现在以下几个方面:

---

❶ 李志义. 从信息传播谈信息污染的原因 [J]. 图书与情报, 1998 (1): 18-20.
❷ 岳剑波. 信息环境论 [M]. 北京: 书目文献出版社, 1996: 125.
❸ 戴维·申克. 信息烟尘——在信息爆炸中求生存 [M]. 黄锫坚, 等, 译. 南昌: 江西教育出版社, 2001: 13.

①信息超载

信息超载与人们的信息活动紧密相随。随着信息技术的发展，信息资源大量涌现，人们可获取的信息越来越多，信息超载成为备受人们关注的问题。信息超载即信息过剩，是指人们所获取的信息超过其实际需要或处理能力，信息的数量超过了人们的承载能力。信息时代，可供人们利用的信息量增加了，但同时也不可避免出现信息超载问题。在互联网环境下，无穷无尽的信息出现在人们面前，而人的信息处理能力毕竟有限，当人的承载能力无法应对其所获取的信息时，信息超载现象就会产生，面对各种媒介上五花八门的信息，人们常常显得无所适从。信息超载带来的负面影响是，一方面社会信息数量庞大，另一方面人们要获取真正需要的信息却很困难，人们查找有用信息所花的时间越来越多，信息超载给人们的学习、工作、生活带来不少困扰，压缩了人们的思想空间，削弱了人们的创造能力。信息原来是用来消除不确定性的，而信息超载增加了人们的不确定性，导致人们身处信息海洋，却找不到所需的有效信息，信息利用率不升反降，使人们产生新的信息贫乏。大量但无序的信息，不是资源，而是灾难。

②信息垃圾

随着信息时代的到来，信息资源繁荣的背后是信息垃圾的大量诞生，社会信息海洋中泥沙俱下、鱼龙混杂，在满足人们信息需求的同时也带来了不少信息垃圾。信息垃圾主要表现为各种无用甚至有害的信息，如垃圾邮件、垃圾广告、虚假信息、污秽信息、冗余信息等。人们普遍感到有用的、真正有价值的信息不够丰富，而大量冗余的、没有价值的信息充斥其中。垃圾信息的泛滥使人们在信息海洋迷失方向，使人不能有效发现有价值的信息。网上各种形式的暴力宣传、淫秽信息、虚假信息不时地冲击着人们的视觉神经，导致人们信息获取的效率低下。

③计算机病毒

人类进入信息社会，创造了智能机器电子计算机，同时也产生了计算机病毒。人类在信息社会更容易与机器融为一个整体，可是，破坏这个整体的一个方面将是计算机病毒。病毒具有极强的传染性、繁殖性、破坏性、恶作剧等表现，计算机病毒主要是针对互联网而言的。计算机病毒给整个互联网乃至整个社会带来难以估量的危害。目前，世界上有几万种计算机病毒传播流行，不仅造成信息污染，更严重的是引发计算机犯罪，威胁人类的生

3 公民信息获取权保障的战略分析

存和社会的发展。1983年计算机病毒首次被确认，但并没有引起人们的重视。直到1987年计算机病毒才开始受到世界范围内的普遍重视。我国于1989年在计算机界发现病毒。至今，全世界已发现的近数万种病毒还在高速度增加着。

由于计算机软件的脆弱性与互联网的开放性，我们将与病毒长久共存。同时，人们利用病毒特有的性质与其他功能相结合进行有目的的活动。病毒的花样不断翻新，编程手段越来越高，防不胜防。特别是互联网的广泛应用，促进了病毒的空前活跃，网络蠕虫病毒传播更快更广，各类病毒更加复杂，带有黑客性质的病毒和有害代码大量涌现。这些污染对信息社会造成极大的威胁。

(2) 信息污染的危害

美国未来学家奈斯比特（John Naisbitt）就发现，"在信息社会，资源缺乏不成问题了，但被资源淹没倒是问题。失去控制和无组织的信息在信息社会里不再构成资源，相反，它反倒构成污染而成为信息工作者的敌人"❶。信息污染已经威胁到信息社会的整个环境，作为信息社会的伴随物，信息污染像工业革命时期的工业污染，给人类社会带来非常大的危害。它不仅增加社会成本，浪费社会资源，影响工作效率，而且还污染人们的灵魂，腐蚀人们的意志。事实上，信息污染已经成为一个值得全社会关注的严重问题。信息污染产生的原因多种多样，有的污染制造者出于政治野心，有的因为经济利益，有些则是因为某项个人利益，总之，信息污染严重妨害了社会公众对真实、有效信息的及时获取与利用，扰乱了信息市场的健康发展，妨碍了国家信息化建设的有序进行。对于整个社会信息流转而言，信息污染增大信息传播过程中的噪声，从而降低信息传播的速度和数量，加大筛选和组织信息的难度，影响信息传播的效果。信息污染过于严重降低了社会信息的可信度，影响信息的传播与利用。

信息资源的积极、实时、高效传播，是社会经济、政治、文化发展的重要保障。信息社会，信息传播渠道多样化，人人都是信息传播链条上的其中一环，都可随时随地传播、捕捉信息。这种传播机制的改变，一方面丰富了

---

❶ 约翰·奈斯比特. 大趋势——改变我们生活的十个新方向 [M]. 孙道章，等，译. 北京：中国社会科学出版社，1984：32.

社会信息资源，另一方面也影响社会信息传播的秩序，造成社会信息传播的混乱。在信息生产、传播、利用的环节中，当信息污染达到一定程度，必然会产生两方面的影响。一方面，信息需求方在已经知道自己会有一定概率得到虚假、不良信息时，却难以对这种信息加以识别和判定，就必然会对信息的可信及可靠度大打折扣，从而产生信任危机，导致信息产品的价值下降；另一方面，信息供给方也不得不面临选择，要么继续提供真实、可靠的信息，但却会因需求方的信任危机而使自己的市场日益萎缩甚至不得不退出；要么干脆同流合污，结果是虚假、不良信息充斥信息市场，最终影响信息传播机制的有序发展。

信息污染导致社会信息流中有效信息与垃圾信息、真实信息与虚假信息共存，甚至信息垃圾膨胀的速度远比有效信息快，将有效信息淹没。面对信息的海洋，要找到与自己需求相匹配的信息非常困难。于是信息搜集与选择的成本大大增加，信息筛选成本日益大于信息收集的成本。利用因特网上的检索技术，很容易就一个专题找出成千上万篇相关的内容，但是检索结果却很庞杂，不加筛选是无法利用的，因此，常常是信息的筛选成本大大超过信息收集的成本。对于大多数网民来说，帮助收集更多信息的意义已越来越小，但帮助获取有效信息的需求将会越来越强烈。❶

对于社会公众来说，信息有效度往往比信息总量更重要。如果能够排除信息污染，使社会公众在尽量短的时间内，取得尽量多的、有效度更高的信息资源，能充分保障公民信息获取权的实现。

（3）信息污染的控制

信息污染作为信息技术发展的伴生物，在一定程度上是不可避免的。这一原理与工业社会的发展所引发的自然环境的破坏相类似。对于信息社会的这一普遍现象，我们必须予以重视，对于信息污染，必须严格加以控制和治理，采取切实可行的措施将信息污染限制在更小的范围。具体来说，信息污染的治理可从以下几个方面着手。

①信息污染的技术控制

尽管在某种程度上，技术是信息污染现象出现的重要因素。但是，信息

---

❶ 戴维民. 网络信息优化传播导论 [M]. 上海：复旦大学出版社，2004：82.

污染问题的解决,不是放弃科学技术,相反要依赖包括科学技术在内的各种手段加以解决。信息污染中的许多问题,都可以通过先进技术加以解决。如互联网上的黑客、病毒、网络犯罪等都建立在特定技术的基础上,因而也可以通过更为先进的技术手段,进行有效的预防和处理。

为了有效防范信息污染的产生,不少用于阻挡垃圾信息、限制不良信息自由流动的软件和技术应运而生,如目前普遍采用的网址拦截技术、内容过滤技术等在一定程度上解决了信息污染问题。另外,搜索引擎作为一种先进的信息技术,在信息搜索方面也对阻止信息污染起到了一定的作用。对于内容不健康的信息,同样可以通过信息技术加以控制。据报道,一些高科技公司正在研究对网上黄色信息进行"声文图"追踪的多媒体信息监控系统,以期使来自网上的色情信息,在尚未到达用户之前,即被截获或阻挡。

除上述一些技术措施以外,面对信息污染的冲击,在技术层面上人们正在研制一些强有力的措施,以期尽量减少信息污染对社会的危害。

②信息污染的制度规范

信息污染的制度规范是指以制度来治理社会中出现的信息污染问题。建立健全的信息制度是防范信息污染的重要手段。制度具有严密性、强制性和稳定性,因此信息制度是治理信息污染的最根本途径。例如,针对信息污染问题,各国都通过立法和政府政策的形式建立起国家的信息发布制度、信息传输制度等,以此规范信息的生产与传播。

近年来,我国制定了不少治理信息污染方面的法律制度,如《计算机病毒防治管理办法》《互联网信息服务管理办法》《互联网电子公告服务管理规定》《关于维护互联网安全的决定》等。这些规章制度在一定程度上缓解了信息污染所带来的负面影响。

虽然我国已经有了防范信息污染的意识和经验,但是要建立起健全完善的一系列制度还需要一个漫长的过程,随着国家和政府的重视,有利于社会信息正常流转的制度环境将逐步形成,信息污染将会得到更有效的控制。

③信息污染的用户防范

信息污染对信息消费者产生最直接的影响,导致信息消费者花费更多的时间、精力和金钱去获得自己所需的信息。因此,要避免信息污染对用户的损失,作为信息用户最有效的策略是提高自身的信息素质,即提高自己获取信息、利用信息的能力。具体来说,信息素质包括信息意识、信息获取能力、信息处理能力、信息利用能力和信息交流能力。"选择相关信息，忽略不相关信息，识别信息的形式，理解和释读以及学习新的忘掉旧的技艺，所有这些能力日益显得越加重要。"❶ 信息用户只有通过提高信息素养，培养信息能力，才不至于在海量信息面前应接不暇、束手无策，从而有效摆脱信息污染的侵入。

要从信息海洋中快速、及时、准确地获取所需信息，用户必须具备捕获有用信息的敏感力，具有较强的信息意识。另外，用户还需掌握各种获取信息的手段，包括传统的手工检索和网络检索，学会利用常用的网络检索工具进行快速有效的分类检索和关键词检索，把握隐含在显见知识、信息中的潜在知识、潜在信息，培养自己获取信息的能力。在信息获取的基础上，结合专业知识进行分析、判断，使信息有序化，提高信息处理能力。同时，用户应该将所获取的知识用于社会实践，解决实际问题，使所获信息资源能够"为我所用"。❷

3.3.3 信息不对称

（1）信息不对称概述

信息不对称是信息经济学中的一个基本命题，用来说明相关信息在交易双方的不对称分布对于市场交易行为和市场运行效率所产生的一系列重要影响。在信息不对称的环境中，由于交易一方比另一方占有较多的相关信息，信息优势方可能会以此谋求在交易中获取更大收益，而信息劣势方则可能因此受损。❸

美国经济学家乔治·阿克洛夫（George Akerlof）、迈克尔·斯宾塞（Michael Spence）和约瑟夫·斯蒂格利茨（Joseph Stiglitz），运用信息理论对市场交易行为进行了分析研究，提出了信息不对称理论。信息不对称就是在市场交易中，当市场的一方无法观测和监督另一方的行为或无法获知另一方行动的完全信息，抑或观测和监督成本高昂时，交易双方掌握的信息所处的不对

---

❶ 杜江南. 论信息污染 [J]. 情报探索, 2004 (4): 57-59.
❷ 周淑云. 信息污染及其控制 [J]. 现代情报, 2009 (2): 68-74.
❸ 吴梅兰, 刘勤志. 关于信息不对称问题的研究 [J]. 情报杂志, 2006 (6): 103-104.

称状态❶。

信息不对称是一种普遍的社会现象，在市场经济中，信息不对称性不仅是绝对的，而且是普遍存在的一个客观事实。信息不对称的产生既有主观方面的原因，也有客观方面的原因。主观方面主要是指不同的社会个体获得的信息是不同的，因为不同个体信息获取能力的差异以及信息需求的不同，不同的社会个体之间存在着信息不对称。同时随着信息量的急剧膨胀，任何人都不可能完全掌握所有信息，信息占有量的差别导致了人们之间信息地位的不同。无论是信息生产者之间、信息消费者之间，还是信息生产者与信息消费者之间，这种信息不对称都广泛存在。客观方面，社会个体获取信息的多少与多种社会因素有关，其中社会劳动分工和专业化是最为重要的社会因素。社会专业化分工使人类的社会生产力水平提高，同时越来越专业化的社会分工也使得人们只能了解与自己工作相关的较小领域的特定信息，而对别的领域往往缺乏相应了解，每个人所拥有的信息资源极其有限，和其他人之间存在着信息不对称现象。

社会信息交换能在一定程度上消除信息不对称。社会信息总量是不断增长的，新信息产生的同时，信息不对称也相伴相随，因为人的认知能力的局限性，人们能获取的信息永远少于新产生的信息，信息不对称现象不可避免，人们从事信息活动的目的是尽可能减少信息不对称，使自身掌握的信息尽量充分完整。

信息不对称主要表现为信息在不同主体之间信息数量和质量上的不对称。信息的质量主要包括信息的准确性、完整性和时效性。信息的准确性是区别真实信息和虚假信息的标准；信息的完整性是区别完全信息和不完全信息的方法；信息的时效性主要用信息时滞程度来衡量。❷

信息不对称作为一种普遍的社会现象存在于社会各个领域，范围非常广泛。信息不对称导致不同社会主体之间的信息存在差异，从而引发其他社会问题。

---

❶ 裴丽明. 电子商务中信息不对称的经济分析 [J]. 技术经济与管理研究，2004 (2)：30.

❷ 刘伟. 证券市场的泛信息不对称状态及其优化——基于信息传递流程的分析 [J]. 图书情报知识，2005 (1)：77-81.

(2) 信息不对称的危害

信息作为人们生产生活不可或缺的重要资源，人们都希望掌握尽可能多的信息资源。厂商掌握更多关于商品的信息赢利的可能性就越大；科学家掌握更多专业信息就可能产出质量更高的科研成果；农民掌握更多的农作物种植信息就能使产量提高。但是信息不是公共物品，社会信息不对称广泛存在。在信息交易市场上，信息优势方占有较多信息，信息劣势方却无法掌握完全信息，出现因信息力量对比过于悬殊导致利益分配结构严重失衡的情况。因此，纠正以上问题，减少信息暴利及维护资源分配的效率与相对公平应该成为信息经济学的主要任务。在信息不对称状态下，信息劣势方为了努力扭转自身的信息不利地位，需要付出更多的成本，因此信息不对称会导致社会公众信息获取成本的增加。信息不对称导致的社会后果可以概括为以下几个方面：

①信息供需不平衡

在信息不对称的市场中，一方面，信息拥有者掌握着大量的信息，并不愿向社会公开，另一方面，信息需求方所需信息掌握在少数人手中，其信息需求不能得到有效满足。信息不平衡势必导致资源的极大浪费，例如，在图书交易市场，因为图书供给方和图书消费方信息的不对称，一般而言，读者所掌握的信息总是会少于出版者，读者为了尽可能减少信息不对称导致的损失，在无法有效判断图书价格和质量的情况下，可能会取消图书购买行为，其结果是市场上的图书出现积压，图书生产得不到应有的扩张，而消费者的信息需求又不能得到满足，并最终导致图书市场规模的萎缩。

②信息获取成本提高

信息不对称是导致信息获取成本提高的重要因素，例如，在商品交易活动中，相对于买方而言，卖方掌握着更多的关于产品的信息，而买方对商品信息的掌握不完全，当双方拥有的信息存在差异时，掌握更多商品信息的卖方就可能做出机会主义行为，卖方往往出于自身利益，故意隐瞒对自己不利的商品信息，甚至制造出虚假信息。信息消费者为了证实信息优势方所提供信息的有效性，势必对其进行甄别和筛选，从而产生额外的信息获取成本。而对于有些独一无二至关重要的信息，消费者只能接受信息拥有者所提出的价格，从而导致信息获取的高成本。

③社会公众的信息获取权益受损

由于社会信息不对称的存在，掌握信息优势的信息强势群体利用信息不

3 公民信息获取权保障的战略分析

对称操纵利润,损害了资本市场的公正性,也损害了社会公众的信息获取权益。以政府信息为例,政府作为公共信息资源的最大控制者,利用自身的信息优势地位垄断信息的传播,实现追求自身利益最大化的目标;而社会公众则处于信息弱势地位,难以获得政府信息,最终可能导致其权益受损。

(3) 信息不对称的控制

由于信息不对称的存在,信息优势方往往想方设法利用自己所掌握的信息为自己谋取利益,损害公共利益,或者损害不拥有信息的人的利益。信息不对称破坏市场秩序、违背社会公平,应该尽量减少社会信息不对称,或者在信息不对称的情况下缩小信息优势方的机会主义空间,从而制止其非正当牟利,并改善公共利益。控制信息不对称的对策主要有以下几个方面:

①完善信息交流机制

建立畅通的信息交流机制是抑制信息不对称的根本途径。要通过一系列手段使社会信息资源充分流通,使信息始终处于动态交流之中,使信息在不对称与对称之间不断循环。要实现信息自由流通,一个重要的手段是改进信息传递方式,完善信息交流机制。信息传递的高效率依赖于不断更新的信息传播渠道、信息交流方式,除传统信息交流途径外,还应充分利用现代化的信息技术手段,通过新的信息交流方式使信息自由流通。随着网络技术的发展,互联网已经成为人们信息交流的基本渠道,通过网络进行信息交流,能大大提高信息传递效率,增加信息透明度,有效抑制信息不对称的产生。

②加强政府规制

信息不对称现象在社会中广泛存在,解决信息不对称问题需要政府进行有效规制,信息不对称作为信息市场的普遍现象,不能单纯依赖市场或技术来解决,政府规制是控制信息不对称的有效手段。一方面政府作为公共权力机构,具有促进公平交易、维护市场发展的职责;另一方面因为政府具有权威性,政府规制具有市场调节所不可比拟的优势。在社会主义市场经济体制建立和完善的过程中,由于市场基础较弱、市场体系不健全以及市场机制不完善,更需要充分发挥政府职能以解决信息不对称问题。❶ 解决信息不对称主要靠制度保障。管制和信誉是解决非对称信息的两个基本机制,政府可以通

---

❶ 吴梅兰,刘勤志. 关于信息不对称问题的研究[J]. 情报杂志,2006 (6): 103-104.

过制度建设与行政管理等手段，抑制信息不对称所导致的负面影响，如政府上网工程，在一定程度上缓和了信息不对称所造成的不利影响。

③规范信息市场

健全的信息市场是控制信息不对称的重要手段。为此要规范信息资源的市场化运行，扶持多元化信息服务主体，维护信息服务竞争秩序，监管信息服务效果，尤其是加强对资源开发利用过程中不正当行为的监督，保证信息的客观性、准确性，防止信息加工中的污染，以及防止信息资源的网络化共享造成对信息主体权益的侵犯和利益的损害等，为信息消费营造一个良好的消费环境。凡是那些隐瞒信息、封锁信息的生产经营者，都要因阻止信息公平交易而受到惩罚。另外，应该对信息进行有效加工整理，以实现去粗取精、去伪存真，解决信息消费过程中的信息超载问题，这样有利于降低社会公众信息获取的难度，减少信息获取成本、节约信息获取时间，提高信息获取质量，促进信息资源的优化配置。❶

3.4 信息获取权保障的目标

公民信息获取权保障的目标是实现信息自由、信息平等、信息公开、信息共享，它们是信息社会人们追求的基本价值目标，是人类的基本价值观在信息活动领域的体现。而现实情况是，信息垄断、信息鸿沟、信息控制、信息霸权广泛存在，公民信息获取权保障的目的是消除相关障碍因素，使人们的信息活动不受到非法干涉。

3.4.1 信息自由

自由是人的基本需求，是人类社会的灵魂。可以说，人类的发展史就是一部人类渴望自由、追求自由、争取自由、实现自由的过程。哈耶克认为，自由是"一个人不受制于另一个人或另一些人因专断而产生的强制状态"❷。

---

❶ 周淑云. 信息不对称对公众信息获取的影响与对策分析 [J]. 现代情报，2010 (1)：11-13.

❷ 哈耶克. 自由秩序原理 [M]. 邓正来，译. 北京：三联书店，1997：4.

3 公民信息获取权保障的战略分析

信息自由是人类的自由理想与诉求在信息活动领域中的表现。也就是说,人类在信息活动领域所追求、所践行、所享有的自由,就是信息自由❶。

信息自由有着非常重要的意义,信息自由是信息社会发展的基本要求,信息自由可以促进社会的发展与稳定,信息自由是经济发展、社会稳定的基本要求和保证。信息的自由流动能使社会更加开放,更加充满生机与活力,开放社会必须要有信息的自由流动,并可自由讨论,因此信息的自由流动与公共获取是开放社会的基本特征。仅有信息资源的发达并不能算是一个开放的社会,信息的自由流动是开放社会的重要标志。只有信息充分公开、公众广泛参与的社会才称得上是彻底的、真正的开放。为了实现信息资源的自由流动与公众的有效获取,有必要设立公民信息获取权制度。

信息自由是各国政府改革的基本方向,随着民主政治的深入和政府行政体制改革的发展,保障信息自由成为我国政府改革的价值取向和追求的目标。保障信息自由,充分尊重公民的信息获取和信息表达自由,是公民参政议政和监督政府权力的基础,也是打造透明政府、阳光政府、服务型政府的必由之路。

信息自由是广大社会公众从事信息活动的基础,信息自由能够提升人们的知识水平和理性程度,信息自由使人们能充分接触各种思想和观点。充分而自由地获取信息,是人们认识世界、改造世界的前提。政府信息公开即是对信息自由的重要保障,专业信息服务机构的服务也是信息自由实现的基础条件。促进信息自由是图书馆界和信息服务机构的核心职责,不受任何形式审查而为社会公众提供反映社会广泛性和多样性的信息资源,实现信息资源的无障碍获取,是信息服务机构的主要任务。

信息自由是公民信息获取权保障的主要目标,没有信息获取权保障,就不可能实现真正的信息自由。从某种意义上而言,保障公民信息获取权利即保证社会公众的信息自由。从个人的角度而言,信息自由是指人人都能在信息活动中自由生产、自由获取、自由接受、自由传播信息的状态;从国家和社会的角度而言,国家应该促进各类信息在社会的自由传递与流动。而信息的自由流动,也是保障公民信息获取权实现的重要举措。

---

❶ 毕红秋. 信息自由:图书馆价值的核心概念 [J]. 图书馆论坛, 2005 (4): 12 - 14.

在信息自由的诸环节中，信息获取自由处于基础性地位。信息自由首先要保障人对各种信息的探求、搜索和获取，人类社会进步的动力源于对信息的获取与掌握，限制人们充分获取信息的行为将危及社会的发展与进步。保障公民信息获取是实现信息自由的基础，因为获取信息是每个人融入社会、实现社会化的必经之路。从某种意义上说，人只有获取信息，才能生产信息；具有信息获取的自由，才能具有信息生产的自由。信息获取的自由，一方面要求社会把可公开的信息全部予以公开，反对信息垄断；另一方面要求平等对待所有以正当方式获取信息的人，给获取信息的人以均等的机会，反对信息歧视❶。

信息基础设施的建设是信息自由实现的硬件基础，是信息自由的基石，信息基础设施建设的目的是构建信息传输的物理通道，使信息能快速传递与获取；信息自由法是信息自由实现的制度保障，信息自由需要通过制度加以确认，信息自由法的颁布能从制度上保障信息自由的长期性和稳定性；当然单纯颁布信息自由法是不够的，它需要与行政行为和领导决策结合，甚至包括提供促进信息获取的教育。❷ 各种信息共享实践活动是信息自由实现的根本途径，硬件建设和制度确认最终是为了在实践活动中真正实现信息自由。

为了在实践层面推进全球信息自由，不同的国家和社会组织采取了很多的新举措。例如，2011年9月，美国总统奥巴马发起了"开放政府伙伴关系"的行动；2010年透明国际学校在瑞典成立，其主要目的是通过对公共机构的人员进行培训以促进信息获取权的实现。不同的团体和组织通过各自不同的方式推进着信息自由的实现。

信息应当是自由的，但是，自由是需要付出代价的。信息自由也并非没有限制，限制是保障自由实现的手段。信息自由不意味着信息的无限度获取，合理限制是信息自由的必要条件。如果信息自由没有任何限度，其结果将必然导致信息传播的无秩序，那时候，将无信息自由可言。洛克说："哪里没有法律，哪里就没有自由……但是自由，正如人们告诉我们的，并非人人爱怎

---

❶ 蒋永福. 信息自由及其限度研究 [M]. 北京：社会科学文献出版社，2007：59.

❷ Richard Calland and Kristina Bentley. The Impact and Effectiveness of Transparency and Accountability Initiatives: Freedom of Information [J]. Development Policy Review, 2013 (31): 69–87.

样就可以怎样的那种自由。"社会公众在享受信息自由带来的便利和成就时，必须受到一定的法律限制，任何人都不能突破信息自由的边界，即不得在行使信息自由权利的同时损害法律所规定的国家和其他主体的正当利益。

3.4.2 信息平等

平等是人类社会追求的普遍价值目标，社会发展的基本宗旨是人人共享、普遍受益，对公平的追求体现了社会发展的基本宗旨。正如经济学家和哲学家阿马蒂·森所言，每一个与社会安排相关的伦理理论都是为了维护某些领域的平等，其目的是在某些重要方面实现人人平等。

信息平等是指人们对信息资源获取和分配过程中所体现的平衡与对等状态。当今世界，信息技术日新月异，但是信息化发展并非使全体社会成员普遍受益。在社会信息化过程中，存在着社会成员之间信息资源配置上的分化和差距，从而使不同群体之间的社会地位和经济收入存在差异，有少部分社会成员逐渐被信息社会边缘化。一般而言，经济发达地区的人和经济富裕的人往往是信息化的最大受益者，而经济落后地区的人和经济贫困者则难以分享信息化的成果。信息富有者和信息贫困者之间的数字鸿沟日益显现，信息贫困者难以享有平等的信息权利，成为信息社会的弱势群体。这种信息差距和矛盾如果不加以解决，必将造成新的社会问题，并成为妨碍社会平等实现的重大障碍，影响社会稳定与社会发展，不利于实现社会主义和谐社会的发展目标。

信息平等成为信息社会人们普遍关注的问题，信息平等是信息社会的一个基本价值目标，信息平等的根本目的是为了促进社会整体的发展和人的全面自由发展。2000年联合国教科文组织批准实施"全民信息计划"，该计划致力于减少数字鸿沟，保证所有人享有均等的机会获取和利用信息。2003年12月联合国发表声明称"公平获得信息是可持续发展的必要因素。在一个以信息为基础的世界，信息必然被视为人类平衡发展的一项基本资源，每个人都能够取得"。2005年世界电信日的主题是"行动起来，创建公平的信息社会"，将良好的电信服务和公平的信息社会联结在一起，认为创建公平的信息社会需要电信运营商的共同努力，电信运营商应该担负起其社会职责，对偏远乡村、贫困地区和社会弱势群体加以扶持，促进信息公平，消除数字鸿沟。

信息平等是人类平等理念在信息领域的具体体现，信息平等是指信息主体之间在信息活动中应享有均等机会,每个人有同等的信息权利、信息机会,每个社会主体都能合理地分配信息利益和责任。信息平等是人们在信息传播与信息共享过程中结合本人情况所产生的某种价值期待。[1] 信息是一种无形的公开产品。信息获取和使用上的公平对一个社会而言非常重要。公民信息获取权保障应遵循的基本原则是信息平等,因为信息平等是任何其他公平的前提条件,试想社会公众如果不能获取信息,则其在经济活动、文化创造、自我实现、社会保障等方面都无法获得真正的平等,因此信息平等是社会公平的先决条件。信息获取和使用上的不公平会导致严重的社会后果。

信息平等的实现主要受以下因素的影响:技术、政策、社会环境。原则上信息的公平获取对于个人的成长和社会的发展而言是一个基本且必要的因素。信息在个人、团体、地区或其他社会单元之间进行合理分配,能使人们有机会过上更好更有意义的生活。如果信息不能被公平分配,人们不能获得自己所需要的信息,将影响到他们的生活质量和发展机会。信息平等要求人们能够有效获取他们所需求的社会不同领域的各种类型的信息资源。信息的公平获取与使用是个人政治和社会方面有效参与的基本条件。一个人信息获取和使用的能力主要依靠其对信息资源理解能力和对信息技术的应用能力。因此信息平等的有效实现,需要确保所有社会成员能掌握相关的知识和技术,并且相关信息内容应及时提供给每个人,以使其能为了特定的目的而有效利用信息资源。

很多关于信息平等的研究将社会地位、经济收入或身份特征等作为区分依据,认为这些特征影响或决定人们的信息需求、获取与使用情况。一般而言,社会地位和经济状况上占优势的人能享受到更好的信息获取与使用服务。信息平等要求所有人都能拥有他们所需要的信息,而不论其年龄、性别、种族、语言、收入情况、受教育程度、身体状况以及身处何地。人们能获取他们所需要的不同载体形式的信息,既包括电子的,也包括印刷物。他们有行使自身权利的自由,而不会受到任何形式的审查或压迫。

信息平等是信息社会的普遍追求,但现实与理想之间的差距是事实存在的。我们生活在机会不完全公平的社会,有研究显示,许多低收入者、少数

---

[1] 邵培仁. 信息公平论:追求建立世界信息传播新秩序 [J]. 浙江传媒学院学报, 2008 (2): 25 - 29.

3 公民信息获取权保障的战略分析

民族、残疾人、农民等弱势群体能有效获取的信息相对较少。人们在信息接触与获取上的不平等广泛存在，信息领域的生态均衡受到严重影响，信息传播学家施拉姆指出：不仅在国家之间存在着信息流动的失衡，在国家之内信息流动也很不均衡。一般而言，城市信息化水平高，而乡村信息化水平相对较低，大城市比偏远地区获取信息相对更容易，而且这种差距在不发达国家比发达国家更加明显。

信息平等并不意味着信息矛盾、信息冲突与信息差距的彻底消除，而是努力化解信息矛盾和冲突，缩小信息差距，实现不同社会主体之间的利益平衡。数字时代图书馆的作用比以往更重要，它对经济繁荣、文化发展、社会进步都产生重要的影响。对于消除数字鸿沟，图书馆扮演着重要角色，它不仅提供信息内容的获取，而且确保公众能够检索到互联网上的相关信息，并提供必要的技术帮助以使公众能成功利用信息。美国图书馆协会将维护信息平等作为其重要目标，为此，该组织敦促政府出台了促进普遍服务的相关政策，并力求使所有当地图书馆能做到公平服务。❶ 我国学者范并思认为，网络技术的发展，逼迫公共图书馆退出信息服务的产业化竞争，回到维护信息平等的原有职能。❷ 图书馆作为信息服务机构，承担着维护信息平等的职责，其他社会机构和个人，也应当通过各种方式促进信息平等，这些方式包括政策扶持、经济资助、技术支持、教育培训等，以建立起以权利公平、机会公平、规则公平为主要内容的公民信息获取权保障体系，努力营造公平的信息环境，保证公民平等参与、平等发展权利。

3.4.3 信息公开

信息公开是信息社会的重要特征。信息公开要求信息在阳光下无界限、无壁垒、无歧视地流动，使信息成为一种能够广泛地为公众服务、为社会服务的公共产品。党的十八大报告指出，保障人民享有更多更切实的民主权利的重要途径之一是推进信息公开。正如美国法官布兰迪斯所说的：公开原则

---

❶ Nancy Cranich. libraries ensuring information equity in the digital age [J]. American libraries，2001（1）：7.

❷ 范并思. 建设一个信息公平与信息保障的制度——纪念中国近代图书馆百年[J]. 图书馆，2004（2）：1-3.

有如太阳，是最佳的防腐剂；有如电灯，是最有效的警察。只有在光明下，一切黑暗才无以藏身。信息公开是信息资源特征的体现，也是实现信息自由和信息公平的重要手段，公开即意味着民主和自由，意味着平等和公平，信息公开是公民信息获取权保障应该遵循的重要原则。信息获取不是某些人的特权，而是社会公众的普遍权利，因此，信息传播应该面向社会，面向所有社会成员，公开性是信息传播的基本特征，只有信息的公开传播，社会公众的信息获取权利才能实现。

社会公众信息需要的满足，很大程度上依赖于信息公开的方式来实现，信息公开使人们能够自由、主动、平等地获知社会的变化，只有在公开的传播中，信息资源才能最大限度地发挥其价值，更好地为社会公众服务。

信息公开有利于经济的正常发展，我国信息公开制度与经济上的改革开放进程相适应，符合市场经济的基本要求。在市场经济条件下，应该以信息公开为原则，不公开为例外，否则，信息垄断和信息不对称将导致市场失灵，损害投资者的合法权益。信息公开有利于规范市场经济秩序，这一点被信息经济学家的理论所证实。2001年，以研究信息经济学而获诺贝尔经济学奖的三位经济学家阿克洛夫、史宾斯、斯蒂格利茨指出，在买方与卖方存在信息不对称的情况下，市场运行可能是无效率的，市场上将出现"劣币驱逐良币"现象，因此，信息公开对于规范市场经济秩序具有非常重要的意义。

信息公开有利于政治民主的发展，当今世界政府信息公开已经成为各国建立透明、法治政府的一个重要内容。信息公开打破了传统行政管理的保密性和暗箱操作，提高了行政效率。信息公开要求相应的观念更新与制度跟进，而且必须对行政业务工作进行流程再造，通过这种方式彻底改变传统的政府管理方式，使政府管理与决策建立在科学的基础之上，利用现代信息技术和政府信息资源极大地提高行政管理的效率和有效性。[1]

政府信息公开是信息公开原则的基本要求，信息公开是政府机构作为国家机关应承担的基本义务，以政府信息为主的整个社会公共信息的公开是信息社会的现实需求。除政府掌握的公共信息外，其他机构掌握的社会性公共

---

[1] 周汉华. 起草《政府信息公开条例》（专家建议稿）的基本考虑 [J]. 法学研究，2002 (6)：75 – 97.

信息和商业性信息同样是公开的对象。信息公开的义务主体大致分为以下几类：第一类是立法、行政、司法等国家机关；第二类是除所有国家机关之外的行使公共权力的其他组织；第三类是一般的企业或者社会团体。

信息公开是实现公民信息获取权利的重要保障，然而信息公开并不适用于所有信息资源。信息公开是有规范的公开，有限度的公开，公开有度，才能公开有效。任何信息公开制度都必须确定信息公开的限度与界限，在任何一个国家，信息公开制度都不能超越于国家秘密、商业秘密、个人隐私之上，信息公开制度将上述三类信息排除在外，不能因为信息公开损害其他权利主体的合法利益。信息公开制度的一个重要作用就是在信息公开与信息安全之间寻求适度的平衡，通过合理的制度设计保障其他主体的利益不受到不必要的损害。信息公开的必要限制符合最广大人民的根本利益，只有将信息公开限制在合理的范围内，信息才能通过在社会中的自由传播真正造福于人类。

3.4.4 信息共享

共享是人类社会的基本特征。人人共享社会发展的成果，人人共享社会福利，人人受益于社会进步，是人类社会发展的基本宗旨。信息技术的发展，改变了传统的信息生产方式、信息传递手段、信息获取模式。如何让社会公众自由、方便、快速地获取所需信息，实现社会信息共享，从而充分实现信息资源的社会价值是信息时代的首要问题，是公民信息获取权保障的主要目标。信息资源共享的终极目标是使任何人，在任何时候、任何地点均可以自由获取任何社会信息资源。信息资源共享的目的是使每个组织和个人都能够在一定范围内最大限度地利用信息资源。信息资源共享的实质是通过协调信息资源在时效、区域、部门数量上的分布，使布局更加合理，使用户的信息需求得到最大限度的满足，信息资源发挥最大效用❶。

信息资源共享代表的是广大社会公众的利益，信息资源共享通过对社会信息资源进行搜集、整合、传播，以方便社会公众自由利用，充分实现信息的社会价值。实现信息资源共享需要充足的社会信息资源作为共享的基础，

---

❶ 李纲，等．论信息资源共享及其效率 [J]．中国图书馆学报，2001 (3)：40-42.

在建立信息资源共建共享系统时，应该充分挖掘各类信息资源实现社会全面共享，促进信息资源的有效利用。信息共享使信息资源可以迅速、方便地为广大社会公众所获取，数字时代，信息共享主要通过数字化信息资源的网上传递和接收来实现，提高了信息共享的速度和效率。数字化、网络化技术对信息社会的最大贡献在于其可以不受时间、空间的限制，实现信息在全世界范围内的快速分享，实现信息资源的最优化配置，使人们可以在极短的时间内无差别地、便捷地共享世界各地的信息。

信息共享是公民信息获取权保障的基本目标。人们信息获取权的充分实现以社会信息共享为基础，而信息获取权利的实现，必然促进社会信息共享。公民享有信息权利是实现信息共享必不可少的前提条件，公民可以依照法律的规定获取社会信息资源，并对合法取得的信息进行加工、处理、传播、利用，从而使社会信息总量增加，促进信息共享。信息共享的实现具有多个构成要素，各要素之间相互依赖、相互影响。信息共享的基本要素有信息资源、信息发布者、信息利用者。信息资源是基础，信息发布是关键，信息利用是动力。信息资源具有公共物品属性，可以在不同主体之间实现无差别共享而不会带来损耗，信息价值在共享过程中得到最大限度发挥，因此，信息共享有着天然的合理性。无论是从保障公民信息获取权利角度，还是基于信息资源本身的特征，信息共享都是信息社会发展的基本要求。

信息资源共享是人类的理想，但信息资源共享不会自动实现，人类狭隘的部门意识、行业意识、地区意识、小团体意识等思维定式，以及作为这些意识的表现形式的政策、法规、制度等无不制约着信息资源共享前进的步伐。❶ 在信息技术日益发达的今天，信息资源共享的技术障碍已经荡然无存，信息资源共享的障碍主要来自制度环境，而制约信息资源共享的社会制度主要是知识产权制度。知识产权制度使得社会可供共享的信息资源减少，使信息资源共享存在侵权风险。然而知识产权制度不应成为信息共享的障碍，国际图书馆协会联合会发表《数字化环境下版权立场》，其中强调："信息是所有人的，无论何种形式的信息均应被公共获取，版权不应成为信息与思想获取的障碍。"对于不受知识产权保护的信息，可以充分实现共建共享。不受知

---

❶ 黄长著，霍国庆．我国信息资源共享的战略分析［J］．中国图书馆学报，2000(3)：4-11．

识产权保护的信息资源主要有三种类型：第一类是本身不受知识产权法保护的信息资源，如法律法规、国家机关发布的有关文件等；第二类是指已经过了保护期限的信息资源，这是一个庞大的信息资源群，知识产权对信息的保护都有一定的期限规定，超过这个期限任何信息都进入社会公有领域，他人可以不经过授权而自由利用；第三类是指权利人放弃其知识产权权益的信息，现在社会上有很多组织主张实现信息资源的开放存取，通过开放存取、创作共用等形式鼓励知识产权权利人放弃部分权益。权利人放弃其知识产权权益后，社会公众可以充分利用这类信息实现共建共享。而对于受知识产权保护的信息，则需要尊重知识产权权利人的合法权益，使信息共享工程在合法的前提下顺利开展。

在"信息共享"的口号下，社会很多部门很多行业都有自己的实际行动。特别是信息服务部门，它们更加关注社会信息资源的充分共享与广泛交流。如 2005 年 7 月，我国大学图书馆界馆长论坛在武汉大学召开，来自全国各地的 50 多个大学图书馆签署了《图书馆合作与资源共享武汉宣言》。在信息共享背景下，全国文化信息资源共享工程应运而生。2002 年，文化部、财政部正式启动文化共享工程试点。"十一五"时期，文化共享工程被列为国家重大文化惠民工程。截至 2013 年，文化共享工程已建成 1 个国家中心，33 个省级分中心，2843 个市县支中心，29555 个乡镇（街道）基层服务点，60.2 万个行政村（社区）基层服务点，部分省（区、市）村级覆盖范围已延伸到自然村。❶ 全国文化信息资源共享工程充分利用现代信息技术和网络传播手段，将中华民族几千年来积淀的各类文化信息资源精华和大众喜闻乐见的现代社会文化信息资源，进行数字化加工处理与整合，建成数字形式的中华文化信息中心和网络中心，并通过覆盖全国性的文化信息资源网络传输系统，实现中华优秀文化信息在全国范围内的共建共享，是信息共享的一项宏伟工程。❷

---

❶ 中华人民共和国国务院新闻办公室. 2013 年中国人权事业的进展 [N]. 人民日报（海外版），2014 - 05 - 27.

❷ 周淑云，陈能华. 论信息资源共享与知识产权保护的冲突与平衡 [J]. 图书馆论坛，2007（2）：29 - 31.

4 国内外公民信息获取权保障的现状考察

随着世界信息化进程的加快，近年来信息获取权保障经历了一场世界范围内的革命，如何让更多的人共享技术进步和社会发展的成果，使处在信息社会边缘的人以更快的速度步入信息社会，如何谋求各国在信息社会的平等发展机会，这些议题已引起国际社会、各国政府的高度关注和积极行动。

4.1 国外信息获取权保障的现状分析

随着信息社会的深入发展，信息获取权日益受到重视，信息获取权被认为是任何人都应该享有的基本权利。信息获取权在国际上被视为一项基本人权。无论是发达国家还是发展中国家，以及相关的国际组织和社会团体，都在以自己的方式捍卫着这一普世之权。

国外信息获取权的现状可以从以下两个视角进行剖析：一是有关国际组织和地区性组织对信息获取权的承认和保障，包括联合国在内的众多国际组织都权威性地承认信息获取权是一项基本人权，有必要利用有效的立法保障这一权利；二是各国国内对信息获取权的保障制度，信息获取权是一项基本人权这一观点在国家层面已引起越来越多的共识，这一点从各国争相颁布的信息法中得到了有力的证明。

4.1.1 信息获取权保障的国际趋势

（1）联合国对信息获取权的保障

联合国作为当今世界最权威的国际组织，一直致力于推进信息社会的全球化发展，努力使信息社会的成果能惠及全世界人民。早在联合国成立之初，联合国在相关决议中就将信息获取权确定为基本人权之一。作为联合国宪章的三个公约，1948年的《世界人权宣言》、1966年《公民权利和政治权利国

4 国内外公民信息获取权保障的现状考察

际公约》和《经济、社会及文化权利国际公约》都规定人们的信息获取权利。除了在相关人权公约中规定公民信息获取权外，联合国在发布的其他文件中也体现了对信息获取权的保障。1992年，联合国召开环境与发展会议，在该会议上通过的《环境与发展宣言》（又名《地球宪章》）第10条指出："在国家层面，每个人应有适当的途径获得公共机构掌握的环境信息，其中包括其社区内的有害物质和相关行动的信息，而且每个人应有机会参加决策过程。各国应广泛地提供信息，从而促进和鼓励公众的了解和参与。应提供司法和行政程序的有效获取，其中包括赔偿和补救措施。"2003年，联合国大会通过《联合国反腐败公约》，该公约第13条规定："为了推动全社会积极参与预防和打击腐败，需要提高透明度；确保公众对信息的有效获取；尊重、促进和保护有关腐败信息的查找、接受、发布和传播的自由。"

1993年，联合国人权委员会专门设立思想与表达自由特别报告员的职务，以此促进和保护思想与表达自由权。2006年，联合国人权理事会取代人权委员会，人权理事会继续设立特别报告员这一职位，特别报告员是人权理事会指定的独立专家，人权理事会要求特别报告员对各国思想与表达自由权利的保障情况进行检查并提交相关报告。自成立特别报告员制度以来，特别报告员递交的多数年度报告都涉及信息获取的问题，报告员指出，信息权利不仅对民主、自由极为重要，对公众参与权和发展权也同样重要。特别报告员关于信息权利的观点得到联合国人权理事会的支持，也获得其他组织的认可。

为了迎接信息社会的到来，使信息技术更好地造福于全人类，2001年联合国根据国际电联的提议，在联合国大会上通过关于举办信息社会世界峰会的决议。峰会的主要参与者为国际电联，其他参与者包括联合国成员、政府间组织、非政府组织、民间团体和私营部门，是一个多方参与的盛会。峰会分为两个阶段，峰会第一阶段会议于2003年12月在瑞士日内瓦举行，峰会第二阶段会议于2005年11月在突尼斯首都突尼斯市举行。

信息社会世界峰会致力于缩小数字鸿沟，并将数字鸿沟转变为面向所有人的数字机会。2003年日内瓦会议指出"公平获得信息是可持续发展的必要因素。在一个以信息为基础的世界，信息必然被视为人类平衡发展的一项基本资源，每个人都能够取得"。"所有权利和自由越来越通过数字技术来行使，通信服务、技巧和知识有效而公平的取得正成为个人享有完整公民资格的先决条件。"❶ 2003年峰会通过了两个成果文件《日内瓦宣言》和《日内瓦行动计划》。根据这两个文件,全球信息社会最突出的问题在于实现信息获取和信息基础设施与服务的全球化、普遍性、公平性、可负担性,解决这一问题应该成为所有峰会参与者的目标。

《日内瓦宣言》被誉为信息时代的大宪章,该宣言确立了以下基本的原则:一是信息与知识的获取需要通过移除障碍来实现;二是在教育、培训和人力资源开发的各个阶段重视能力建设;三是建立信息通信技术使用方面的信心与安全性,包括信息网络的安全、监督,以及对创新与消费的保护;四是通过共同制定标准,构建稳定的公平竞争规则和安全健康的工作条件,创建良好的信息和通信环境;五是促进和尊重文化多样性和独特性、语言上的多样性和特征性;六是践行出版自由和信息自由原则,承认媒体的独立性和多元化;七是承认信息社会伦理规范的重要性,特别是涉及人的尊严与价值方面;八是政府、私营部门、民间团体和其他各方有效的国际和地区合作。❷以上内容被确立为建设包容性信息社会的重要原则。

信息社会世界峰会通过的《日内瓦行动计划》将《日内瓦宣言》所确定的原则性指导方针进行详细阐述,使其转化为详尽而具体的行动方案,以便通过各国政府和其他利益相关方的合作与团结实现达成国际共识的发展目标。《日内瓦行动计划》是在国家、区域和国际层面发展信息社会的详细计划,其目的是建设一个包容性的全球信息社会,将信息与通信技术的发展应用于具体社会实践,促进信息与知识的使用,缩小数字鸿沟,以迎接信息社会的新挑战。

2005年联合国世界首脑会议提到信息社会发展问题,该会议决议承诺:建立一个以人为中心、包容性强的信息社会,为所有人民提供更多数字机会,以便有助于弥合数字鸿沟,挖掘信息和通信技术潜力,为发展服务,并落实信息社会世界首脑会议日内瓦阶段的成果,确保首脑会议第二阶段在突尼斯取得成功,以此迎接信息社会的新挑战;并欢迎设立数字团结基金,鼓励为

---

❶ 郑万青. 数字化条件下的版权与信息自由权 [J]. 中国出版, 2007 (9): 45-50.

❷ Stefanie Schmabel. The united nations facing the challenges of the "information society" [J]. Max Planck UNYB 2007 (11): 197-231.

该基金自愿捐款。

信息社会世界峰会第二阶段会议的主要议题为如何缩小数字鸿沟和互联网国际管理，该会议成果主要为《突尼斯承诺》和《突尼斯议程》。《突尼斯承诺》是《日内瓦宣言》的拓展，该文件指出言论自由及信息、思想和知识的自由传播对于信息社会至关重要且有益于发展，信息的获取和知识的分享与创建可有力地促进经济、社会和文化的发展，需要通过各种手段让所有人都融入信息社会，努力建设一个真正惠及各国人民的全球信息社会和一个具有包容性的国际社会。

《突尼斯议程》主要解决了两大问题，一是为了应对信息通信技术给发展带来的挑战需要建立有效的融资机制，应该从不同层面对现有融资机制进行改进和创新，数字团结基金作为现有信息社会融资机制的补充，应得到充分利用，从而为新的信息通信技术基础设施和服务的发展提供资金；二是互联网治理，随着信息技术的发展，互联网已成为全球性基础设施，互联网治理日益受到国际社会关注，在国际上，互联网管理应该是科学的、民主的、透明的，并有多方充分参与。

信息社会世界峰会是全球首次关于信息社会建设的首脑级会议，峰会将信息基础设施、信息能力建设以及配套的财务制度、监管措施等一系列问题纳入讨论范围，为更好地推进全世界迎接信息社会带来的机遇与挑战作出了巨大贡献，为在各国国内、地区和国际层面上共同推动信息社会的发展起着重要的促进作用。

实践层面，联合国于2001年专门成立了信息和通信技术特别小组（UN ICT TF），致力于在全球层面消除数字鸿沟，促进数字化，从而使信息和通信技术更好地为所有人的发展服务。该小组的主要目的是为各国政府和国际组织提供政策建议，除了引导制定信息和通信技术发展战略外，该小组力促各方建立合作关系，以促进信息技术更好地服务于全人类。

为了践行信息社会世界峰会的行动计划，联合国于2006年7月成立信息社会小组（UNGIS）。联合国信息社会小组负责执行信息社会世界峰会确定的有关原则和计划，并解决在此过程中出现的政策问题，扫除障碍、提高效率，为提升公众对信息社会目标的认识而工作。信息和知识的获取是2015年如期实现联合国千年发展目标的先决条件。促进信息获取、消除数字鸿沟应该引起国际社会的重视。

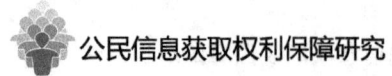

(2) 其他地区性国际组织对信息获取权的保障

①欧洲委员会

1949年成立的欧洲委员会致力于保护欧洲人权、民主和权利。欧洲委员会长期以来致力于促进其成员国对信息获取权的保护。1979年委员会议会大会要求委员会的组织决策机构部长理事会号召各国颁布信息获取法。1981年，欧洲部长委员会通过了第R（81）19号建议书，敦促各成员国制定法律以保障自然人和法人对公共机构所持信息的获取权。2002年，欧洲部长委员会通过一个关于成员国官方文件获取方面的建议书，该建议书认为人人都有权获得公共机构掌握的官方文件是基本的原则，并提出了各国政府制定信息获取法时应遵循的具体原则。建议书对信息获取权的内容进行了较详尽的阐释，并对获取程序、费用、促进措施等方面进行了规定。为了保障信息获取权，2005年，欧洲人权指导委员会在部长理事会的指示下起草了一个独立的、具有法律约束力的正式文件《官方文件获取权欧洲协定》，该协定于2009年正式颁布，是第一个承认官方文件获取基本权，且对欧洲国家具有法律约束力的正式文书。在此之前，关于官方文件获取权的主要依据是《欧洲人权公约》第10条的规定。《官方文件获取权欧洲协定》共22条，对官方文件获取权的内容、程序、费用、限制等进行了系统的规定。该协定认为：官方文件获取权的实施有三个主要的作用，一是为公众提供信息资源，二是有助于公众了解社会现状和公共部门并提出意见，三是有助于公共部门履行责任和提高效率，从而确保其合法性。为了确保该协定的实施，协定规定应成立10~15个成员组成官方文件获取专家组，以跟踪和监督各个国家对该协定的实施，专家组每年就各个国家在法律和实践方面实施协定的情况进行报告。

②美洲国家组织

美洲国家组织作为美洲的区域性国际组织，曾在众多场合对信息获取权的重要性作出官方认可。美洲国家组织长期以来致力于呼吁成员国加快立法，向公众提供清晰、透明、直接的政府公共信息，使民众更有效地获取公共信息。1969年颁布的《美洲人权公约》作为美洲国家组织的重要区域性人权公约，承认信息获取权是一项基本人权。2000年，美洲人权委员会通过《美洲自由表达原则宣言》，该宣言第4条指出，政府信息获取是每一个人的基本权利，国家有义务保证这一权利的充分行使。这一原则的限制只适用于根据现行法律会对国家安全造成迫在眉睫的威胁时❶。自2003年以来，美洲国家组织大会每年都要通过关于"公共信息获取权：巩固民主"的决议，这些决议指出美洲各国已达成普遍共识，认识到公民信息获取权保障是政府工作透明度的体现，通过维护公民信息获取权利，可以提高公民参政议政的积极性，提高行政效率，各成员国有义务保障每个人的信息获取权，这是民主制度运转不可或缺的条件。

③非洲联盟

2000年以来，非洲国家信息获取权保障取得长足进步，这与非洲联盟这一区域性国际组织的推动不无相关，2000年整个非洲仅南非颁布了一部信息获取法，至2013年，颁布信息获取法的非洲国家达13个。

2002年，非洲人权和民族权委员会通过《非洲表达自由宣言》，该宣言明确支持对公共机构所持信息的获取权，认为"公共机构持有信息并非为其自己，而是为了公共利益而保管信息，人人都有获取这种信息的权利"。

2011年9月，非洲联盟和联合国教科文组织、联合国表达自由特别报告员、非洲人权和民族权委员会在南非开普敦共同主办了信息获取泛非会议，超过200名代表签署了《信息获取非洲论坛宣言》，该宣言声明"信息获取权是一项基本人权"和"信息获取权应在每个非洲国家通过法律规定"。该宣言阐述了与非洲信息获取权相关的14个原则，包括弱势群体的信息获取以及信息获取与健康、教育、透明度、腐败等。这些原则为非洲国家制定或完善信息获取法提供了指导方针，并提高了非洲信息获取法的立法标准。

为了促进公民信息获取，非洲国家还成立了一个专门的信息获取非政府组织——非洲信息中心。2006年9月，来自16个非洲国家的代表在尼日利亚的拉各斯开会讨论促进对公共机构信息的获取权，特别是关于信息获取权的立法问题，根据会议通过的《拉各斯宣言》成立非洲信息中心。非洲信息中心致力于从以下方面促进信息自由：推动相关地区和国际标准的建立，推动各国立法，支持信息获取权相关诉讼等。非洲信息中心呼吁非洲各国的信息获取权至少应确立以下十项原则：第一，信息获取权是每个人都享有的权利；第二，获取是原则，保密是例外；第三，该权利适用于所有公共部门和履行

---

❶ Declaration of Principles on Freedom of Expression [EB/OL]. http://www.cidh.oas.org/. 2014-2-5.

公共职能的私人机构；第四，信息获取申请应该简单、快速、免费；第五，公职人员有义务协助申请者；第六，拒绝提供信息应该有正当理由；第七，公共利益优先于保密；第八，每个人有权申请对否定的判决进行复议；第九，公共机构必须保存和管理信息，并应主动公开核心信息；第十，应该有一个独立的机构保障信息获取权利❶。因为国家安全成为信息获取权的最主要障碍，非洲信息中心致力于制定相关原则以协调国家安全和公民信息权利，确保公众能最大限度地获得除国家安全信息以外的公共信息。

虽然相关宣言和其他文件声明信息获取权是基本人权，但是它们并没有就各国国内立法在形式和内容上提供直接指导，因此，非洲人权和民族权委员会决定颁布《信息获取权示范法》，以此为非洲各国的国内立法提供详细且有实际内容上的指导。从 2010 年决定制定示范法开始，经过几年的起草过程，该法于 2013 年正式颁布。该法的目的是为非洲国家新的信息获取权立法和现有法律的完善提供指导。非洲委员会认为很多国家在制定或起草信息获取权法时没有充分考虑到非洲特有的相关因素，如不重视保存信息和保密文化，文盲和贫困人口的高比例，以及很多人获知真相受到各种限制。在制定任何信息获取法时，应该考虑到这些因素，以确保立法的有效性。因此该示范法旨在使法律起草者和政策制定者在立法过程中考虑到非洲的具体环境，该示范法也是检验非洲联盟国家信息获取法是否与地区和国际人权标准相符的标尺❷。

4.1.2 信息获取权保障的国外概览

信息权利被法律确认，是信息权利得以实现的基本前提❸。信息获取权作为社会公众的基本权利，需要通过坚固的法律平台予以确认和支持，完善的法律是信息获取权得以实现的重要前提条件。信息获取权的设立日益受到各国法律界的重视，国外关于公民信息获取权利的研究随着信息化的推进而不

---

❶ Africa Freedom of Information Centre：Our Principles [EB/OL]. http://africafoicentre.org. 2014-5-6.

❷ African Commission on Human and Peoples' Rights. Model Law on Access to Information for Africa [EB/OL]. http://www.achpr.org/news. 2014-6-10.

❸ 蒋永福，黄丽霞. 信息自由、信息权利与公共图书馆制度 [J]. 图书情报知识，2005（1）：20-23.

断深入。世界各国关于信息获取权的立法主要体现在以下四个层次的法律文件中。第一层次是宪法对信息获取权的确认。宪法是各国最高层次上的信息获取公共政策。各个国家的宪法或直接规定信息获取权，或在其他权利中隐含对信息获取权的规定。信息获取权被认为是社会公众的一项基本权利。第二层次是信息法律法规对信息获取权的规定。信息法律法规是个非常广泛的概念，它包括对由信息产生的社会关系进行调整的所有法律规范，如有关信息自由、信息交流、信息安全、计算机网络等方面的法律法规都属于信息法的范畴。很多信息法中都有关于信息获取的规定。如美国《信息自由法》规定"人人享有平等获取的权利，没有申请人资格的限制，个人申请获取信息无须申明理由"。第三层次是专门信息获取法对信息获取权的规定。有的国家通过制定专门的《信息获取法》来保证公民信息获取权，如加拿大、南非、牙买加等国都制定了专门的信息获取法。加拿大《信息获取法》赋予每一个加拿大公民和加拿大永久居民依法获得政府信息、企业信息、消费者信息、图书馆等公共信息机构的信息以及法律规定应予公开的信息的权利。第四层次是其他法律法规中有关信息获取权的规定。信息获取权还在其他的法律法规中得以体现，如民法、行政法等相关法律法规中，都会涉及信息获取权，它们同样是信息获取权立法的重要组成部分❶。

国外很多国家的立法中对公民获取政府信息有明确的规定。世界上许多国家普遍通过信息获取法以保障公民信息获取权的实现，制定信息获取法已经成为世界潮流，信息获取法遍布世界多个国度。世界各国信息获取法的颁布情况见表4-1：

表4-1 各国信息获取法颁布情况❷

年份	国家	小计	总计
1766—1950	瑞典	1	1
1951—1960	芬兰	1	2

---

❶ 周淑云. 信息获取权的国内外立法现状分析［J］. 新世纪图书馆，2009（4）：18-20.

❷ Adoption of Access to Information Laws - 1766—2010 ［EB/OL］. http：//www.legalleaks.info/comparative-analysis/annex-a.html. 2014-10-15.

续表

年份	国家	小计	总计
1961—1970	美国	1	3
1971—1980	丹麦、挪威、法国、荷兰	4	7
1981—1990	澳大利亚、加拿大、新西兰、哥伦比亚、希腊、奥地利、意大利	7	14
1991—2000	匈牙利、葡萄牙、比利时、冰岛、立陶宛、韩国、爱尔兰、以色列、拉脱维亚、日本、英国、南非等	29	43
2001—2010	波兰、墨西哥、牙买加、瑞士、德国、印度、中国、印尼、俄罗斯、智利、乌干达、约旦、土耳其等	41	84

第一部信息获取法由瑞典在 1766 年颁布，芬兰和美国分别于 1951 和 1966 年颁布信息法。至 1990 年，仅有 13 个国家通过保障信息获取权的法律，1990 年后，在欧洲和世界其他地区一些社会团体的影响下，信息获取法在世界范围内得到广泛认可。现在全球已有近百个国家通过了同类法律，还有另外一些国家正积极筹备颁布信息获取法。在已颁布的信息获取法中，近半数是进入新世纪以来的十余年里通过的。在此选取世界上信息获取立法较为完善的几个国家：瑞典、英国、美国、日本、印度、俄罗斯。通过重点分析这几个国家信息获取立法的成就和经验，以期为我国信息获取法的完善提供有益借鉴。

（1）瑞典

瑞典是世界上信息与通信技术发展和使用程度最高的国家，努力构建"无所不在"的信息社会，是瑞典政府长期以来的目标。据世界经济论坛发布的《2011—2012 年度全球信息技术报告》显示，瑞典的信息经济排名位列世界第一，瑞典作为当今世界信息化强国的地位得到全球认可。瑞典是世界上第一个立法保证个人有权获取公共机构所掌握信息的国家，早在 1766 年，瑞典就已通过《出版自由法》，《出版自由法》中明确规定保障公民信息获取权。今天的瑞典人几乎可以完全不受约束地查阅所有国家机构掌握的相关信息，甚至有网站免费公开从瑞典国家税务局获得的纳税人个人财务信息。瑞典信息获取权保护有着 200 多年的立法经验，由此人们普遍认为瑞典形成了根深蒂固的信息自由文化。

瑞典是在公民信息获取权保障方面做得很好的国家之一，其成功经验引起世界不少国家的关注和效法。瑞典是一个十分重视出版自由、表达自由和信息自由的国家。在瑞典，信息自由属于宪法所保障的公民基本自由。出版自由、表达自由与信息自由在瑞典具有十分坚实且独到的宪法保障和法律基础❶。瑞典宪法由4部宪法性法律组成，即《王位继承法》《政府宪章》《出版自由法》《表达自由法》。后三部法律中都有关于信息获取自由的规定。瑞典《政府宪章》第二章专章规定了公民的基本权利和自由。该章第1条即规定了公民的信息表达与获取自由，规定公民有"获取和接受信息或者以其他方式了解他人观点的自由"。瑞典的《出版自由法》不仅规定了新闻出版自由，更为重要的是，该法同时规定政府文件须向社会公开，公民享有查阅政府所持有的官方文件的权利。

在信息公开工作程序上，瑞典通过《出版自由法》明确规定任何人都有依法获得应当公开的官方文件的权利，而且公民对于官方文件的获取应该是免费的，对于公民提出的信息公开申请，公共机构在对其进行审查时，除特殊情况外，公共机构不能对申请人的身份及动机进行调查。对于信息公开的范围，瑞典通过制定《保密法》，极为详尽地列举了豁免公开的范围，明确规定信息公开的界限，避免了对信息自由的不合理限制。瑞典对信息自由的监督机制非常完善。瑞典在实践中充分利用媒体和非政府组织的作用对政府信息公开进行监督，并且在政府部门设立了监察专员，对保护公民信息获取自由、解决政府信息公开纠纷发挥着重要作用，就其内容上的广度和深度而言，瑞典信息获取权保障制度堪称世界各国的典范。瑞典长期存在的信息公开文化和实践中的许多信息获取权保障措施，为世界其他国家的信息获取权制度的建立提供了宝贵的经验。

（2）英国

英国有着悠久的保密文化传统，然而在信息化大潮中，英国顺应世界潮流，在1997年颁布了信息自由法白皮书，2000年正式颁布《信息自由法》，该法于2005年在英国得到全面实施。为确保《信息自由法》的顺利推行，英

---

❶ 冯军.瑞典新闻出版自由与信息公开制度论要[J].环球法律评论，2003（4）：492－505.

国政府废止或修改了大约300个与《信息自由法》相冲突的法律条文,建立健全了以《信息自由法》为主体的信息获取权保障制度。新的《信息自由法》取代了之前的行政法规层面的信息公开政策,丰富了相关法律的内容,成为英国政府信息公开的、统一的法律基础[1]。按照这一法律规定,任何社会公众都有权利获取英国中央和地方各级政府机构、各类教育机构等公立机构的信息,该法律为英国公众获取信息提供了重要的制度保障,在法律框架内,公众可以自由了解公共机构的决策过程、管理制度等。英国《信息自由法》对政府信息的开发与利用产生了重大影响,使公民获取公共机构信息成为法定的基本权利。

英国《信息自由法》由正文和附录两部分组成。正文分8个部分,由88条组成,附录包括正文重要内容的详细清单。该法第一部分即为对公共机构信息获取权的规定,提出公共机构信息获取权是公民的基本信息权利,该法第1条第1款明确指出:"任何人均有权查阅公共机构的信息,无论公共机构是否拥有查询请求中所列的特定信息,其必须书面回复查询人;如果拥有该信息,应提供给查询人查阅。"《信息自由法》赋予公民两个基本权利:依法知道某种政府信息是否存在,并获得该信息。政府有责任主动公开信息,并处理公民的信息请求。这应该成为政府正常业务的一部分。用户没有责任回答"为什么要使用政府信息",但政府有责任解释"为什么不开放"[2]。英国《信息自由法》涉及的义务主体包括英国各级政府部门,覆盖的范围广。该法的颁布标志着英国"保密为原则,开放为例外"的政府文化转变成"开放为原则,保密为例外"的新文化。英国政府克服保密文化的不利影响,科学地完成了信息自由法的立法,使公民的信息获取权获得坚实的法律保障。

当然,相比于其他发达国家,英国信息自由法的颁布较晚,实施过程漫长,但是英国的《信息自由法》能将现实的国情与国际信息立法的先进经验有机结合起来,富有创新特色,对于我国信息获取权保障制度的完善仍具有重要的借鉴意义。

---

[1] 周斌. 英国政府信息公开制度的立法及其保障措施 [J]. 兰台世界, 2011 (8): 17 - 18.

[2] 王正兴, 刘闯. 英国的信息自由法与政府信息共享 [J]. 科学学研究, 2006 (5): 688 - 695.

4 国内外公民信息获取权保障的现状考察

(3) 美国

继瑞典和芬兰之后，20世纪60年代，美国正式确立了信息获取权保障制度。美国1966年颁布的《信息自由法》可谓是世界上系统化的信息获取制度的开端。1966年国会通过的Pub. Law 89 - 487号法案，对1946年《行政程序法》第3节"公共信息"作了修订，确立了任何人都可以向联邦行政机关申请获取特定信息的法定权利，并为这种权利确立了司法救济程序作为保障❶。《信息自由法》已成为这一法案约定俗成的称谓，这是美国也是世界各国历史上首次在法律上确立了由司法实践保障的具体化的信息获取权。美国《信息自由法》自颁布以来历经多次修改，其中一次重要的修改是1996年颁布的《电子信息自由修正法案》，《电子信息自由修正法案》进一步明确了公民信息获取权利，并提出政府机构提供相关信息须在一定的时间期限内完成，还要求政府机构按照要求提供任何形式或任何格式的记录。

2009年，奥巴马总统上任后发布备忘录指出："《信息自由法》应以一个明确的观念为前提，只要存在疑虑，即须公之于众。"美国司法部发布了执行《信息自由法》的综合指导方针，指示政府机构应尽可能开放公众可能查阅的全部或部分信息，不能因为有合法理由而拒绝提供信息。新的指导方针确立了《信息自由法》的核心是公开推定原则，重塑了公民及时获得信息的权利，新的指导方针将保证公民最大限度地获得来自美国政府部门和其他公共机构的信息。奥巴马曾表示，要让美国进入一个"政府公开新时代"，他说："政府机构应该意识到我们要站在寻求信息公开的一方，而不是相反的另一方……《信息自由法》也许是让我们的政府保持廉洁、透明和负责的最有力的武器。我希望政府所有成员执行的不是简单的《信息自由法》的书面文字，而是其真正内涵。"❷

为了有效贯彻落实《信息自由法》，提高公共机构满足公民信息获取权的效率，2009年奥巴马政府根据已有的相关法律规定专门设立了政府信息服务办公室。政府信息服务办公室被视为"联邦信息自由法监察专员"，其职责

---

❶ 后向东. 信息公开期限规定比较研究——基于对美国《信息自由法》的考察 [J]. 中国行政管理, 2014 (2): 107 - 113.

❷ 国家预防腐败局. 美公布《信息自由法》新指导方针, 保证公民在公开、透明的原则下获得信息 [J]. 中国纪检监察报, 2009 - 6 - 15.

为：对政府信息公开的政策及程序进行审查；对各联邦机构执行《信息自由法》的具体情况进行审查，向国会或总统提出关于《信息自由法》修改完善的立法建议，对与《信息自由法》相关的纠纷进行调解。历经半个世纪，美国对公民信息获取权的保障不断完善，美国《信息自由法》成为各国制定相关法律的样板。

（4）日本

日本重视信息技术对经济发展的作用，致力于建立信息社会。1946年，日本通过的宪法中有保障信息权利的条款，但在信息获取专门法律的建设上，日本较美国则晚了几十年。20世纪以来，在制定信息公开法成为国际潮流之际，经过日本国民和其他组织的共同努力，日本信息获取法得以建立。日本的信息获取法，首先在地方层面建立起来，最终于1999年通过了保障公民信息获取权利的《行政机关信息公开法》，该法是日本的官僚政治得以转型、民主制度得以建立的重要里程碑。日本关于信息获取法制定的公开讨论始于20世纪70年代，1972年4月《每日新闻》登载的关于记者泄露冲绳机密的报道，引起了全国范围内关于公民是否有了解事实真相的自由方面的广泛讨论。1979年9月，日本的自由人权协会就以民间团体的名义发布了《信息公开法纲要》。经过日本社会长时间的推动，至20世纪末，日本政府迫于舆论压力，将《行政机关信息公开法》整理出台并提交国会讨论。它标志着日本信息公开的审议从此步入一个新的阶段。虽然法案没有明文规定信息公开是国民的权利，但是从法案制定的目的、意义以及对请求权者、请求对象和请求信息的规定上，与地方法规相比有大幅度跨越❶。从酝酿到出台，历经30年，日本得以颁布较为完备的信息公开法，以保障公众的信息获取权。

日本《行政机关信息公开法》的结构分为总则、行政文件的公开、行政复议等4章44条，明确规定了行政机关信息公开的主体、公开范围、公开方式、争议处理等内容，该法第1条涉及立法目的，称本法的目的在于以主权在民理念为基础，通过规定公民请求公开政府信息的权利等事项，确保公民对政府的各种活动可以问责，同时有助于推进建立一个让公民适当地了解和批评的公正、民主的政府。该法第3条规定了社会公众的信息获取权，明确

---

❶ 宋长军.日本信息公开法的制定及特点[J].外国法译评，2000（1）：58-62.

指出任何人都可以依据本法规定,向行政机关请求公开其拥有的政府信息。日本信息公开法以主权在民理念为基础,以信息公开为核心,确保了民众信息获取权的实现。

除了《行政机关信息公开法》外,日本还于2001年颁布了《独立行政法人信息公开法》,通过规范公共企业的信息披露义务以保障社会公众对公共机构信息的获取权。该法规定,任何人根据本法律的规定,都可以请求行政独立法人提供相关信息。另外日本最高法院通过了关于信息获取程序的条例,日本在国家和地方层面建立起多层次的法律法规,使公民信息获取权得到强有力的保障,从而促进公民对政府的问责,促进民主政治的发展。

为了保证信息公开法的顺利实施,日本政府还采取了一系列举措。如日本政府编制了"政府文件管理指南";日本总务省在全国建立多个政府信息公开介绍所,为公众获取政府信息提供指引和帮助;各政府机关设置了负责信息公开的窗口单位;创建专门的信息公开网站等。日本信息获取权保障制度的颁布和施行,对世界各国信息获取权立法产生了积极的影响,有力地推动了全球信息获取权保障制度的建设。

(5) 印度

印度为仅次于美国的全球第二软件大国,印度曾提出建设"世界信息技术超级大国"的目标。印度在经济较为落后的条件下重视信息产业的发展,除了时代呼唤与民主政治发展的需要外,另一个重要的原因是印度电子信息产业发展的影响。为了顺应印度信息产业的发展,印度政府建立了较为完善的保障公民信息获取权利的法律制度和管理手段。

印度于2005年正式颁布《信息权利法》。印度的《信息权利法》由总则、公民的信息权利和公共部门的义务、中央信息委员会、各邦信息委员会、信息委员会的权力、职责和责任追究、附则等部分组成。印度的《信息权利法》明确规定了公民的信息权利和政府的信息义务,为公民获取政府信息、提高政府工作透明度和诚信度提供了强有力的保障。该法在序言中指出,透明度和公众知情对于民主、腐败治理至关重要,信息公开有可能与其他公共利益相冲突,因此有必要立法协调这些利益冲突,同时维护至高无上的民主理想。该法是在2002年印度颁布的《信息自由法》的基础上修订而来的,相比而言,《信息权利法》相比2002年的《信息自由法》更进步、更成熟,内容更完善。《信息权利法》明确指出"所有公民都有获取信息的权利;所有公共机构都应当公开信息以便于公民的信息获取"。由此规定了信息获取权的主体是所有公民,而信息获取权的义务主体是所有的公共管理机构,包括立法、行政、司法机关、政府授权的组织以及党派、社会团体等。

为了确保公民信息获取权利得到切实有效的保障,印度《信息权利法》规定,成立专门的信息委员会。《信息权利法》对信息委员会的任命规则和独立性以及其职责作了非常详细的规定,以确保相对独立的委员会能够形成对公共权力机构的监督,有效保障公民信息获取权。中央信息委员会应当由1名首席信息专员和最多10名中央信息专员组成,中央信息委员会由总统任命,各级信息委员会应受理任何人的信息请求,委员会具有相对独立性,委员会中的信息专员不能是议会成员或立法机关的成员,也不能是与政党相关的人员。除此之外,《信息权利法》还规定了公共管理机构满足公民信息获取权利的具体措施,公共管理机构应该依据该法设立公共信息官,负责处理公众信息请求。每个公共管理机构都必须保持其记录,并以合适的目录和索引的方式为履行信息公开义务提供方便,公共管理机构必须作出不断的努力,主动提供尽可能多的信息,使信息方便获取。总体上看,《信息权利法》是一部开创性的立法,它标志着由秘密行政向透明行政的转变,也标志着治理文化的深刻转变[1]。完善的法律法规是印度信息获取权制度良好发展的保障,制定系统的信息获取法律法规对于信息获取活动必不可少。印度的《信息权利法》适用范围广,可操作性强,其实施效果很不错,公共权力机构信息公开意识大大提高,拓宽了公民获取信息的渠道,印度政府在制定专门信息获取法的同时,实施有效的信息发展战略,充分保障公民信息获取权利实现。总而言之,印度信息获取立法制度的成就对于世界其他国家的立法具有重要的借鉴意义与参考价值。

(6) 俄罗斯

20世纪90年代以来,俄罗斯开始重视信息社会建设,为了促进信息化发展,俄罗斯将信息立法作为重要手段,重视信息法制建设。20世纪90年代中期,俄罗斯制定了《俄罗斯信息立法发展计划》,对推进俄罗斯信息法制建设作出具体安排。2001年俄罗斯制定了"信息和信息化领域立法构想",规划了未来一段时间的信息法制建设。2008年,俄罗斯总统普京批准了《俄罗斯信息

---

[1] 孙彩红. 印度《信息权利法》的实施及其启示 [J]. 中国行政管理, 2011 (9): 96-99.

社会发展战略》，对俄罗斯信息社会发展作出整体部署，它是纲领性文件，是俄罗斯信息立法和其他政策制定的基础。经过多年的发展，至今俄罗斯已拥有近百部信息和信息化领域的法律，俄罗斯的信息立法体系已基本成形。俄罗斯较为完善的信息法律体系为公民信息获取权提供了坚实而广泛的法律保障。

对于公民信息获取权的保障，从俄罗斯宪法中可以找到其渊源，宪法第29条规定，每个人有权以任何合法方式查找、获得、转交、生产和传播信息。在俄罗斯信息立法体系中，最基本和最重要的法律是1995年颁布的《信息、信息化和信息保护法》，该法是俄罗斯调整信息活动领域的基本法。2006年俄罗斯修订该法，颁布了《信息、信息技术和信息保护法》。该法的重要内容是保护信息活动主体的合法权益，保障公民的信息权利。该法第8条具体规定了公民和组织信息获取权的内容，禁止限制获取的信息种类，并规定了公民和组织在信息获取权受到侵害时可以采取的法律救济措施。❶ 由此可见，俄罗斯对公民信息获取权拥有非常完善的保障。

为了更好地保障公民信息获取权，2009年，俄罗斯颁布《政府信息公开法》，该法共5章26条，规定了政府信息公开的基本原则、公民信息获取权利的内容、政府信息公开的方式、政府信息公开的范围、违法责任和救济措施等。该法的颁布对于公民信息获取权保障具有重要意义，公民可以通过法律规定的方式，及时、准确地获取政府信息。俄罗斯信息立法的进展，体现了现代信息技术对俄罗斯信息化建设的影响，也体现了社会对信息获取权等信息权利的诉求。俄罗斯已经形成了独立的信息立法体系。俄罗斯信息获取权保障制度较其他国家而言，更加具有独立性，值得我国借鉴。

4.2 我国信息获取权保障的现状分析

4.2.1 我国信息获取权保障的现状

在日益兴起的全球信息立法的推动下，为了建设透明政府，更好地保障

---

❶ 肖秋会. 近五年来俄罗斯信息政策和信息立法进展 [J]. 图书情报知识，2010 (4)：96 - 101.

公民信息获取权,我国对信息获取权的立法日益重视,2007年国务院颁布了《中华人民共和国政府信息公开条例》(以下简称《政府信息公开条例》),其对于公民信息获取权保障而言,被视为里程碑式的制度建设。该条例的制定是国家信息化发展的必然要求,也是我国市场经济发展和深化行政体制改革的必然结果。随着信息社会的发展,国家职能部门充分认识到政府信息资源的重要战略地位,如何保障政府信息充分为社会公众所利用,促进政府信息公开,国家长期以来进行了多种尝试和实践,政务公开取得长足发展。20世纪80年代以来,随着改革开放的推进,国家开始重视政府信息公开制度的建设。1983年国务院宣布建立新闻发言人制度;1998年中共中央和国务院专门发文,在全国范围推广村务公开;1996年中央纪委明确提出,要实行政务公开制度;1999年国务院多个部委发起的"政府上网工程"迅速蔓延至全国;2000年12月,中央规定在乡镇机关全面推行政务公开;2004年国务院印发《全面推进依法行政实施纲要》,提出政府信息公开是推进依法行政的主要手段;2005年中共中央办公厅、国务院办公厅发布《关于进一步推行政务公开的意见》,明确各级党委和各级政府要把政务公开工作列入议事日程;与此同时,公安机关、检察机关、人民法院陆续推行了本部门、本系统的政务公开。党和国家的各项举措极大地促进了政府信息公开进程,在一定程度上满足了公众获取信息的需要,保障了公民信息获取权利,提高了普通民众参政议政的热情。根据社会信息化与市场经济发展的需要,总结我国长期政务公开过程中的宝贵经验,制定统一的政府信息公开制度,以统一各种形式的政府信息公开,充分保障公民信息获取权利,成为全社会普遍关注的重要议题。在此基础上,我国《政府信息公开条例》顺利出台,是我国在科学发展观指导下以打造透明政府、法治政府为目标的政治进步,开启了我国公民信息获取权保障的新篇章。

《政府信息公开条例》是国家信息化战略的重要组成部分,满足了社会发展对统一的信息立法的需要。《政府信息公开条例》的颁布对保障公民信息获取权利、推动国家信息化发展具有非常重要的意义。政府信息对国家和广大社会公众意义重大,政府信息只有在社会充分流动,才能发挥其应有的价值,创造出巨大的经济效益和社会效益。政府信息对于社会公众的生存与发展起着至关重要的作用,保障公民信息获取权利,通过立法确定政府信息公开制度是最重要的一步。要真正实现民有、民治、民享的政府,全体社会成员应该详细了解政府信息，只有这样，公民才能最大限度地管理国家事务，管理社会公共事务，充分保障人民民主的实现。通过立法保障公民信息获取权，使广大社会公众能依法直接获取政府信息，减少了信息获取成本，保障了公民自由权利。

《政府信息公开条例》的颁布标志着我国政府信息公开制度的正式确立，标志着公众享有普适性的、具有司法保障意义的信息获取权。自此以后，公民信息获取权有了法律保障，政务公开有了法律依据，阳光政府建设有了法律指引。

政府信息公开需要通过制度加以规范，政府信息公开的主体、内容、范围、方式、程序、条件等都需要通过立法作出统一而明确的规定。《政府信息公开条例》明确了政府信息公开的目的是保障公民的信息获取权。该条例明确规定了政府信息由谁公开，哪些内容的政府信息需要公开，政府信息应该以什么方式公开，以及怎样确保政府信息公开得到依法执行等问题。

关于政府信息公开的主体，该条例明确规定政府信息公开的义务主体是行政机关。公开政府信息是各级人民政府及其所属部门的基本义务，为了确保政府信息公开的顺利进行，各级政府应该建立健全政府信息公开工作制度，并指定专门的机构负责本行政机关政府信息公开的工作。除行政机关外，条例还以附则的形式规定，具有管理公共事务职能的组织和与人民群众利益密切相关的公共企事业单位也负有公开信息的义务。这类组织的工作与人民群众密切相关，直接影响到广大社会公众的根本利益，也应该承担公开信息的义务。

关于政府信息公开的范围，《政府信息公开条例》原则性地确定了应主动公开的信息，凡涉及广大群众切身利益的，需要社会公众广泛知晓的，反映行政机关业务工作的信息，都属于应该主动公开的信息范畴。为了确保政府信息公开落到实处，《政府信息公开条例》还根据各级行政机关职责范围的不同，分别列举了县级以上行政机关、县级行政机关以及乡镇级行政机关应该重点公开的信息范围。当然，信息公开也是有限度和边界的，条例明确了三类豁免公开的政府信息，即涉及国家秘密、商业秘密和个人隐私的政府信息。对于政府信息的豁免公开，各个国家的相关立法中都有类似规定，任何社会活动都不能损害国家利益、社会公共利益和他人的合法权益，政府信息公开也不例外。为了确保政府信息公开时不对国家安全、社会稳定和他人的合法权益造成不应有的损害，条例规定行政机关在执行政府信息公开工作时，应该有保密审查环节，依照法律规定对拟公开的政府信息进行审查，确保该信息不属于豁免公开的范围才依法予以公开。

关于政府信息公开的方式，条例确定了主动公开和依申请公开两种方式。主动公开方式是我国政府信息公开制度的显著特点，是对我国近年来政务公开经验的继承与总结。长期以来，我国确立了对一些与人民群众利益密切相关的问题主动公开的制度。主动公开可以有效地降低信息公开成本，扩大信息公开范围，减少政府部门信息公开工作量，提高行政效率，符合我国人多地广的国情。行政机关不仅应该保证主动公开信息的数量和质量，还要依据便民的原则，使公开的信息能及时传递给广大社会公众，使公众能及时、全面、准确地获取政府信息。行政机关需要通过政府公报、政府网站、新闻发布会以及报刊、广播、电视等大众传播媒介将主动公开的信息及时发布。行政机关还应在国家图书馆、公共档案馆设置政府信息查阅室，或者在行政服务中心设立公共查阅室，以方便广大社会公众对政府信息的无障碍获取。依申请公开信息是每个国家政府信息公开立法中都明确规定的政府信息公开方式，任何公民都有向政府部门提出信息获取申请的权利。赋予公民依申请获取政府信息的权利，是确保政府信息开发利用的有效方式。公民产生获取政府信息需求时，一般应向相关政府部门提交书面申请，对申请公开的信息就内容与形式要求等进行适当说明，行政机关需限期作出答复。

关于政府信息公开的保障，条例规定了由行政机关执行的政府信息公开报告制度、政府信息公开工作考核制度、政府信息公开社会评议制度和政府信息公开责任追究制度，以及由主管部门和监察机关执行的监督检查制度和由社会公众执行的政府信息公开救济制度。公民对于行政机关不依法履行信息公开义务的行为，可以进行举报，认为行政机关在政府信息公开工作中侵犯其合法权益时，可以依法申请行政复议或者向司法机关提起行政诉讼，监督检察机关对于行政机关不履行政府信息公开义务的行为，可以对相关责任人依法给予处分；构成犯罪的，依法追究刑事责任。这些规定充分保障了政府信息公开工作的顺利进行，使公民信息获取权利能有效实现。

我国政府信息公开制度是自下而上，从地方到中央，从点到面逐步形成的。在《政府信息公开条例》颁布之前，我国关于公民信息获取权的地方立法已经产生，从2001年开始，我国地方政府先后制定多部政府信息公开方面的地方性法规或地方政府规章，如2001年福建省政府颁布《福建省政务公开暂行办法》，2002年广州市政府发布《广州市政府信息公开规定》，2004年上海市政府发布《上海市政府信息公开规定》，另外湖北省、重庆市、河北省、陕西省、黑龙江省等地也相继公布了保障公民信息获取权的相关规定。这些立法均明确提出"保障个人和组织的知情权、方便公众获取信息"，并将此作为立法宗旨。地方信息公开制度为我国国家层面的政府信息公开立法积累了宝贵的实践经验。《政府信息公开条例》是在充分总结地方立法经验的基础上完成的，其内容和形式都体现了对地方立法的借鉴和吸收。《政府信息公开条例》对于地方的特色制度和实践中执行很好的制度予以充分肯定和有效吸收，同时充分借鉴世界先进立法经验，在很多方面超越现有地方立法的规定，既体现世界先进立法理念又紧密结合中国具体实践，充分保障公民信息获取权的实现。

社会公众除依法获取政府信息以外，对于其他领域的公共信息，同样享有获取权。公众的信息获取权已在相关法律法规中得到确认。如2012年我国新修正的《民事诉讼法》规定"公众可以查阅发生法律效力的判决书、裁定书，但涉及国家秘密、商业秘密和个人隐私的内容除外"。《消费者权益保护法》规定社会公众作为消费者有商品和服务信息获取权，该法第8条规定"消费者享有知悉其购买、使用的商品或者接受的服务的真实情况的权利"。《传染病防治法》第38条规定"国家建立传染病疫情信息公布制度。公布传染病疫情信息应当及时、准确"。《证券法》第70条规定"依法必须披露的信息，应当在国务院证券监督管理机构指定的媒体发布，同时将其置备于公司住所、证券交易所，供社会公众查阅"。除此之外《立法法》《统计法》《气象法》《行政许可法》《行政复议法》《行政诉讼法》《价格法》《土地管理法》《环境保护法》等法律法规也有保障公民信息获取权的内容。

在《政府信息公开条例》颁布之后，我国多个部委发布了保障公民信息获取权利的部门规章。2007年国家环境保护总局颁布《环境信息公开办法（试行）》；2008农业部颁布《农业部信息公开规定》，气象局公布《气象部门政府信息公开办法》；2010年人力资源社会保障部颁布《人力资源社会保障部政府信息公开实施办法》，卫生部颁布《医疗卫生服务单位信息公开管理办法（试行）》，教育部颁布《高等学校信息公开办法》；2012年，国家安全生产监督管理总局颁布《安全生产监管监察部门信息公开办法》；2014年海关总署颁布《中华人民共和国海关政府信息公开办法》。为了更好地贯彻实施

《政府信息公开条例》，各省、市都根据当地实际制定了政府信息公开的相关配套制度，以确保向公众提供优质政府信息服务。

《政府信息公开条例》自实施以来，我国各级人民法院受理的关于政府信息公开纠纷案件日益增多，政府信息公开诉讼是法院审判工作中的新内容，也是行政诉讼中的难点问题。由于政府信息公开行政案件从无到有，是一种全新的存在，可直接援引的法律依据不多，导致在受理、审判等各个环节面临规则不明确，标准不统一，迫切需要予以指导和规范。为了更好地通过司法程序保障公民信息获取权，指导各级法院正确审理政府信息公开行政案件，2010年最高人民法院颁布与政府信息公开相关的司法解释——《关于审理政府信息公开行政案件若干问题的规定》（以下简称《规定》）。《规定》对政府信息公开诉讼的受案范围、原告被告、举证责任、审理判决等问题做了明确的规定。该规定的出台，为《政府信息公开条例》规定的公民获取政府信息权利提供了司法保障，进一步完善了公民信息获取权利救济制度。《规定》对政府信息公开过程中如何具体应用法律进行了说明，使法律条文和具体的案件建立起一一对应的关系，消除了《政府信息公开条例》在具体法律适用中的困惑，对于法院准确适用法律审判案件，提高司法效率、实现司法公正具有积极作用。《规定》相比抽象的、概括性的《政府信息公开条例》而言，其针对性、可操作性强，在一定程度上弥补了《政府信息公开条例》的漏洞与不足，它和《政府信息公开条例》一起，共同构成我国保障公民信息获取权的重要法律渊源。

我国设置信息获取权具有十分重要的意义。第一，它确定公开政府信息不仅仅是政府实行信息管理的政府职能行为，而且是实现公民权利的一种法律行为，这样公民获取政府信息就有了法律保障。第二，在网络环境下，信息获取权能保证公民通过政府网站等途径及时、准确得知国家的有关政策方针、法律，这样我国公民参与国家政治生活等民主权利也会得到更好的实现。第三，信息获取权的设置势必会加强政府与公民的沟通，提高政府的办事效率，使政府工作更具透明性。第四，通过法律形式保障公民从政府获取信息的权利有利于加强公民的权利意识，提高全民的法律意识❶。

---

❶ 黄瑞华，等. 论网络环境下的信息获取权 [J]. 情报学报, 2001 (6): 269 – 275.

4.2.2 我国公民信息获取情况调查

为了深入了解我国信息获取权保障的现实情况，笔者的课题组对公民信息需求和信息获取情况进行了实地调研，调研方法主要采用问卷调查法，问卷标题为"公民信息获取情况调查"，问卷共涉及 21 个问题，其中单选题 10 个，多选题 10 个，问答题 1 个。问题设计主要包括两大板块：一是被访者的基本情况调查，二是被访者信息获取情况的整体调查。问卷的主体内容分为三个方面：一是公民信息获取倾向与需求；二是公民信息获取实况与评价；三是公民信息获取权利意识与法治观念。问卷调查主要采取便利抽样方法，问卷的发放方式采用实地的面对面发放 220 份、通过问卷星网站以及微信在线发放 306 份，总共发放问卷 526 份，收回 515 份，剔除漏答以及存在错误信息的问卷后，最终获得有效问卷 489 份，问卷有效率 92.97%。问卷调查结果对了解我国公民信息获取权保障的现状，推进我国公民信息获取权保障的实施，必将产生积极的促进作用。

（1）被访者的人口统计分析

从性别来看，在接受问卷调查的受访者中，男性占 59%，女性占 41%，男女性别比为 1.44∶1。

从年龄来看，参与问卷调查的对象中，20 岁以下的占 1.84%，20 岁到 40 岁的占 70.04%，41 岁至 60 岁的占 24.87%，60 岁以上的占 3.25%。绝大部分调查对象为青年人。

受访者的学历普遍较高，大学以上学历的受访者占 87.10%，高中学历的受访者占 12.90%。从样本数据来看，调查对象的学历普遍较高，调查结果缺乏对受教育程度低的社会成员信息获取情况的精准把握。

从职业来看，参与问卷调查的对象中，人数最多的是企业职员，占全部受访者的 42.86%，其他职业依次是事业单位职员、公务员、学生、其他自由职业者和无业人员、农民。受访对象职业分布广泛，几乎涵盖了社会各行各业的成员，见图 4-1。

（2）公民信息获取倾向与需求分析

①信息类型需求

针对信息资源内容所涉及的领域，课题组将信息资源分为娱乐休闲、科学技术、文化教育、时尚热点、求学求职、民生服务六种主要类型进行调查。

调查数据显示，受访者对各类信息资源的感兴趣程度差别并不大，最受青睐的是民生服务类信息资源，其次是文化教育类，具体情况如图4-2所示。

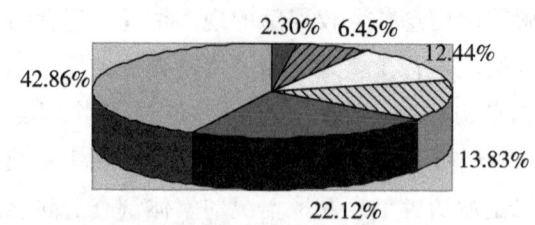

图4-1 调查对象的职业分布统计

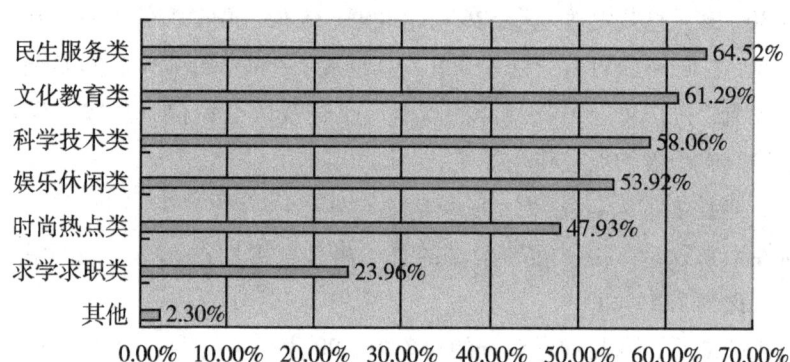

图4-2 公民关注的信息资源类型统计

②信息质量需求

课题组根据信息形式的表达、信息内容的深度与广度、信息获取的效率等，将公民对信息获取的质量需求概括为方便快捷、真实可靠、直观生动、专业深入、全面详尽、绿色健康六个方面，真实可靠是调查者对所获取信息的第一要求，92.94%的受访者勾选了此项。其下依次是方便快捷、全面详尽、专业深入、绿色健康、直观生动，如图4-3所示。

③信息求助倾向

面对浩瀚的信息海洋，公民在信息获取时因为自身知识和工具、经验的限制，常常要借助专业人员得到信息获取的帮助。这些帮助可以是技术或工具上的，也可以是内容或线索上的，通过对489名受访者的调查，有74.19%的受访者希望得到信息资源内容方面的帮助，有57.14%的受访者希望得到信息检索技术方面的帮助,有55.76%的受访者希望得到信息应用工具方面的帮助,有51.61%的受访者希望得到信息参考咨询方面的帮助。这些数据表明,公民在信息获取时,绝大部分的成员希望信息获取时得到专业的指导与帮助,如图4-4所示。

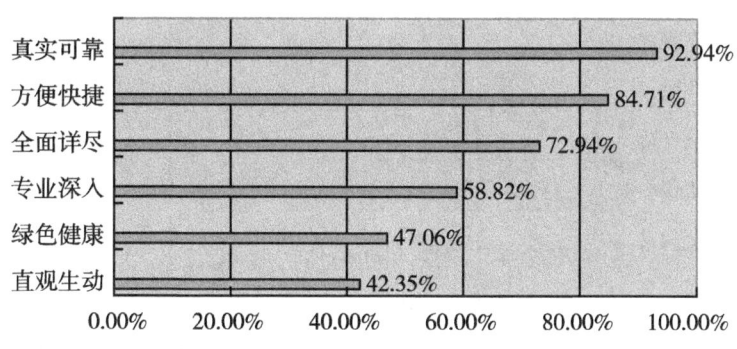

图4-3 公民对信息获取的质量需求统计

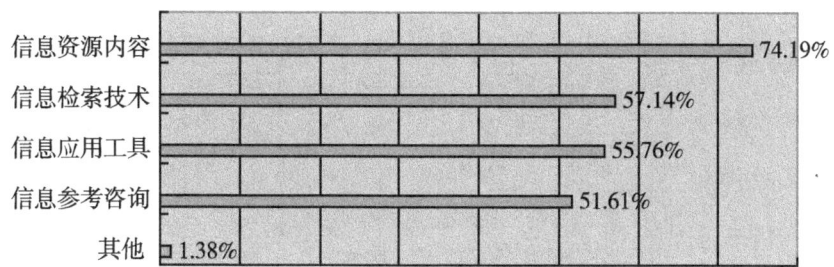

图4-4 公民信息获取的求助倾向统计

④信息获取影响因素

明确信息获取的影响因素,有助于有针对性地改善信息获取条件,更好地保障公民信息获取的实现。课题组从内部因素与外部因素综合考虑,列出了六个信息获取的影响因素供受访者选择,根据对调查问卷的数据统计,信息获取最大的影响因素是思想观念,其次是文化水平、经济条件、制度政策、技术设备、周围环境,如图4-5所示。

(3) 公民信息获取实况与评价分析

①信息获取途径

在日常行为中,公民的信息获取途径是多种多样的,在不同的时间,不同的地点，不同的人对信息获取途径的选择是不一样的。调查显示，几乎所有的公民都会通过互联网获取信息，绝大部分公民通过广播电视获取信息，传统的纸质出版物依然是公民信息获取的常用途径，通过人际交往获取信息也是常用途径。具体数据统计如图4-6所示。

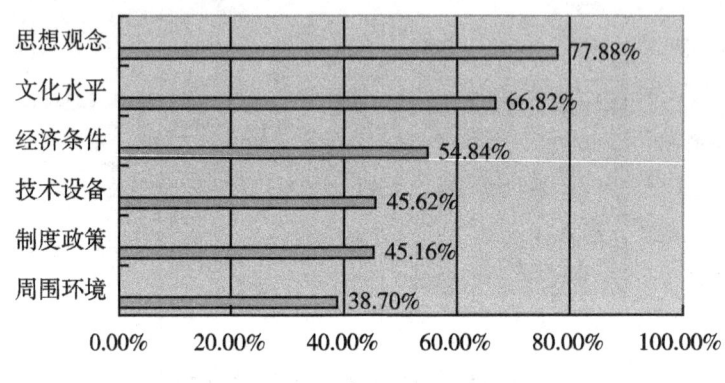

图4-5　信息获取的影响因素统计

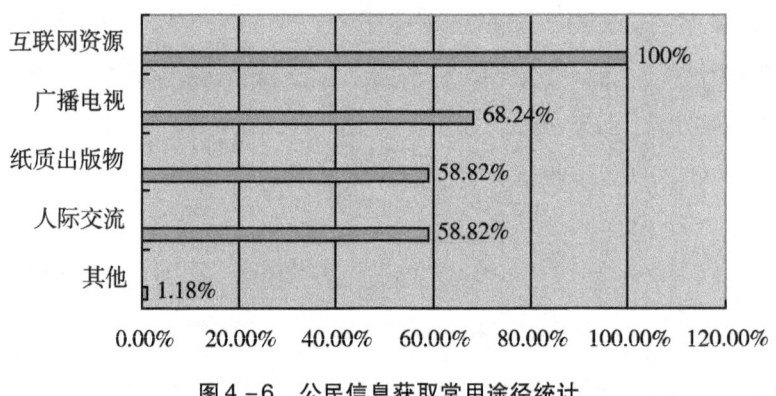

图4-6　公民信息获取常用途径统计

②信息获取费用

在信息迅速发展的今天，信息消费成为人们的日常消费行为，调查公民信息获取费用，能够有效地分析公民在信息获取方面的投入，了解公民信息获取的现状。据调查统计，不同的人平均每月用于信息获取上的花费各有差异，具体数据统计中图4-7所示。

③信息获取需求满足程度

充分满足公民的信息需求是实现公民信息获取权利的前提和基础。因此公民信息需求的满足程度是衡量信息获取权保障充分与否的重要依据。为了

4 国内外公民信息获取保障的现状考察

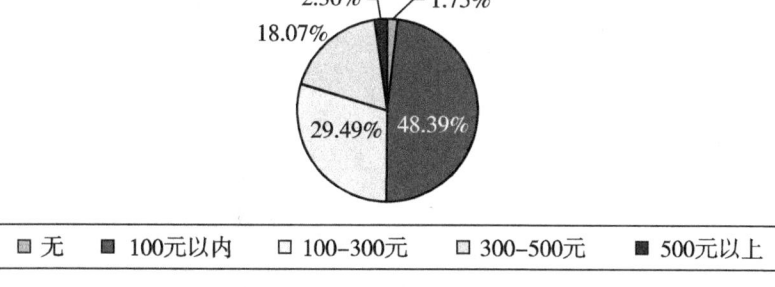

图 4-7 公民每月信息获取花费统计

便于调查统计,课题组将公民的信息需求满足程度分为五个等级,1"完全没满足",2"经常没满足",3"有时没满足",4"偶尔没满足",5"充分满足"。调查结果显示,公民的信息获取满足程度普遍较高,有90%以上的受访者的选择结果是选项3~5,具体统计结果如表4-2所示。

表 4-2 公民信息获取需求满足程度统计

等级	满足程度	比率
1	完全没满足	0%
2	经常没满足	9.22%
3	有时没满足	30.41%
4	偶尔没满足	43.32%
5	充分满足	17.05%

(4) 公民信息获取权利意识与法治观念

公民良好的权利意识与法治观念是信息获取权实现的基础和前提。法是以权利义务为内容的行为规范,公民有了对权利的要求,就会产生对法的渴望。权利意识与法治观念的形成是密切联系的,权利意识的增长会导致法治观念的增强,法治观念的形成将推动权利意识的扩张。公民只有意识到自己的信息权利,才能够正确而充分地行使自己的权利。

①权利意识

在被问及信息获取权利是否受过侵害时,40%的调查者认为没有受过侵害,其余60%的调查者称其信息获取权利受过侵害。在信息获取权利受到侵害时,绝大部分调查者都会采取积极的维权措施,具体数据统计如图4-8所示。

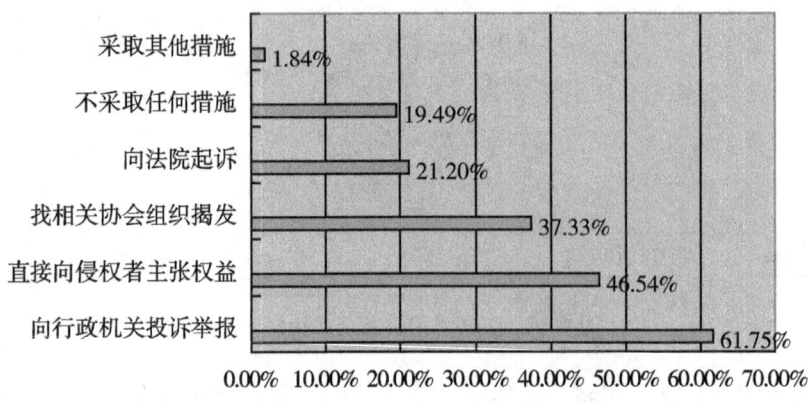

图 4-8　公民信息获取维权措施统计

②法治观念

权利需要法律予以规范，国家通过法律保障公民的权益。公民良好的法律意识与正确的法治观念是依法治国的关键因素，也是公民权利实现的保障。公民需要充分认识到法律的重要作用，了解相关法律知识，依靠法律的力量，充分维护自身的信息获取权益，切实做到知法懂法，遵法用法。对公民信息获取权保障进行专门立法的态度，97%的被调查者表示积极支持或同意。对我国目前保障公民信息获取权利的法律法规的了解情况，60%以上的受访者是基本了解的，这一数据表明大多数公民知晓现有的信息获取法律法规，具有基本的法律常识与良好的法治观念。

(5) 调查主要结论

综合分析调查问卷的相关数据，可以就公民信息获取情况得出以下结论：

①公民的信息获取需求日益强烈

随着信息时代的发展和大数据时代的到来，公民的信息获取需求日益强烈。公民对信息内容的需求趋向真实性和精准性；对信息类型的需求趋向全方位和多层次；对信息载体形式的需求趋向新颖性和综合性；对信息获取途径的需求倾向多元性和便捷性；对信息获取工具的需求倾向简便性和先进性。如何让公民在信息海洋中方便快捷地获得真实可靠的信息成为信息社会的关键问题。加强信息供给，为公民提供精准的、优质的信息资源成为解决需求的首要任务。信息服务提供者应该充分了解用户信息需求，从整体上把握公民的信息需求状况，了解公民现有的和潜在的信息需求，积极开发新的信息产品，满足公民新的信息需求。

②公民的信息获取权利意识不断增长

在市场经济不断发展、依法治国不断推进的大背景下，广大公民的权利意识不断增长。公民对自己应该或实际享有的自由和利益的认知日益增强，对自己实际享有的权利进行确认和维护的意识不断提高，当自己的权利受到侵害时寻求合法救济的意愿不断提升。在信息社会公民日益认识到信息获取权利是自身的基本权利，保障公民信息获取权利是国家应尽的义务，当意识到自己的信息获取权利受到侵害时，绝大多数公民都会采取积极的维权措施，依法依规主张自己的合法权利。

③公民信息获取权保障有待完善

信息社会公民的信息需求日益强烈，信息获取权利意识不断增长。而现实情况是公民的信息获取需求并未得到充分满足，公民信息获取权利的实现，受到经济条件、文化水平、思想观念、制度政策、技术设备等因素的影响，社会信息不对称、信息垄断等现象时有出现，侵害公民信息获取权利的行为时有发生。公民信息获取权立法有待完善，对现有法律法规的宣传与应用有待加强，政府信息公开和公益信息服务有待优化，要保障公民信息获取权的充分实现，需要从制度建设、观念更新、管理优化、技术发展等方面着手建立健全系统的公民信息获取权保障体系。

4.2.3 我国信息获取权保障的困境

公民信息获取权保障在我国正受到前所未有的重视，然而，信息获取权保障的实现还面临诸多阻碍，既有立法上的不足，也有实施中的困境，既有来自政府部门的障碍，也有社会公众自身因素导致的艰难。具体而言，我国公民信息获取权保障面临的困境主要体现在以下几个方面。

（1）观念困境

思想观念上的障碍是我国信息获取权保障的内生性困难。"民可使由之，不可使知之"，显示了延续数千年的"上智下愚"的保密思想。保密成为根深蒂固的习惯，保密作为政府特权的一部分，自政府产生之初就与其如影随形。由于受保密文化的影响，政府部门总是不愿民众知道得太多，对信息进行封锁、控制、秘而不宣是政府工作的常态。对于社会公众的信息获取请求，行政机关往往以涉及国家秘密、危害公共安全、影响社会稳定、属于敏感信息等为借口,拒绝公开政府信息。

政府管理人员官本位、特权思想根深蒂固,缺乏公开政府信息的责任感,给行政权力蒙上一层神秘的面纱。公众成为政府管理的从属,无民主政治权利可言。政府信息公开是对行政机关权力的约束,会导致行政机关权力的丧失,因此,为了最大限度地捍卫自身权力,个别行政机关不愿公开政府信息,部分官员思想上的抵触使他们成为推动政府信息公开的阻力。更有甚者,一些部门及其公务人员利用自身的特权地位对掌握的信息进行寻租,追求利益最大化,从而使我国政府信息公开难以真正步入正轨。[1]

受封建传统文化的影响,社会上可能还存在极个别官本位观念。官本位思想导致公共权力的异化,不仅损害民主政治的发展,而且压抑了人们追求独立、追求自由的精神。官本位思想的主要特征是将公共权力颠倒为个人权力,并将其运用到社会所有活动领域,权力的分配是自上而下的给予,官员只需向上级和君主负责,而无须向广大民众负责。被异化的官僚阶层通过对社会资源的垄断和控制,使各种社会资源掌握在行政机关和官员手中,对资源的垄断和占有反过来又巩固了其官位,这种凭借官职控制社会资源分配的利益导向,引导官本位思想在全社会的滋长与蔓延。从权力的本源上看,政府的权力来自人民,政府代表人民行使公共权力,保障广大社会公众利益,实现公民权利是行政机关的主要目标。而官本位思想导致权力异化,官员将手中权力作为谋取个人私利的工具,权力成为危害社会公众利益的利器,公民的基本权利在官本位思想指导的行政体制下受到严重侵害。

以封建专制为依托,以儒家思想为核心,以人治主义为中心的观念是中国封建社会的特征,这些封建残余可能对社会产生不良影响。传统观念认为,民众是政府管理的对象,公民理应服从政府的强制管理。在"官本位"观念主宰的政治文化中,普通社会公众不享有政治上的话语权,更不可能有广泛的政治参与权。为了实现统治人民的目的,官僚阶层不惜运用各种手段欺压、剥削人民。久而久之,民众的独立意识、权利意识、自由意识日渐淡薄。民众对自身权利认识不足,缺乏参政议政的意识,导致民众对政府信息的漠然与无知,信息获取意识淡薄,对政府唯命是从,视政府信息保密为理所当然,

---

[1] 万高隆,邓博. 我国政府信息公开的价值、困境与出路 [J]. 江西行政学院学报, 2009 (4): 5-9.

缺乏主动获取政府信息的意识，没有充分认识到自身的信息获取权利。即使有信息获取保障相关制度的出台，大部分民众并未意识到信息获取权是自身的一项基本权利，更谈不上在社会实践中充分行使自身的信息获取权。要充分保障公民信息获取权的实现，首先需要社会公众从思想上解放自己，摒弃传统陈旧观念的影响，认识到信息获取权是公民的基本人权，是信息社会公民的重要权利，是实现社会民主、政治文明的重要力量。

（2）立法困境

公民信息获取权需要有完整、统一的法律和制度来确立。近年来，围绕着公民信息获取权的保障，我国已经颁布了相关的法律制度，其中最重要的立法之一是《政府信息公开条例》，该条例是现有法律法规中保障公民信息获取权的重要法律依据。立法虽然已有一定进展，但我国还未建立起系统的信息获取法，从已有的相关法律制度看，其设计也存在不少缺陷。以《政府信息公开条例》为例，其内容还存在诸多不完善之处。《政府信息公开条例》的不足之处主要体现为在立法目的上未明确赋予公民的信息获取权利，公民依申请公开政府信息时附有相应的限制条件，另外，关于政府信息公开范围的规定不明确。

《政府信息公开条例》第1条为立法目的条款，该条款中提到"保障公民、法人及其他组织依法获取政府信息"，在该条款中，并未出现"权利"二字，有刻意对公民信息权利轻描淡写、回避公民信息权利之嫌。信息获取是公民的基本权利，需要通过立法加以明确宣示，而不是以隐含或推定的形式出现，以免遭到任何不该有的曲解和践踏，唯其如此，公民信息获取权才具备充分的法律依据。

《政府信息公开条例》第13条规定，"根据自身生产、生活、科研等特殊需要"，公民可申请获取相关政府信息。由此，公民申请政府信息，需要提出符合条例规定的理由，证明申请公开的信息是否基于自身特殊需要，否则，行政机关有权拒绝提供。这一规定将依申请公开限制在较狭窄的范围，明显削弱了公民的信息获取权利。从国外立法例来看，已经制定信息公开法的国家，大多数取消了申请条件的限制，不论申请公开的政府信息是否基于申请人的特殊需要，强调公民一般性、普适性的信息获取权。政府信息公开不应该仅仅维护特定公民的特定利益，满足公民的特殊需要，而应当赋予公民无须以任何特定利益为前提的信息获取权。

《政府信息公开条例》规定了政府信息的主动公开和依申请公开两种方式。《政府信息公开条例》首先规定了哪些类型的信息应该主动公开,然后列举了各级行政机关应当重点公开的政府信息包括哪些方面。这种列举方式的初衷可能是立法者考虑到信息公开制度初建,需要强调行政机关将相关信息重点公开,以避免政府信息公开不充分。然而对于不属于应该重点公开的政府信息,这种有限列举可能成为行政机关拒绝公开信息的借口,越是具体的列举,越可能构成对公民信息获取的限制。也许正是为了避免这种列举方式可能产生无法穷尽信息公开范畴的后果,从比较法视野看,对于信息获取的正面肯定,不少立法往往采取的是对宽泛意义的"信息获取权"作一揽子承诺[1]。英国、美国等国家的信息自由立法都对政府信息公开的范围作了较为宽泛的限定,而对于不予公开的信息范畴,则规定得具体详尽,豁免事项往往逐渐增多并通过列举作尽可能具体化的规定。我国《政府信息公开条例》在体例上则与此相反,详细列举了行政机关应该重点公开的信息范围,而对于豁免公开的条款并未给出明确的界定,规定较为笼统,缺乏可供执行的规范标准,这就为政府留下巨大的自由裁量空间,为政府不公开相关信息提供便利。《政府信息公开条例》第8条、第14条,构成豁免公开的核心内容。其豁免范围体现在"行政机关公开政府信息,不得危及国家安全、公共安全、经济安全和社会稳定","行政机关不得公开涉及国家秘密、商业秘密、个人隐私的政府信息"。这种模糊而宽泛的豁免条款,其立法本意是防止豁免公开范围的膨胀,但这种原则性的规定可能会产生相反的作用,不能从根本上保障公民的信息获取权。在行政机关拒绝信息公开的理由中,诸如"国家秘密""经济安全"等概念由于规定过于笼统,已经形成一种"口袋效应",为某些行政机关不依法公开政府信息提供了冠冕堂皇的理由,现有的政府信息公开实践已经证实了我国《政府信息公开条例》关于信息公开范围豁免条款设计得不合理,科学的做法应该是对信息公开范围进行开放式肯定,而对豁免公开范围则进行穷尽式列举,以使公民信息获取权得到充分保障。

另外,相关法律的配套法规缺失。公民信息获取权保障不能单纯依赖《政府信息公开条例》(以下简称《条例》)来实现,切实保障公民信息获取

---

[1] 蒋红珍从"知的需要"到"知的权利":政府信息依申请公开制度的困境及其超越[J]. 政法论坛,2012(6):71-79.

权，需要与其他密切相关的法律法规互为补充，相辅相成，如《保守国家秘密法》《档案法》等。国家秘密的保护要遵守《保守国家秘密法》《档案法》的相关规定，这两部法律秘密主义色彩浓重，而其位阶又都高于《条例》，适用《条例》时不得与其相冲突。《条例》规定了保密审查机制，使得行政机关对秘密的确定具有相当的裁量权，当行政机关不能确定信息是否可以公开时，应按规定报有关主管部门或同级保密工作部门确定。对于保密部门而言，其以保守国家秘密为己任，却交由其审查信息是否应予公开，也有其制度设计得不合理之处。因此，应该进一步加强《条例》的可操作性与约束性，制定更严密的配套法规明确公开和保密的信息范围，通过进一步明确与细化相关条款来推动信息公开，防止行政机关滥用自由裁量权、以保密为借口规避信息公开的义务。唯有如此，才能使立法充分体现公平与正义，体现广大社会公众的根本利益，使法律不至于沦为某些团体或部门谋求自身利益合法化的制度工具。

（3）执法困境

执法是实施国家法律规范的重要途径，是实现法律所确定的目标任务的有力保障。自《政府信息公开条例》颁布以来，各级行政机关非常重视《政府信息公开条例》的实施，并投入了大量的行政资源开展政府信息公开工作，但是在实践中，还存在执法不力的局面。许多行政机关将政府信息公开当作一项行政任务来抓，并不是从维护公众利益的角度执行这一制度，因此政府信息公开工作中存在执法流于形式、为应付检查而为的现象。在公民信息获取权方面，仍存在执法困难重重、障碍颇多的情况，执法难，执法不严，违法难究仍很普遍。有些地方政府的执法工作流于形式，而无实质性进展。公众的信息获取权虽然通过立法在形式上受到尊重，但法律规则在实践层面则遭遇被漠视、规避、拒斥等情形，致使法律表达与法律实践南辕北辙，社会公众的权利在落实中发生扭曲，要真正全面实现公民信息获取权依然艰难。

保障公民信息获取权的执法主体是政府及其工作部门，执法的重要工作是促进政府信息公开，这一执法目的与传统行政理念和行政模式相悖。在传统上，政府承担着领导者、管理者的角色，政府行政行为多是干预性的，干预公民权利、限制公民自由，是政府工作的内容。而政府信息公开要求行政机关积极主动为人民服务，作为义务主体和服务者，制约行政机关权力，为公众提供信息资源，满足公民信息获取权。

在执法过程中，政府作为执法主体处在信息优势地位，往往为了自身利益不公开或不充分公开信息。为了维护自身利益，一些行政机关滥用公开前的保密审查制度，有意扩大保密信息的范围，或者在公开信息时避重就轻，公开一些无关紧要的信息，而对那些应该公开的有价值信息进行封锁，随意性较大，或者公开那些积极的、正面的、有助于宣传政府良好形象的信息，而对于那些消极的、负面的、涉及政府决策失误的信息则不予公开。

由于现有法律制度对政府应该公开哪些信息、如何公开信息规定得过于概括、抽象，所以在实践中政府信息公开与否主要取决于行政机关的决定，政府部门拥有较大的自由裁量权，这就为政府工作人员在具体执法时留下较大的自由空间。是否公开信息，如何公开信息，很大程度上由行政机关工作人员的意愿决定，这就使政府信息公开具有很大的主观随意性，信息公开不及时、公开不充分、公开流于形式的现象时有发生，行政机关工作人员对政府信息公开时常存在推诿和抵制的情形。

在信息执法过程中，政府各部门之间缺有效协调与相互衔接，各地方、各部门各自为战，执法尺度不统一，部门之间的执法进程不统一，暴露出行政机关信息公开协作中的种种不足，一方面使得政府信息公开业务有失规范，另一方面也影响了政府行政效率，提高了整个信息公开制度的运行成本，影响到公民信息获取权的保障。

由于执法主体主观意志的干扰以及客观上执法资源配置的不足，行政执法人员在执法时曲解法律、执法不力的现象仍然存在，公民信息获取权在实践层面落实不到位的情况时有发生。在信息执法过程中，政府不作为的表现常常是"睁一只眼、闭一只眼"，偶尔辅之以"突击式"的、"运动式"的执法形式，这种间歇性、随意性的执法手段不利于公民信息获取权的保障。要改变行政机关的执法现状，需要信息执法部门明确规定各单位的职责，对行政执法人员的执法范围、权限、例外和准则作出详细的规定，严格推行政务公开、执法公示制和责任追究制，实现执法的程序化、规范化、标准化，建立起健全的执法体系以保证执法效率，达到执法目的，使公民信息获取权能在实践层面全面实现。

（4）司法困境

司法是保障公民信息获取权益的最佳方式与最后途径。对于公民信息获取权的实现来说，立法只是基础和前提，在实践中还需要执法与司法的保障，执法推动主要由政府作为主体，自上而下，由内而外进行；司法推动则以人民法院为主体，司法机关应公民的请求助推公民信息获取权的实现。只有依靠司法的力量，在遇到信息获取纠纷时，公民的信息权益才能得到权威、切实有效的保障。没有救济便没有权利，诉讼是权利的终极捍卫力量。公民信息获取权的实现需要强有力的司法保障，然而在现实中，信息获取权的司法救济不尽完善。近年来，各级人民法院受理的与信息权相关的案件逐年增长，特别是政府信息公开案件成为审判新的热点与难点，很多信息案件都是以往审判中不曾遇到的，直接的法律依据不多，可资借鉴的先例有限，迫切需要相关司法制度加以规范。

2011年我国最高人民法院公布了《关于审理政府信息公开行政案件若干问题的规定》（以下简称《规定》），这一司法解释解决了法院在审理政府信息公开行政案件中的一些典型问题，如受理范围、审理方式、判决方式等。《规定》的出台为法院受理和审理公民与行政机关之间的信息公开纠纷案件提供了科学的操作规则，在一定程度上解决了法院处理信息公开案件时的司法困境，为政府信息公开司法实践提供了重要指导。该规定也实现了政府信息公开制度与行政诉讼制度的有效对接，成为公民维护信息获取权利、法院受理信息公开案件的制度保证，对规范政府信息公开诉讼具有重要的积极意义。但面对复杂的社会实践，《规定》在很多方面无法做到尽善尽美，并不能解决所有问题。司法经验的积累是一个漫长的过程，公民信息获取权司法困境的真正解决，需要完善有关制度和程序，加强司法机关内部的制约和监督，实现司法公正，使社会公众的合法利益能得到有效保障。

近年来，随着《政府信息公开条例》的实施，我国法院受理的政府信息公开案件日益增多。但是由于政府信息公开案件与传统行政案件相比，有很多不同之处，加上相关制度的不完善，司法实践中面临不少审判难题，比如，如何确定政府信息公开案件的受案范围、不予公开的司法认定标准等。另外，由于对法律法规理解上的分歧，甚至存在同类案件各个法院判决不一的情况，导致审判效果欠佳。

任何法律制度有一个逐渐被社会适应的阶段，因此都要面临与现实对接时的各种问题。基于有权利必须救济的实际需求，为公民信息获取权益提供明确的司法救济是社会主义法治国家的必然选择。作为公民信息获取权保护的最后一道屏障，我国公民信息获取权司法实践还刚刚起步，在制度设计与运行实践方面仍然任重道远。公民信息获取权的真正实现，有待立法、行政、司法以及民众等各方主体的共同努力与持久推进。

4.3 信息获取权保障的国内外比较分析

在全球信息社会快速发展的今天，信息获取权保障问题已经成为国际社会共同关注的焦点，如何采取措施，尽快地改善公民信息获取权保障的现状是相关国际组织和国家机构密切关注的问题。信息获取权的重要性越来越经常地被政府部门、社会组织、普通民众、学术界和媒介所提及。全世界正在经历一场名副其实的信息获取权保障的革命。无论是经济发达的美国和一些欧洲国家，还是经济落后的非洲地区，无一不顺应信息经济的大潮，掀起公民信息获取权保障的新篇章，世界上绝大多数国家都在努力寻求合适的途径来保障公民的信息获取权。信息获取是一种基本人权，是民主的基石，已经成为国际社会的共识。以立法保障信息获取权的国家的数目近年来正快速增长。

审视各个国家信息获取权保障的现状，无论是发达国家还是发展中国家，各国在信息获取权保障的相当多领域比较一致，但在另一些领域也有所差异。分析我国的信息获取权保障与国外信息获取权保障的相同点和相异点，能够为我国信息获取权保障提供值得借鉴、学习、改进、完善的宝贵经验。

4.3.1 相同点分析

（1）目的一致

信息获取权保障的目的具有指导性和方向性，明确信息获取权保障的目的，能为所有信息获取权研究的理论探讨与实践活动提供价值基础。各个国家信息获取权保障的目的基本一致。这些目的主要包括保障公民的基本权利，促进依法行政和透明高效的政府治理，推动民主法治建设有序进行，充分发挥信息在社会生产生活中的作用，等等。

（2）原则相同

①权利法定原则

在成文法国家，公民的民事权利必须表现为法条上的内容，只有通过法

4 国内外公民信息获取权保障的现状考察

律的明确规定,权利内容才能得到清晰界定,权利目的才能真正实现。信息获取权是公民的基本权利,需要通过立法来保证这种权利切实可行,已成为各个国家的共识,这一点可以从各个国家争先恐后的信息获取权立法实践得到证实。信息获取权成为一项法定的权利,既有利于维护法律的尊严与权威,也有利于明确权利的内涵与界限,使信息获取权成为一项真正的、可诉的公民权利。

权利法定原则要求各个国家通过相关法律法规的制定构建一整套科学完整的信息获取权保障体系,明确规定信息获取权的主体、客体、内容、效力、实现方式、救济途径等,不允许有自由创设权利内容或者随意改变权利内涵与外延的行为。只有建立起比较完善的信息获取权制度体系,才能充分明确信息获取权的内容,积极促进信息资源的有效获取,从而真正实现公民的信息权利。

②信息公开原则

信息公开是信息获取权实现的前提和基础。没有政府信息的充分公开,公民信息获取权保障就成了无源之水、无本之木。为了充分保障公民信息获取权的实现,各个国家都确立了信息公开的原则。在信息公开与保密的关系问题上,确定以公开为原则,以不公开为例外。虽然各个国家对于信息公开的范畴与具体措施规定不尽相同,但信息公开的原则是不容动摇的。

信息公开既是建立阳光政府、透明政府的基本要求,也是公民信息获取权保障的基础内容。政府公开信息,是由公民的权利决定的,公民需要什么信息,政府就提供什么信息,只有这样,公民的信息获取权利才能实现。对于信息公开的具体方式,大多数国家的法律规定了主动公开和依申请公开两种,而有些国家主要规定了依申请公开制度。瑞典是世界上最早颁布信息获取法的国家,而在瑞典的信息获取法律当中,并未规定政府主动公开信息的义务。

③便利获取原则

让公民方便、快捷地获取所需信息,降低信息获取的费用,提高公民利用信息的积极性,是信息获取权保障的基本原则。保障公民的信息获取权,必须为其提供完善的信息获取保障机制。利用先进的信息技术手段,使所有人(包括残疾人和其他弱势群体)有平等的机会,以较低的成本,无障碍地获取与使用信息资源。如美国相关法律规定:联邦政府使用的电子产品和信息技术不能对残疾人构成障碍。我国的法律制度也规定了行政机关公开政府信息的便民原则。

便利获取原则意味着所有人在任何情况下都能平等地、方便地、无障碍地获取有关信息。信息的便利获取是公民信息获取权保障制度的基本出发点，也是保障政策实践的归宿。便利获取原则的最充分体现是建立覆盖全民的信息获取权保障体系，让全体公民普遍享受信息社会的利益。

4.3.2 差异点比较

（1）制度内容有异

建立起完善的信息获取权保障制度成为风靡全球的世界性浪潮。席卷全球的一系列变革推动了各国信息获取权制度的发展。然而世界各国具体的信息获取权保障制度各有侧重、各不相同、各具特色。每个国家都是在接受世界共识，并在综合考虑本国历史与现状的基础上，做出合理的制度安排。

有的国家制定了比较完善、严密的信息获取权保障制度，既有科学、系统的立法来确认公民信息获取权，又有严格的执法系统和其他一系列的制度，来保障公民信息获取权的真正实现，使信息获取权保障真正落到实处。还有些国家的信息获取保障制度内容有缺失，或者是流于形式而不能很好地在社会实践中真正落实。

各个国家信息获取权保障制度对于信息获取权基本概念的认识也各有差异，具体比较分析如下：

①权利主体与义务主体的差异

对于信息获取权是保障谁的权益，每个国家对于权利主体的认定不尽相同。在大多数国家，任何人不论其国籍都有权行使信息获取权。例如，秘鲁法律特别规定获取信息的申请，不得因申请人的身份而被否决；英国的信息权法规定，信息获取权不受国籍或者居住地的限制；美国的信息法律规定，信息获取权主体并不局限于本国公民或居民，任何人都可以提出申请获取信息。而有些国家，这一权利仅限于其公民和永久居民拥有。印度信息获取法规定，所有印度公民都有权利获得中央和地方政府的信息；瑞典法律规定，每个瑞典国民都应能自由获取官方文件；乌干达法律规定信息获取权只适用于公民。我国的法律规定，信息获取权的主体包括公民、法人和其他组织。

对于信息获取权的义务主体，许多国家把行政、立法和司法系统全部囊括其中。还有一些国家，将义务主体的范围限定在行政机构。大多数国家信息获取权义务主体的范围，也扩展到了公共企业，如瑞典、日本等国家。有些国家甚至超越了公共企业，包含了通过公共合同获得资金或者以其他方式执行公共功能的私有机构。比如印度的法律，适用于政府拥有、控制的或获得大量政府资金的机构。在南非信息获取权的义务主体扩展到所有行使公权力或依法执行公共功能的机构。阿塞拜疆信息获取权义务主体的适用范围，扩大到在不同领域中执行公共合同的一切机构❶。我国法律规定，信息获取权的义务主体包括行政机关、具有管理公共事务职能的组织以及与人民群众利益密切相关的公共企业事业单位。

②权利客体的差异

简而言之，信息获取权的客体是信息，而对于权利客体的具体表述，每个国家的法律制度规定并不一致。归纳起来，信息获取权保护的对象大致有"信息""记录""官方信息""官方文件"等说法。

大多数国家把信息定义得很宽泛，即包含了所有可被记录的内容，无论是以书写的、电子的还是其他存储形式保存的内容，都在其中。一般而言，信息获取权的权利客体仅限于为官方目的而持有，或者与公共机构的功能有关的信息。印度甚至清晰地列举了信息的各种形式。保加利亚把信息获取权的权利客体限定在与社会生活有关的信息。瑞典法律规定，只要被划分到官方信息的范围之内，即使它被送达到某个官员的私人地址，也应视作被国民获取的信息。我国法律明确列举了公民有权获取的信息的类型。

③权利内容的差异

公民信息获取权的内容是什么，各个国家在概念、内涵、层次等方面的规定也不尽一致。在美国，信息获取权被看作一项一般性、普适性的权利，强调的是不以特定利益为前提的，不以特定时间、特定主体、特定领域为限的信息获取。在有些国家，信息获取权被看作是以主体、利益、领域、时期等要素为限的个别信息获取。随着信息化社会的发展，更多的国家将信息获取权界定为一般的、普适性的权利。我国《政府信息公开条例》的颁布对于信息获取权的保障，应该完全有别于过去所有个别性信息获取制度的法律规范，确立起一套不受特定身份、特定领域或特定时期所限制的普适性的信息

---

❶ 托比·曼德尔. 信息自由：多国法律比较[M]. 龚文庠，等，译. 北京：社会科学文献出版社，2011：187.

获取权❶。

(2) 保障力度不一

制定信息获取法，只是实现信息获取权保障最初级的起始一步。好的法律不足以产生出优质的信息获取权保障，但却是完善的信息获取权保障的必要前提。充分保障公民信息获取权的实现，还需要有民主的政治环境、活跃的市民社会，有力的监管体系等条件。在信息获取保障的具体实施过程当中，各个国家采取的措施各有特色，效果也各有千秋。美国、日本等国家，对于信息获取权保障的实施情况，会进行定期的审核。英国、南非、印度等国家都制定了系统的信息获取权保障的促进措施。还有一些国家任命了专门的信息官员来落实信息获取的保障。乌干达信息权法规定，信息管理员有义务免费帮助申请人解决信息获取过程中的问题。

自 2008 年《政府信息公开条例》实施以后，我国公民信息获取权保障进入快速发展时期，随着立法的推进，信息获取权保障得到各方面的落实。中央和地方在保障公民信息获取方面做了各种有益的探索，公民信息获取权保障的实践呈现出全面推进、逐步深入、健康发展的良好态势。

4.4 国外信息获取权保障对我国的启示

从 1766 年瑞典在世界上第一个立法保证个人信息获取权开始，对信息获取权的实施提供保障的各种信息法已经存在了 200 多年，目前确立了信息权法的国家已经遍及世界所有地区，保障公民信息获取权成为十分普遍的世界潮流。建设我国公民信息获取权保障制度，需要剖析国外信息获取权保障制度的主要内容及特点，充分借鉴其他国家的有益经验。很多国家的信息政策法规经过多年建设，已经形成一个完备的可操作的系统，其理论基础与运行程序相对较为完善。英国、美国、瑞典、芬兰等国的信息获取权保障制度对我国具有重要的借鉴意义，国外信息获取权保障制度对我国的启示主要体现在以下几个方面。

---

❶ 蒋红珍. 从"知的需要"到"知的权利"：政府信息依申请公开制度的困境及其超越 [J]. 政法论坛，2012 (6)：102 – 110.

4.4.1 更新观念

观念是特定历史环境的产物,随着时代的发展,环境的变化,任何观念都需及时调整、不断更新、与时俱进。在信息资源开发利用方面,我们必须用变化的眼光来审视信息化发展,解放思想,摒弃传统旧观念,引入新理念。更新观念,对创建公民信息获取权保障制度是非常重要的,如果观念落后,思想陈旧,公民信息获取权是不能实现的。

传统环境下信息的价值不被重视,信息资源开发利用程度有限,随着社会的进步和信息技术的发展,信息环境发生变化,信息观念也必然需要调整、更新。旧的观念需要被反思、被质疑,符合现有环境的新观念即将诞生。在新的信息社会,信息民主与自由观念深入人心,社会公众的信息获取意识日渐深入,人们逐渐认识到,信息是可同时供多人使用而不会产生损耗的资源,信息的共享能使更多人受益,信息的充分共享能使其产生更大效用。

西方国家信息自由观念深入人心,这与其源远流长的民主自由思想有着紧密的联系,自由思想的发展史贯穿着西方社会发展的历史。自由思想的发展可以追溯到古希腊时期,古希腊城邦制是自由思想产生的土壤,城邦制推行主权在民,没有君主,没有统一的宗教意识形态。希腊智者阿基马丹说过:"神让一切人自由,自然并没有使任何人成为奴隶。"这已包含着人的自由与平等的思想。自由观念最早源于古希腊,德国历史哲学家卡尔·雅斯贝斯指出:"希腊城邦奠定了西方所有自由的意识、自由的思想和自由的现实之基础。"[1]

在封建社会的欧洲,以托马斯·阿奎那为代表的欧洲中世纪的经院哲学家们认为,自由来自承认和服从上帝,人的精神始终是自由的。到了封建社会后期,随着文艺复兴的发展,欧洲国家开启了一个人类向自由迈进的新时代。但丁的《神曲》、莫尔的《乌托邦》、康帕内拉的《太阳城》等都肯定了人的自由,提出了自由理论。自由理论的发展为资产阶级革命及其政权的建立奠定了思想基础。

资产阶级的著名思想家霍布斯、洛克、卢梭等人极大地推进了自由理论。

---

[1] 卡尔·雅斯贝斯. 历史的起源与目标 [M]. 魏楚雄, 俞新天, 译. 北京: 华夏出版社, 1989: 74.

霍布斯认为，人生来就是自由平等的，个人价值是终极目的，国家是实现个人权利的保障。他指出，自由即没有阻碍的状况，人的自由是他在从事自己想做的事情时能够不受阻碍。洛克被称为近代自由主义思想的创始人，在他看来，自由具有至高无上的地位，是天赋人权。他提出上帝赋予人生命、自由和财产权，它们都是绝对权利，是不可让渡的自然权利。卢梭认为人是生而自由的，自由不仅是人的天赋权利，而且是人的本质，人类存在的价值即为完整的自由。

马克思主义主张科学的自由观，马克思倡导建立了科学的、立体的、多层次的自由体系。马克思主义自由观认为，自由是人类本能，是人类的存在状态。关于个人自由与所有人自由的关系，马克思主义认为，个人自由是所有人自由的前提，每个人的自由发展是所有人自由发展的条件，没有个人自由，就无所有人自由可言，同时，所有人的自由不能侵犯任何个人自由，更不能凌驾于个人自由之上。马克思主义认为自由存在于一定的社会关系中，只有在一定的社会关系中，自由才能真正实现，没有自由，社会就失去其存在价值与意义。民主是保护自由的工具性价值，离开民主的自由就是没有保障的自由，民主必须为自由服务才有恒久的意义。

20世纪以来，新自由主义思想的代表人物哈耶克在新的时代背景下，将自由主义理论推上一个新的高峰，使自由主义思想体系更加完整，逻辑更加缜密，具有强大的理论说服力。哈耶克认为，自由具有支配性地位，体现在两个层面：在个人价值层面，自由不只是诸多价值中的一个价值，而且还是所有其他个人价值的渊源和必要的条件；在社会发展层面，从长远的角度来看，人类社会是受公众普遍信奉的某些道德原则支配的，而使先进文明的发展成为可能的唯一一项道德原则，便是个人自由。他认为，自由是一种状态，在此状态中，一些人对另一些人所施以的强制，在社会中被减至最小可能之限度。在自由的状态下，每个人都能够运用自己的知识去实现自己的目的。在哈耶克看来，自由是指个人的自由，它构成人类最基本的价值，这种自由是对个人强制的限制，对个人私域的保护，同时又是一种为人们提供助益的手段。

自由的市场经济和民主政治制度的发展是信息自由观念得以产生的重要土壤。公众自由获取信息是社会发展与现代信息技术的必然产物。席卷全球的一系列范式转变推动了人们对信息权的接受，这些范式转变主要体现在经济、政治与技术上。市场经济的完善，民主制度的进步，信息技术的发展，使信息获取权对公众而言日益重要。"信息权是一项基本人权"的观念得到国际社会的普遍接受。保障公民信息获取权对于维护世界和平、消除数字鸿沟也有着非常重要的意义。信息的开放与共享成为当今社会的主流，在信息社会发展过程中，需要不断更新观念，让全体社会成员认识到信息是人类社会的共同财富，人人有权享受信息社会发展所带来的便利，信息资源人人共享、普遍受益是人类共同的美好愿景。只有更新观念，融化思想上的坚冰和痼疾，才能大胆解放思想、转变观念、提高认识、增强信息自由意识，从而促进公民信息获取权的实现。

4.4.2 完善立法

信息是社会的基础资源，人们在社会实践中离不开信息的获取与利用，公民的信息自由是个人生存与发展的基本诉求。自由的本质即权利，在法治社会，人们所拥有的各种自由，都将以法律的形式得到保障，法律的存在价值即为保障人们的自由权利，让人们以权利主体的身份去享受自由、实现自由。当公民的信息自由以法律的形式予以确立时，就构成了公民基本权利的重要内容。信息自由则强调公民在进行信息活动时不受非法干涉，国家以立法的形式保障公民信息自由，促进公民在信息社会的全面发展。立法是对公民信息获取权最基本的保障。在保障公民信息获取自由方面，西方发达国家有着完备的信息自由立法。完善我国信息获取权法，需要充分借鉴国际先进经验，并结合我国的具体国情，制定出符合社会发展与人民需要的信息获取法。信息获取权立法工作逐渐得到世界各国的普遍重视，如美国、瑞典、英国等国家都制定了较为完备的信息获取权法。美国的信息获取权法最为成熟，信息获取相关法律法规较为完备，对于我国信息获取权制度的建设具有重要的借鉴意义。美国建立了完备的信息自由立法体系，美国是世界信息化发展的领跑者，不仅信息技术领先于其他国家，美国的信息立法也是各国效仿的对象。在美国信息自由法的影响下，各国纷纷制定了保障公民信息获取权的法律制度。美国信息自由法以信息公开为原则，不公开为例外，对于这些例外进行明确的说明，并对公民的信息获取权利提供各种不同形式的保障。在信息自由立法中，美国严谨的立法态度和娴熟的立法技术值得我国在信息立法时予以有效借鉴。

瑞典是世界上最早通过立法保证公民信息获取权的国家，整部信息权法都是瑞典宪法的组成部分，在宪法层面确立公民信息获取权利，可见该国对于信息自由的重视。瑞典《政府宪章》将信息自由定义为"获取和接受信息或者以其他方式了解他人观点的自由"。信息自由的核心内容是向他人提供信息的自由，以及查阅政府文件的自由。信息自由不是绝对的，对于信息自由可以国家安全等必要的理由加以限制，但如果限制的标准不明或限制不当，信息自由将名存实亡。为此，瑞典专门制定了保密法，极为详细地列举了信息自由的各种例外，极大地压缩了政府机关的自由裁量权。就其广度和深度而言，瑞典的信息自由无疑是世界各国的典范[1]。瑞典长期存在的信息公开文化和200多年的信息立法经验值得我国在信息立法时关注和借鉴。由于各国国情和立法体制的差异，我国不可能照搬瑞典模式，但瑞典信息立法中的先进因素，值得我们认真发掘，并使其服务于我国的信息法制建设。

英国相对于美国、瑞典而言，在信息自由立法方面的起步要落后很长时间，英国固然是有数百年的法律文化传统，但因为英国政府传统上的保守特征，以至于在大多数民主国家都通过了信息自由法之后，英国才于2000年颁布《信息自由法》，而该法完全生效时间甚至延迟到2005年。英国深厚的法律底蕴使得其信息立法具有不少闪光点，英国信息自由立法中规定了多个义务主体、完备的程序保障、广泛的信息范围，以及许多独创性的促进公民获取信息的促进措施。英国信息立法注重各种利益的平衡，注重远大目标与可操作性结合。从整体、长远出发，制定促进公民信息获取权的长远规划，而在实施时稳扎稳打，分步落实。虽然英国信息自由法制定与实施比较晚，但由于它借鉴了许多国家的经验教训，研究英国信息自由立法，对推动我国信息立法也有一定的借鉴意义。

综观各国信息获取权立法，各个国家在立法模式上主要有两种选择：一种是制定单独的信息获取法，以确立公民信息获取权，如南非2000年制定了《信息获取促进法》，2005年乌干达制定了《信息获取法》；另一种是将信息获取权纳入政府信息公开的法律体系框架之内，不制定单独的信息获取法，

---

[1] 冯军. 瑞典新闻出版自由与信息公开制度论要 [J]. 环球法律评论, 2003 (4): 492 – 505.

4 国内外公民信息获取权保障的现状考察

如日本通过《行政机关信息公开法》以保障公民信息获取权。两种立法模式实质上都是为了保障信息获取权，但从字面意义上来理解，前者更强调公民的信息获取权利，而后者着重强调政府的信息公开义务。从权利本位主义出发，制定专门的信息获取法应该是保障公民信息获取权的最佳立法选择。

现在我国主要是由《政府信息公开条例》承认公众的信息获取权，立法已经起步，但相关法律法规还有待完善。无论是从国外的经验来看，还是从中国的现状出发，要在某一领域建立完备、成熟的法律制度，都不是一蹴而就的事情，建立我国信息获取法，需要分步骤、分阶段、分层级，循序渐进地开展。美国的信息获取权法从1966年《信息自由法》的制定至今已走过了近50年的历程，我国信息获取法从无到有，从不完善到完善，还有很长的路要走。

我国信息获取权立法应该坚持两个基本原则：一是政府部门最大限度地公开信息原则，二是任何人都具有平等享有获取信息的权利。我国信息获取权立法应该使公民信息获取权得到充分保障，而保障公民信息获取权实现的一个基本前提是增加政府的公开性和透明度。因此，信息获取权法应该坚持最大限度公开原则，"公开是原则，豁免公开是例外"能最大限度保障公众的信息获取权，避免政府部门以维护公共利益为借口拒绝公民获取政府信息的要求。各国在信息获取权立法中，都严格限制行政机关在是否公开政府信息方面的自由裁量权，只有当合法的公共利益或私人利益受到严重侵害的威胁时，才能豁免公开相关信息，且对豁免公开的信息进行严格限定。信息获取权是基本人权，一切人都同等享有该权利。这一原则具有普遍适用性，不能因为任何原因而区别对待。对于政府信息而言，不仅和信息有关的直接当事人可以申请获得信息，立法也不应该排除其他国籍公民合法的信息获取权。

总之，我国公民信息获取权的法理基础还相对薄弱，信息获取权的权利性质、权利的具体内容、范围、权利的行使方式等问题，还亟待深入研究，信息获取权立法还有很多立法理论、立法技术和立法内容方面的问题需要解决。在信息立法时，既要继承前人成果，借鉴他国经验，又要创造性地解决新问题，秉承继承与创新、借鉴与批判相结合的立法原则，完善我国信息获取权立法体系。

4.4.3 严格执法

"徒法不足以自行",立法的完善,并不代表它能自动发挥作用,任何制度要起作用、要发挥功能,都离不开人们对制度的具体运用,需要实现从制度建设向制度应用的跨越。让法律充分用起来而不仅仅只是建起来,才能实现法律设立的初衷,赋予法律以生命和活力。法的制定与法的运行是相辅相成的,法的制定是为了法的实施。法律赋予的民主与自由,需要通过执法活动得以实现。公民信息获取权实现的基础和前提是信息立法,核心和关键是信息执法。

在信息执法方面,我国需要充分借鉴西方国家信息执法的经验。西方发达国家的信息执法体系经过数百年的建设,至今已建立起一个较为完整的可操作的系统,其制度基础与运行程序相对较为完善,有很多新的执法手段值得学习与借鉴。例如,英国规定设立专门的信息专员来促进法律的实施,信息专员被授予多项职责与权力:处理信息获取申请、提供其职能范围内的信息,评估任何公共机构的表现、保证主动公布信息,提出落实信息法的内部措施,向议会提供年度报告以及特别报告等。美国行政机关设立了首席信息官制度,首席信息官的主要职责由法律进行确认,其主要职责包括:(1)制定战略规划和计划,提出信息化发展战略,制定中长期规划和短期计划等;(2)监督信息化项目的实施,评估信息化项目的绩效,实施有效的项目管理;(3)管理政府信息资源并促进政府信息资源的开发利用,政府首席信息官的主要职责是提高本部门信息资源管理的效率,最大限度开发和利用政府信息资源,使其价值最大化,满足公民的信息需求;(4)提高政府信息化能力,首席信息官需要通过培训等方式不断加强政府部门的信息化建设能力,需要制订相应的培训计划,关注新技术的发展与引进。美国政府除任命首席信息官外,还设立公共联络员,有专门的服务中心为公众获取信息提供服务。美国、英国等国家信息执法部门职责明确、分工有序,部门间相互合作,除有明确的执法机构外,还有先进的执法手段和完备的执法措施,为法律的实施与执行提供了良好的保障。

政府部门在推进政府信息公开和促进公民信息获取权方面起着基础性、主导性作用,公民信息获取权实现需要充分发挥政府的积极推动作用,完善执法手段,更新执法方式,提高执法效率,增进执法效果,实现立法与执法并重。具体而言，首先，行政机关应该转变观念，提高认识水平，真正认识到保障公民信息获取权利是其神圣使命与重要职责，没有各级行政机关的观念转变与积极配合，公民信息获取权保障执法活动就无从谈起。其次，应该健全负责信息执法专门机关和人员的设置，以免出现各自为政的局面。为了保障公民信息获取权的有效实现，可以在各级政府部门设立专门机构负责信息执法工作，同时设置专门的信息执法负责人，形成层层监管、层层负责的良好格局。保障公民信息权利，重要的一点是实行政府信息公开，而政府信息公开是一项政策性强、专业性高的工作，要加强对执法队伍的指导和培训，提高其工作水平和能力，推进政府信息公开工作，以更好地为保障公民信息获取权利服务。

在信息执法过程中，行政机关应更加重视公民的信息权利，以保障公民信息权利为执法的首要目标。信息执法工作的根本目的是为人民群众创造良好的信息环境，群众的认可和支持是做好执法工作的前提，公众的理解是做好执法工作的基础，因此，要在全社会加强对相关法律的宣传和普及，使广大人民群众了解法律法规的规定，并将其运用于具体社会实践，引导、鼓励公众运用法律制度，提高守法用法水平。

严格执法，要求行政执法机关依法行使职权，正确运用法律，保障法律的正确实施，做到有法必依、违法必究。它要求一切执法活动必须尊重法律的精神，维护法律的权威。严格执法要求执法人员严格按照法律规定的内容和程序执行，不偏离，不妥协。在执法过程中必须以事实为依据，以法律为准绳，公正执法，对于违法行为作出公正处罚。

严格执法与热情服务是辩证统一的，执法是手段，服务是目的。服务于广大人民是执法工作的立足点和出发点，如果执法工作不能为社会发展和人民群众服务，执法就背离了立法的宗旨，从某种意义上讲，执法就是服务。行政机关在执法实践中，应该有服务精神，通过严格执法实现优质服务。坚持严格执法、热情服务的基本原则，是服务型政府建设的基本要求，是科学执法理念的具体体现，也是行政机关构建顺应社会公众期待、满足社会公众需求的重要举措。

为确保公民信息获取权得到切实保障，在执法过程中应该做到以下几点：一是健全信息执法制度，制度健全是开展信息执法行为的有效保障，信息执法部门要明确规定执法机构的职责和职权，对行政执法人员的执法范围、权

公民信息获取权利保障研究

限、例外和准则要依据规范性文件审核，作出详细的规定❶。二是建立高效的信息执法机构体系。为了确保公民信息获取权的实现，有必要积极推动全国统一的信息执法机构的建立，统筹规划执法机构的整体布局，确保执法的统一与规范。在强化信息执法机构的职责的同时，制定详细的执法程序规范，明确执法机构的权利和义务，改变信息执法机构权责不分的现象，对权、责、利进行科学、合理的分配。三是提高执法人员的素质，通过培训教育，提高其执法水平，使其做到秉公执法、严肃执法，严格按照法律规定和程序办案，从而真正科学执法、民主执法、文明执法，切实有效地贯彻落实法律的规定，保障公民信息获取权利的真正实现。

4.4.4 改革司法

法院是人民权利的最后一道保障，法院通过司法裁判维护社会公平和正义。按照公共物品理论，司法属于公共产品，法院应当在司法框架内使权利人的正当权利得到顺利实现，对于侵害他人正当权利的行为予以制裁，充分保护社会成员的正当权利是司法机构所应当追求的基本目标。

公民信息获取权的实现，除了需要有完善的立法与严格的执法外，最终需要通过司法程序给予保障，立法是基础、执法是核心、司法是根本。近年来，各国法院处理的有关信息获取权的纠纷越来越多，社会大众越来越习惯于通过法律程序解决各类纠纷和矛盾，将其利益诉求付诸法院，这需要法院提高司法能力，进行司法改革，使司法体制能不断满足人民群众日益增长的司法需求，以维护人民群众的合法权益，实现社会公平和正义。

各国有自己不同的司法制度，国与国之间相互学习、相互借鉴的做法，已经成为世界许多国家和地区司法改革的方向和趋势。英美法系国家的判例制度、法官选拔制度、陪审团制度等对我国司法制度的完善具有一定的积极作用。英美国家的判例制度在整个司法体系起着基础作用。判例制度是英美法律文化的集中体现，在整个司法体系中，崇尚经验，注重实用，通过法官造法及其他配套制度措施，敦促法官自觉学法、用法、守法，积极投身司法实践、积累判案经验，通过遵循先例原则的司法运用，破除了成文法的局限，

---

❶ 杨海平. 信息政策法规的执法与监督制度保障研究[J]. 图书馆理论与实践，2008（2）.

维护了司法权威，保证了司法公正，提高了审判效率，降低了司法成本。日本的司法制度则是以精确与严谨闻名于世，其特征为司法结构设计的精密化、司法程序运行的精确化，以此保证司法体系的正义性、司法程序的合法性和司法结果的正确性。

司法改革是实现司法现代化的基本途径，对法治国家建设和公民权利的影响意义深远。司法改革本身的重要性和迫切性要求我们必须高度重视司法改革的理论研究和具体实施。我国的司法改革需要学习，在借鉴西方先进司法经验的基础上，面向国情，立足实际，选择符合中国社会发展的司法制度。现阶段公民信息获取权利救济措施的缺乏和不完善，人民群众日益增长的司法需求与相对落后的司法理念、司法体制、运行机制、司法能力、司法效率之间的矛盾突出，这些矛盾的解决有赖于司法改革的进行。中国司法改革的主导任务在于：通过制度创新，正确解决司法领域所面临的现实矛盾，提高司法效率，更充分有效地保护社会公众的合法权利，建设高效公正的司法新秩序。人民群众的司法需求是不断增长变化的，旧的矛盾得以解决，新的矛盾又将产生，所以司法改革不可毕其功于一役，而是要持续改革、长期改革，改革是司法事业发展的永恒主题。司法改革应坚持循序渐进的原则，切不可急功近利。司法改革固然是一种制度的革新，但这种革新是建立在现有制度基础上的，有其历史延续性。司法改革应该在继承和发展现有制度的基础上，实现自我继承、自我创新和自我完善。

近年来，我国公民通过司法程序维护自身信息权利的案件日益增多，法院作为中立的司法审判机关，应当积极延伸审判职能，应着力于构建公平的信息资源开发利用环境，营造良好的社会氛围。一方面，法院通过强化审判职能，切实推动行政机关真正将政府信息从独享资源转到社会大众的共享资源上来；另一方面，法院通过审判实践，引导公民依法获取信息，当权利受到侵害时，通过司法程序维护自身利益。

5 公民信息获取权保障体系构建

权利按其存在的方式和状态分为应有权利、法定权利和实有权利三种。应有权利是基于人的本性所应当享有的权利,是作为人应当享有的权利,应有权利是法定权利产生的前提和依据。法定权利是应有权利的法律化,是一个国家的宪法、法律法规所规定的权利。实有权利是人们在现实社会生活中实际享有的权利。这三种形态的权利相互关联,应有权利范围最广,内容最多;法定权利属于法律化的应有权利,相对于应有权利而言,其范围较小,内容较少;实有权利虽然在数量上要小于应有权利和法定权利,但是对于权利的拥有者而言,应有权利是实践中实际享有的权利。事实上,应有权利是一种理想状态,法定权利是一种待定状态,只有现实权利才是权利的实现。[1]

信息获取权是社会公众应当享有的基本权利,近年来公民信息获取权逐渐从应有权利转化为法定权利,然而法定权利是静态的、可能的权利形态,只为权利主体实际享有权利提供了法律依据。对于权利主体而言,具有真正意义的是实有权利,只有通过科学的制度、合理的措施使法定权利转化为应有权利,才能使权利实现其理想状态。为了更好地维护社会公众的合法权益,国家、政府和个人就要在努力推进应有权利转化为法定权利的同时,积极促使法定权利转化为实有权利。公民信息获取权保障体系的构建,是为了使公民信息获取权从法定权利上升为实有权利,使公民信息获取权得到切实有效的实现,以使社会公众更好地获益于信息社会。

公民信息获取权保障体系以满足公众信息需求为目标,以提供优质信息服务为手段,为广大社会公众提供强有力的信息资源。公民信息获取权利的内容非常丰富,而信息获取权利的实现是一个系统工程,需要制度推进、技术支撑、管理保障等。

---

[1] 马志清. 应有权利、法定权利向现实权利转化可能性中的激励问题[J]. 法制与社会, 2008 (9): 329-330.

5 公民信息获取权保障体系构建

5.1 信息获取权保障体系构建的总体思路

公民信息获取权保障体系是一个复杂的系统工程，涉及不同的利益主体，涉及信息资源从生产到消费的各个层面。公民信息获取权保障体系是促进公民信息获取权有效实现的所有要素之和，具有多元性、关联性等特点，包括思想、制度、技术、管理等要素。公民信息获取权保障体系的构建，需要明确构建的基本原则、总体架构以及对保障体系进行评价等问题。以促进公民信息获取权实现为目标，运用系统的概念和方法，形成一整套相互联系、相辅相成的保障系统，是信息获取权保障体系构建的总体思路。

5.1.1 信息获取权保障体系构建的基本原则

构建公民信息获取权保障体系，目的是为了更好地发挥信息资源的作用，使信息资源造福于全人类，从而充分保障公民信息获取权的实现。构建科学合理的信息获取权保障体系，应该遵循以下原则：

（1）目标性

明确信息获取权保障体系的目标是十分必要的。信息获取权保障体系的构建必须紧紧围绕满足公民信息获取需求和实现公民信息获取权利的目标进行。公民信息获取权利的充分实现，是信息获取权保障体系构建的总目标。确定这一总目标之后，需要对目标进行科学分解，直至将总目标分解成各个可直接操作的子目标。

制定正确的公民信息获取权保障体系，首先必须充分了解公民信息获取需求，全面认识公民的信息获取权利。信息获取权保障体系建设的各个环节，都必须围绕充分满足公民信息获取需求，向保障公民信息获取权利的目标靠近。目前，我国公民信息获取权保障工作的现状距离这一目标的充分实现还有一定差距，这一目标的实现还需要一个很长的发展过程。但有不断发展的信息经济为基础，有日益完善的社会主义民主政治的保证，有广大公民的积极参与和全社会各方力量的共同推动，公民信息获取权这一基本权利一定会得到切实保障。

（2）科学性

信息获取权保障体系的构建需要遵循科学性原则。科学性是指按照一定的逻辑步骤，运用现代科学技术，通过定性和定量的逻辑思维方式，经过分析和综合、归纳和演绎、比较和分类、判断和推理等理性和客观的认识过程，规范、科学地制定和实施决策的特性。❶

信息获取权保障体系的构建必须遵循科学规律，坚持科学的理念和态度，采用科学的方法和手段，借鉴国外成功经验，并结合本国具体国情，根据经济社会发展状况，有针对性地建设符合本国实际的信息获取权保障体系，从而优化社会信息资源配置，加快信息资源开发利用，充分发挥信息价值，使广大公民充分享受信息社会的福利。

（3）系统性

公民信息获取权保障体系的构建属于一项系统工程，需要协调和组织多个方面的因素，必须采取系统性原则，对于体系构建的各个方面进行统筹规划。信息获取权保障体系各要素之间具有层次性，自上而下，从宏观到微观层层深入，它们从不同侧面保障公民信息获取权的实现，既相互独立又彼此联系，共同构成一个不可分割的有机统一体。要保证信息获取权保障体系各个组成部分的协调运行，通过彼此之间的相互作用推动整个系统正常运转，从而实现系统的整体效用。因此，在构建过程中不仅要保证每个子系统良好运转，更要运用系统原理，把所有子系统有机结合起来，不断调整各子系统之间的关系，优化系统结构，使信息获取权保障体系的应用效果最优。

依据系统性原则，信息获取权保障体系构建过程中还需要统筹协调各参与方职能。整个体系构建会涉及政府部门、工商企业、信息服务机构、个人等不同类型的主体，不同参与方的定位与职责各不相同。信息获取权保障体系的设计需要针对不同主体的特点进行，充分调动不同主体的积极性和创造性，使不同主体之间通过协调、合作，形成一个全社会范围的强有力的公民信息获取权保障体系。

（4）可操作性

可操作性是指信息获取权保障体系必须是易于操作的，可真正实现的。可操作性是判断信息获取权保障体系是否具有价值性的重要前提。可操作性原则要求信息获取权保障体系目标的设计、方法的选择、形式的组织、内容

---

❶ 张智光. 决策的科学性与艺术性：基于决策科学体系的分析［J］. 东南大学学报（哲学社会科学版）2006（3）：19-23.

的安排等不能仅从理论上的最优化出发，而且要结合各方面的外部环境和内在因素，按照一定的程序和技术要求进行，使信息获取权保障体系能在实践中有效执行，在运行过程中能用量的标准去度量和执行。

可操作的信息获取权保障体系的设计，需要紧密结合社会实际，依据信息获取权保障的目标和具体要求，设计出既能充分保障公民权利又在程序上、内容上、方法上简便易行的、可操作的具体方案。对具体的问题考虑得越是详细、全面和具体，信息获取权保障体系的可操作性就越强。

5.1.2 信息获取权保障体系的总体架构

公民信息获取权保障涉及诸多环节和因素。这些环节和因素相互联系、相互依存，每一个环节和因素都不容忽视，关注其中的一两个因素而忽视其他，往往难以起到有效的信息保障作用。[1] 构建公民信息获取权保障体系，必须以满足公民信息需求为依据，充分整合各种保障方式与手段，使之形成有序的系统，从而为公民信息获取权实现提供充分有效的保障。

构建一套完善高效的公民信息获取权保障体系，需要兼顾多方面的因素，并根据不同的需求和情况选择能够实现构建目标的组成部分，并通过一系列运行机制将所有组成部分整合为一个运转有序的有机整体，以实现系统的各项功能。整个体系将会由不同的子系统组成。为充分满足公民信息获取需求，整个信息获取权保障体系应至少包括制度体系、技术体系、管理体系等几个组成部分。

公民信息获取权保障体系的构建，需要以满足公民信息获取需求为根本，以社会信息资源开发利用为基础，采取多方面的手段，将制度规范、技术措施和管理策略融为一体，搭建系统的权利保障体系。具体而言，公民信息获取权保障体系框架包含了法规制度、技术措施和管理策略三个模块。健全的法规制度对信息获取权保障起着规范作用；先进的技术措施是信息获取权保障的支撑；完善的管理策略对信息获取权保障发挥驱动作用。不同的模块从不同的角度、不同的侧重点为公民信息获取权提供保障，它们密切联系、相辅相成，共同构筑起公民信息权保障的大网。公民信息获取权保障体系的各个组成部分将在本章进行详细论述，其总体架构和各组成部分的作用如图 5-1 所示。

---

[1] 肖希明. 构建知识创新的信息保障体系 [J]. 图书馆论坛, 2003 (6): 46-48.

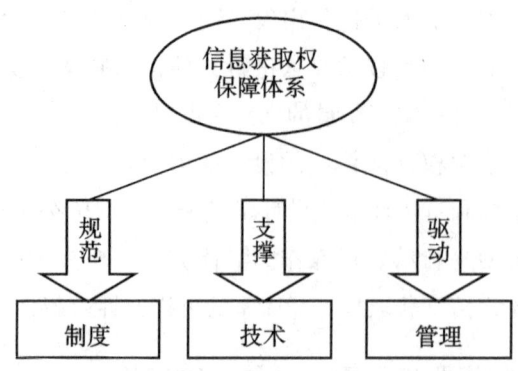

图 5-1 公民信息获取权保障体系总体架构

5.2 信息获取权的制度保障

　　制度是规范人们行为的一系列规则。人们的任何社会活动都离不开制度的规制。制度为每个参与社会活动的人设置了一系列正式的和非正式的行为规则,这就为每一个行为人规定了约束条件,制约着每一个主体的行为。

　　制度是公民信息获取权保障体系的基本要素。党的十九大报告指出:发展社会主义民主政治就是要体现人民意志、保障人民权益、激发人民创造活力,用制度体系保证人民当家做主。公民信息获取权的实现,需要有系统的制度安排。只有通过科学规范而又切实有效的体制创新与制度建设,公民信息获取权才能真正实现,适宜的制度环境是公民信息获取权实现的基本保障,制度建设是公民信息获取权实现的重要条件。制度保障对权利的实现有着根本而深远的意义。因为只有制度性的保障,才能有效地抵御权利人以外的其他任何人的侵扰或干预行为,没有制度做保障,公民权利就难以实现。公民信息获取权的实现,要求建立完整、系统、高效的制度保障体系。相关法律法规的制定在保障公民信息获取权益方面迈出了关键的一步,法律法规在形式上明确了公民信息获取权利的内容和范围,而公民信息获取权的实现,还有赖于其他配套制度的完善。

　　公民信息获取权制度保障包括两个方面的内容,即构建完整有效的制度体系和逐步创造条件落实这些制度。

5.2.1 制度内容

对公民信息获取权的保障包括两个层面：一个层面是促进权利实现的积极性保障，另一个层面是权利实现出现障碍时的救济性保障。积极保障使得权利人能自由支配其权利，救济保障是指当权利受到侵害时，权利主体有权清除妨碍其权利实现的障碍。无论是对信息获取权的积极保障，还是救济保障，都要求建立完整、系统、有效的制度保障体系。

（1）积极保障制度

信息获取权的保障制度，主要是指规范信息获取权的法律制度。法律制度对信息获取权保障非常重要，法律方面的问题直接影响到公民信息获取权的实现，因此，如何营造良好法律环境，以法律规范促进公民信息获取权的实现，是信息社会面临的一个非常重要的问题。从宪法到一般法律，再到相关专门法律法规，这些规则共同构成约束人们行为的法律制度。权利有三种存在形态：应有权利、法定权利和实有权利。国家在宪法中确认信息获取权，是将其从应有权利到法定权利的转化。而通过建立与完善相关制度以保障公民切实享有信息获取权，则是从法定权利到实有权利的转化。宪法规定公民的基本权利，而这必须依赖一般立法将其具体化才能得到真实的保障，这些不同层级的法律制度规范着人们的行为，保障权利主体权利的实现。

法律制度成为信息社会的重要基础。在信息生态环境中，任何信息活动都必须在法制环境下进行，新兴的信息组织、信息服务、信息产品、信息技术的出现，必须接受法律制度的规范，甚至需要新的法律制度以调整新的信息关系。国家对信息活动进行调控而产生的成熟的信息政策，都需要上升到法律层次，以体现其权威性、稳定性、可操作性。信息领域的各种活动、相应社会关系都需要法律制度调整，所有的信息活动都离不开法律制度的保障和推动。由于信息具有非物质性、共享性、生产和使用中的不可分性、与载体的两位一体等特点，信息活动中的各种经济关系和社会关系常常虚无缥缈、变幻莫测，因此更应强调法治的力量。❶ 信息法律制度可以规范人们的行为，促进信息资源开发利用。法律制度的好坏明显影响到信息社会的发展。在

---

❶ 马海群，等.信息资源管理政策与法规［M］.北京：科学出版社：2009：57.

信息生态环境中，一个好的法律制度，可以有效发挥制度的激励作用，促进信息社会的发展。但如果法律制度功能紊乱、低效率或不公平，就会破坏信息生态平衡。因此建立健全法律制度能积极有效地保障公民的信息获取权利。

（2）救济保障制度

救济是指当权利人的合法权益受到侵害时，通过一定的程序和途径，使受到损害的权利获得补救的措施。救济是防止权利人的权利受到侵害，以及当权利受到侵犯并造成损害时，获得恢复和补救的制度。有权利就必有救济。如果没有救济制度，那么无论一项权利设计得如何严密与完备，也只能是束之高阁的摆设。如果在法律意义上规范公民的信息获取权利，而不能在操作意义上给予这项权利有效保护，那么该项法定权利仅仅是一纸空文。

完善的法律制度及救济制度是公民信息获取权利保障机制的重要组成部分。社会公众的信息获取不仅要求有正义的信息获取制度，还要求有这种制度被破坏之后的权益损害救济制度。如果说法律的根本目的在于规范人们的行为，保障人们的合法权益权利，而救济的意义则是补救由于规范的破坏所致的损害。要保障公众的信息获取权利，首先应当通过完备的立法明确赋予公民此项权利，最大限度地保障公民自由、便捷地获取信息资源。而权利的实现除了需要完备的法律制度外，还需要合理的救济制度。救济制度是权利实现的保障，任何权利体系都是多方利益交织的有机统一体，当各方利益相互冲突时，必然会产生许多权利纠纷或冲突，这些纠纷或冲突伴随着权益受到侵害的事实，对这种纠纷和冲突的解决必然诉诸救济制度。通过救济制度划定权利边界，协调各方利益，通过救济程序使权利人的权利得以恢复或补救，从而使权利由"应然"向"实然"转化。

信息获取权的救济保障制度，包括司法救济和司法外救济制度。司法救济是当权利人的权利遭受侵害时，人民法院依照一定的程序对这种侵害行为进行判定，对受害人给予必要的补偿，以最大限度保护权利人正当权益的制度。司法外救济是指通过行政或其他社会手段，使权利人的权利得以恢复，损害得以补偿的救济制度。与其他形式的救济相比，司法救济具有明显的优越性。司法救济作出的裁决具有最终效力，司法救济的权威性使之成为权利救济中最强有力的方式。为此，必须建立起完备的救济制度，使司法救济与其他救济手段互相配合，互为补充，构成一个完整的救济保障体系，以保障信息获取立法顺利实施，保障公民信息获取权利有效实现。

5.2.2 制度建设

制度是公民信息获取权实现的基础，是社会信息化有序发展的有力保障，是提高信息资源利用效率的重要手段。制度保障是以一定的制度为前提，而制度建设是一项艰巨的、持续进行的工作。完善制度保障，最为重要的就是除旧布新，消除阻碍信息资源有效获取的旧制度，建立与促进信息获取要求相适应的新制度体系。

（1）完善信息获取基本制度

建立比较全面的法律体系和制度框架，是信息获取权保障的基本要求。信息获取基本制度的完善首先应从立法层面开始。需要通过立法机关制定相应的法律法规，来明确相应的权利和义务。应该说，随着社会信息化进程的深化，我国信息法律制度在不断完善，但是涉及信息领域的一些深层次的法律制度问题尚未得到根本解决。我国信息立法任务还相当繁重，在信息资源管理、信息市场规范、信息权利保护等方面，还存在不少法律上的空白点，而且信息立法表现出零乱性，无纲领性，因此如何有计划、有步骤地建立和完善相关法律体系，是当前的重要任务。

科学、合理、有效的制度能够激发人们的积极性，提高人们生产生活的效率，推动社会发展和进步，而不好的制度则起相反的作用。建立信息获取权保障法律体系，需要关注"信息"本身，围绕社会与信息的相互关系进行信息立法，建立起科学、合理的信息法体系框架，实现信息主体之间利益的平衡。信息获取涉及广大社会公众的公共利益，信息法律制度应该充分考虑到对社会公共利益的维护。维护社会公共利益，是信息法律制度的基本目标之一，在信息法领域，既有强调信息所有者利益的信息产权制度，也有强调社会公共利益的信息获取制度。信息法就是要研究信息控制权和信息获取权的具体内容以及两者之间的关系，并寻求平衡这两类相互冲突的权利的途径和方法[1]。信息财产权和信息获取权是围绕信息资源而产生的不同价值取向的权利，两者相辅相成，成为信息法领域冲突而又共存的权利内容。为了保障

---

[1] 刘青.信息法之实质：平衡信息控制与获取的法律制度[J].中国图书馆学报，2007（4）：22-26.

公民信息获取权,需要建立起符合社会公共利益的信息基本法律制度,既在信息产权法律制度中通过对权利人的适度限定确立公共利益保留原则,又加强促进信息领域公共利益的专门立法,以实现公民信息获取权的全方位保障。

我国信息获取权的基本制度除《政府信息公开条例》以及其他相关法律法规外,2017年11月全国人大常委会通过了《公共图书馆法》,该法是我国信息获取权保障基本制度建设的重要内容。《公共图书馆法》的颁布为我国公民信息获取权保障提供了基本的制度依据。

《公共图书馆法》明确表述,该法的立法目的是保障公民的基本文化权益,提高公民科学文化素质和社会文明程度,传承人类文明,坚定文化自信。《公共图书馆法》第33条明确指出:"公共图书馆应当按照平等、开放、共享的要求向社会公众提供服务。公共图书馆应当免费向社会公众提供下列服务:(一)文献信息查询、借阅;(二)阅览室、自习室等公共空间设施场地开放;(三)公益性讲座、阅读推广、培训、展览;(四)国家规定的其他免费服务项目。"此外,第三十四条还提到公共图书馆应当特别保障少年儿童、老年人、残疾人等群体的信息获取权利。

《公共图书馆法》的颁布凸显国家依法保障公民信息权利的具体行动,从制度正义角度保障公民信息获取权利的实现;从权利救济角度确立侵害公民信息获取权利应承担的相关法律责任;从图书馆职业角度规范保障公民信息获取权利的义务。

(2)健全信息获取救济制度

信息资源公共获取是一种理想的制度目标,它不仅是一种理想,还需要一系列具体的制度加以保证,它不仅要求有体现社会公平正义的信息资源分配制度,还要求有这种分配制度被破坏之后的救济制度。只有通过救济制度的完善,公民信息获取权益受到侵害时,才能获得权益的恢复与损害的赔偿。有必要通过对相关救济制度的改进和完善,构建起一个完整统一、保障有力的信息获取权救济制度体系。

信息获取权的救济制度主要包括行政救济与司法救济制度,健全信息获取权救济制度,重点在于司法救济制度的建设。相比而言,司法救济是终局性的救济制度,司法救济作出的裁决具有最终的法律效力。司法救济依据现行有效的法律,保护社会公众的合法信息权利,具有程序上的合法性与结果上的公正性。司法救济制度对受损害的权益进行救济,使其损害得到补偿,权利得以保护。

救济制度是信息获取权实现的重要保障，只有完善相关救济制度，充分发挥社会公众维护信息获取权的积极性、主动性，才能推动信息社会的长远发展。当前我国相关信息法律制度中关于救济制度的设计还有诸多不完善之处，如何建立完善的权益救济渠道，使社会公众的合法权益依法得到保障，应该受到社会各界的广泛关注。

完善司法救济制度，首先要对侵犯信息获取权的行为有明确的法律界定，对侵权行为的法律界定是一项权利获得司法救济的基础。只有明确设立了权利与侵权的法律界限，明确侵权行为的构成要件与侵权行为的法律责任，权利救济才能得以实施。完善信息获取权司法救济制度，还需要明确信息获取权的诉讼主体以及其诉讼权益，使权利主体认为自己的合法权益受到侵犯或存在争议时，有权提起诉讼，通过司法程序维护自己的合法权益。司法救济作为权益保障的最后防线，必须要与其他救济途径有机结合，使公民信息获取权得到切实有效的保障。

保障公民信息获取权实现的救济制度必须明确，公民能通过申诉、行政复议、诉讼等救济途径保护自己信息获取的权利。为了使公民信息获取权得到更好的救济和保障，还应构建政府信息公开中的公益诉讼制度，鼓励更多的公民、公益组织或机构提起政府信息公开的公益诉讼。同时各监管部门应该充分发挥监督职能，对公民信息获取权保障实施有效监督，全方位保障公民信息获取权利的实现。

我国信息获取权保障的制度建设是一个长期的、系统的工程，在现有制度基础之上，应该有效完善制度，加强制度规范，不断满足人民日益增长的信息获取需要，不断促进社会公平正义，使广大公民信息获取权利更有保障、更可持续，逐步建成覆盖全民、城乡统筹、权责清晰、保障充分、可持续的多层次公民信息获取权保障制度体系。

5.3 信息获取权的技术保障

技术是信息获取权实现的基础性保障。信息技术的发展为社会公众提供了海量的可供获取的信息资源，改变了人们信息获取的方式，提高了信息获取的效率。计算机和网络技术的发展，使信息存取数字化，信息传递网络化，为人们获取信息提供了新的途径。现代信息技术的运用，增强了人类的信息能力，拓展了信息增值空间，扩大了人类改造世界、开发资源的途径。公民信息获取权的技术保障机制是以促进信息资源开发利用、保障公民信息获取权为目标，通过技术研发与应用，使社会公众更方便、快捷地获取所需信息资源。

5.3.1 技术内容

在现代信息社会，信息技术的发展日新月异，如果没有强有力的技术支持系统，公民信息获取权的实现将成为一纸空谈。如果技术运用不充分、不完整，广大社会公众不能摆脱传统的信息获取方式，其信息获取权也就无法实现。因此，需要构筑起科学的信息获取技术保障体系，从技术上为公民信息获取权的实现提供支持与保障。具体而言，公民信息获取权的技术保障主要包括以下几个方面：

（1）信息基础设施

信息基础设施是一个国家信息设施的组合与集成，它是社会信息化发展的一般物质条件。信息基础设施是国家信息化建设的基本保障条件之一，现代社会，完善的信息基础设施对促进社会经济发展起着巨大的推动作用。计算机网络是信息社会最重要的基础设施，是信息交换、资源共享和分布式应用的重要手段。其应用已经渗透到社会的各个领域，不断改变着人们的思想观念、工作学习模式和生活方式。网络化程度已成为衡量一个国家现代化水平的重要标志。计算机网络改变了人们信息获取的方式，网络上丰富的信息内容，使人们可以随时获取自己所需的信息。通信技术，是信息时代与计算机技术同等重要的另一项关键技术。现代通信技术的进步主要体现在数字程控交换技术、光纤通信和卫星通信等方面。通信技术的发展促进了信息的传输与交换。先进的通信系统使信息能在瞬息从信源到达信宿。有线电视、移动电话等通信设施使人们信息获取变得极为方便。通信技术一方面拓宽了人们信息获取的内容，另一方面节约了信息获取的成本。

目前我国已建成主干网以光纤为主，以卫星通信和数字微波通信为辅的国家公共数字化干线传输网络，以此为基础，建成了全国公用电话网、公用数据通信网和无线移动通信网。宽带是关系一个国家经济社会发展的关键基础设施,它是衡量一个国家综合实力的重要标志。宽带网络基础设施包括基础设施、应用设施、配套设施。宽带网络的覆盖水平和接入能力对促进信息化发展具有重要意义。宽带网络规模扩大,才能带动更多的用户使用宽带网络,为用户信息获取提供基础条件。截至2015年年底,我国固定宽带接入用户累计达到2.1亿,移动宽带用户达到7.85亿。用户数的增加反映了我国信息基础设施建设的发展。

(2) 信息处理技术

有信息就有信息处理,信息处理技术随着社会的发展而不断更新,信息处理经过了手工处理、机械处理、计算机处理时代。新兴信息处理技术是指应用计算机硬件、软件以及信息通信网络,对信息进行识别、转换、加工、整理、存储、传递的技术。信息处理技术的发展提高了信息资源的利用效率,充分挖掘了信息资源价值,促进了社会信息交流,发展了人类文明。

新兴信息处理技术的核心是计算机技术,信息的处理与再生有赖于现代电子计算机的强大功能。自1946年电子计算机问世以来,计算机科学和软硬件技术得到了飞速的发展,与此同时,计算机的应用领域也从最初的科学计算逐步发展到人类活动的各个领域。当今世界已经进入以数据为中心的"大数据"时代,不计其数的计算机和移动设备持续不断地创造出海量的信息,信息处理技术的发展能够将这些信息有序化、系统化。信息处理技术是使信息资源被有效获取的关键要素,信息用户对信息处理技术的有效运用,是实现公民信息获取的必要条件。

(3) 信息获取技术

信息获取技术是指应用于人们信息获取行为的信息技术。信息检索技术是信息获取技术的重要组成部分。信息检索是信息获取的重要一环。面对海量的社会信息资源,信息检索尤其重要。新的信息检索技术能为人们提供快速获取信息的工具,节约人们的信息获取时间和成本。新的信息检索技术主要有智能检索、数据挖掘、异构信息整合、可视化信息检索等。

智能检索技术能够协助用户寻找、消化所需信息资源,逐渐实现由"人找信息"过渡到"信息找人"的境界。智能代理技术能自动识别用户信息需求,在明确用户信息需求之后,通过精确的搜索策略收集、检索信息,加工整理之后,以一定方式将相关信息提供给用户,特别是对于某些专业领域的信息用户而言,智能代理技术极大地满足了用户个性化的信息需求。

数据挖掘技术是近年来在信息检索技术基础上发展起来的新兴信息技术，是信息检索技术的一个重要分支。数据挖掘技术能够通过算法从大量的、随机的数据中提取出隐含其中的有用信息。数据挖掘利用了计算机技术、数理统计和人工智能等多方面的技术，将这些技术有机结合并进行封装，高效优质地为用户提供有用信息，使用户通过这些信息作出正确决策。在信息检索网络化与智能化发展的趋势下，对信息检索系统的集成性要求越来越高，不同来源和结构的信息需要进行整合，这是异构信息检索技术发展的基础。异构信息检索技术能将不同来源和不同结构的信息进行统一处理，并能支持不同语种信息的检索。异构信息整合技术将原来离散的、多元的、异构的信息资源通过一定方式整合为一个整体，使人们能同时获取不同来源、不同格式的信息资源，提高了信息资源获取的效率。

　　可视化信息检索就是利用计算机支撑的、交互的、对抽象数据的可视表示，来增强人们对这些抽象信息的认知。可视化技术将信息转化为一种视觉形式，充分利用人们对可视模式快速识别的自然能力去进行观测、浏览、判别和理解信息❶。

　　对于具体的信息用户而言，应该注重信息技术的选择。毫无疑问，不同的信息技术适应不同的信息环境，选择适当的信息技术同样是信息获取权实现的重要手段。广大用户只有利用先进的信息获取技术，才能从海量信息资源中快速找到自己所需的信息，消除因为信息技术而产生的"数字鸿沟"，人人都能无障碍地获取信息资源。信息获取技术的发展不仅针对普通社会大众，也关注到社会弱势群体，如针对残障人士的无障碍信息获取技术研究正日益受到重视。

5.3.2　技术创新

　　党的十八大明确提出："科技创新是提高社会生产力和综合国力的战略支撑，必须摆在国家发展全局的核心位置。"创新驱动发展，创新是社会进步的原动力。建立完善的公民信息获取权技术保障体系，需要不断推进技术创新。

---

❶ 周宁，等. 信息可视化与知识检索系统设计［J］. 情报科学，2006（4）：571-574.

5 公民信息获取权保障体系构建

(1) 加强信息基础设施建设

当前我国正处在信息化发展的关键时期,加快信息基础设施建设,对推动新兴信息产业发展、提高信息服务水平,具有重要的现实意义。加强信息基础设施建设是全面推进社会信息化、促进信息获取的重要保障,是公民信息获取权顺利实现的客观需要。近年来,国家通过政策支持、资金投入等各种手段,使得信息基础设施的建设不断加快,我国信息基础设施建设呈现持续快速发展的态势,基本上适应了信息化发展的需要,有力地推动了国家信息化进程。今后一段时间,我国信息基础设施将进一步完善。电信网络、广播电视网络、互联网络等重要信息基础设施建设规模将继续扩大。随着国家信息化的不断深入,我国信息基础设施建设将根据技术和市场的发展趋势进一步完善,新兴信息基础设施不断出现,第三代移动通信、数字电视网络、新一代互联网将广泛应用。"三网合一"是今后我国信息化的发展趋势,通过强强联合,建设统一大网络,更好地促进国家信息化发展。加快高速宽带网络建设,提升用户普及率,全面推进信息基础设施建设,是国家的重要战略方针。国家对信息基础设施的投入不断增加,除国家投入外,还鼓励民营资本参与国家信息基础设施建设,切实推进国家信息化发展。

信息化发展要求信息服务向泛在、高效、优质、普遍发展。目前,我国信息基础设施建设与公众对信息服务的期盼之间还存在一定差距,需要通过统筹规划、集约建设、规范管理,以政府投入为主,民资共建为辅,加强信息基础设施建设,并进一步提高信息基础设施的利用率和信息服务能力,为信息服务提供强有力的基础支撑,使广大社会公众实实在在地享受到信息基础设施带来的便利,促进信息获取。

(2) 促进信息处理技术发展

信息处理是信息获取的前提,信息处理技术的发展有助于信息的有效获取。随着"大数据"时代的到来,信息处理技术也迎来了新的挑战,面对急剧增长、日益庞大的数据,如何对其进行实时、持续、高效的处理,是信息化发展过程中的现实难题。在大数据环境下信息处理技术的发展面临严峻挑战,有价值的信息往往隐藏在海量数据当中,如何有效提取有用信息,首要的一点是利用先进的信息处理技术,充分挖掘信息资源的价值。只有不断进行技术创新,才能使信息处理技术跟上时代发展。数据量的与日俱增和数据格式的多种多样,要求有先进的信息存储技术、信息传输技术、信息处理技术,对信息资源进行分类和加工,然后将处理好的信息资源传送给用户,从而实现信息资源的获取,真正实现公民信息获取权。

大数据环境下,信息处理存在不少疑难,为信息技术发展提供大好机会。现实的困境对信息处理技术提出了更高的要求,云计算技术正是在这种环境下日益发展。云计算技术借助云平台对海量数据存储、读取后进行处理、分析、整合,提升了信息处理能力,从而可以向用户提供高效的信息服务。随着社会信息化进程的推进,信息处理技术必将不断完善,通过信息处理技术与其他信息技术的有机结合,可以更好地推进社会信息化发展,促进社会公众对信息资源的有效获取。

(3) 推进信息获取技术优化

在这样一个信息资源急剧膨胀的社会,面对浩如烟海、繁杂无序的各种信息,用户迅速、准确获取所需信息变得越来越困难,有时会遇到信息过量与获取不足并存的现象,因此需要推进信息获取技术的开发,只有依靠先进的信息获取技术和工具,用户才能快速、准确地查找所需信息。在数字化、网络化信息环境下,只有通过信息获取技术的不断改进,才能使公民信息获取更为便捷有效,从而更好地与外界进行信息交流。在网络环境下,用户信息获取行为主要通过搜索引擎来完成,网民通过搜索引擎能对各种类型的网络信息资源进行检索,随着时间的推移,搜索引擎的功能也将得到不断的改善与提高,以满足用户日益增长的信息需求。

未来的信息获取技术将呈现智能化、个性化趋势。信息化发展的初级阶段,信息技术的主要特征是数字化和网络化,未来信息技术发展的方向是智能化和个性化。新的信息获取技术将进一步简化用户的操作过程,主动为用户提供相关度高、内容丰富的信息资源,满足用户个性化的信息需求,使人们能更便利、更有效地获取所需信息。

近年来人工智能技术的发展,大大增加了人们获取信息的智能性和便捷性。大数据、云计算、物联网、移动互联网等新一代信息技术的出现,都是人工智能在信息技术领域的具体应用。发展和应用人工智能技术是实现国家科技创新的重要途径,人工智能技术在信息检索、信息获取方面的应用,不断改进和提高着人们信息获取的方式,便利了公民信息获取的途径,从而促进公民信息获取权保障的实现。

5.4 信息获取权的管理保障

保障公民信息获取权的实现，管理起着关键性的作用。没有科学的管理，制度与技术就发挥不出应有的作用。对社会信息活动进行管理，是为了解决社会信息资源组织、开发、交换与利用中的新问题，通过信息管理，对不同载体、不同形态、不同内容的信息资源进行有效组织、开发与提供利用，对信息系统的开发与设计进行部署，对社会信息产业进行有效规范。管理保障使信息资源的开发利用在有领导、有组织的统一规划和安排下有条不紊地进行，可以提高信息资源开发利用的效率，降低信息获取成本，更好地满足公民的信息获取需求。

5.4.1 管理内容

（1）资源管理

信息资源管理是为了确保信息资源的有效利用，以现代信息技术为手段，对信息资源实施计划、预算、组织、指挥、控制、协调的一种人类管理活动。[1] 信息资源管理产生的前提条件是信息资源的形成，满足用户信息需求是信息资源管理的目标。信息资源管理应当规定政府信息、公益信息、商业信息三类不同信息资源的开发利用规则，按照统筹规划、各有侧重、资源共享的要求，通过有效的收集、加工、整理、发布信息，实现信息资源的合理布局与开发利用，使信息资源增值，形成一个强大的信息资源支持体系，从而最大限度地满足用户的信息需求。

信息资源管理可以分为三个层次：宏观管理、中观管理与微观管理。宏观层次的信息资源管理是一种战略管理，一般由国家信息行政管理部门从总体上对信息资源进行宏观调控，通过有效的手段进行信息资源管理的合理配置，促进信息资源的开发、利用和增值，实现经济与社会的可持续发展。中观层次的信息资源管理一般由各地区、各行业的信息资源管理部门对本地区、

---

[1] 霍国庆. 信息资源管理的起源与发展 [J]. 图书馆, 1997 (6)：4-10.

本系统的信息资源开发利用活动进行有效组织,具有一定的区域性与行业特征。中观层次的信息资源管理具有承上启下的功能,既要遵守国家层面的信息管理原则,又要有效指导微观层次的信息资源管理活动。微观层次的信息资源管理是针对单个的部门、企业、机构的信息资源活动而言,这些基层单位为达到预定的目标,运用现代的管理方法和手段对相关的信息资源和信息活动进行组织、规划、协调和控制,以实现对信息资源的合理开发和有效利用。

（2）系统管理

信息系统是社会信息传递和交流的媒介,是由人、计算机和其他外围设备、数据库组成的信息流通渠道,其目的是及时正确地收集、存储、加工、处理、提供和传播信息,通过信息资源的集成提高信息服务水平,从而促进组织的创新发展。

信息系统建设是一项需要长期投资、不断完善的系统工程,信息系统需要进行科学管理,以达到预期的建设目标,并适应组织的发展变化。信息系统的管理,包括信息系统的规划、设计、实施、测试、应用、维护等,涵盖了信息系统的整个生命周期。信息系统管理包括系统的技术管理、人文管理、经济管理三个维度。技术管理主要是指对信息系统的设施设备进行管理,包括硬件、软件、计算机网络等。人文管理主要是对信息系统操作人员、业务人员进行管理,强调人在信息系统中的主观能动性。经济管理主要是对系统的投入收益进行管理,分析信息系统开发利用中的经济关系和经济利益。

（3）产业管理

信息产业是国民经济的重要支柱性产业,近年来我国政府越来越重视信息产业的发展,在资金、服务、人才、政策等方面对信息产业发展予以有效保障。信息产业管理是对信息产业发展进行计划、决策、组织、调节和监督的一种控制活动。❶信息产业管理通过运用信息经济发展规律对信息产业活动进行协调与组织,通过经济的、法律的、行政的手段协调各信息部门、信息企业之间的关系,明确划分各级信息机构的责、权、利,为信息产业发展营造良好的社会环境,促进社会信息产业有序发展。信息产业发展大致有两种

---

❶ 高洁. 论信息产业管理的经济学基础 [J]. 中国图书馆学报, 1999 (2): 72-76.

模式，一种是"自然增长"模式，是指国家放任信息产业各部门、各企业自由经营、自由发展，通过间接手段调控信息产业发展的规模、速度和方向，控制信息产业的结构与总量。另一种是"政府干预"模式，是指国家直接控制调节信息产业活动的全过程，包括产业目标确定、产业技术政策选择、产业组织协调、产业布局调整、产业保护策略实施等内容。❶ 无论采用哪种模式发展信息产业，都需要对信息产业进行有效管理，需要加强对信息产业发展的投资方向、技术应用以及人力资源等方面的有效组织，从而提高信息产业的经济效益和管理效果，使信息资源得到有计划、有目标、科学、合理的开发与利用。

5.4.2 管理优化

科学的管理体制是管理效率的保证。对信息资源、信息系统、信息产业管理应该提高管理效率，深化管理体制改革，完善管理方式和手段，增强管理的针对性和有效性，加快构建把社会效益放在首位、社会效益和经济效益相统一的公民信息获取权保障管理体制。形成公共信息统一规划、统一管理、共同使用的公共获取机制。政府主管部门主要负责领导、组织和协调信息管理工作，重点是做好决策和监督工作。政府可以通过相关社会组织将信息资源提供给公民，政府和社会机构共同促进信息资源的有效提供。

（1）加强信息资源管理

信息资源管理活动以普遍存在的信息资源为对象，在揭示其基本规律的基础上，对信息资源的搜集、加工、存储、检索、利用等过程进行有效组织与控制。加强信息资源管理，需要运用技术的、经济的、人文的手段。信息资源管理的技术手段是指运用先进的计算机和网络技术实现信息资源的存取与开发利用。信息技术的发展为信息资源的开发和利用提供了强大的支撑，加强信息资源管理，需要以现代信息技术为手段，对信息资源以及与信息资源相关的因素进行科学管理，从而提高信息资源的利用效率。信息资源管理的经济手段是指运用经济学原理，探索与信息资源有关的各种经济关系及客观规律，分析信息资源的使用价值与价值，合理配置信息资源，协调信息资

---

❶ 刘芳．论信息产业的管理机制［J］．图书馆学研究，2000（3）：45-47．

源生产、流通和消费中的经济关系和经济利益，使信息资源能够满足社会经济效益最大化的要求。信息资源的人文管理强调人是社会信息活动的主体，强调通过运用信息政策、信息法律、信息伦理等人文手段实现信息资源的价值，使信息资源促进人的全面发展。

为了加强信息资源管理，需要继续发展和完善技术手段，强化经济手段，重视人文手段，并强调各种手段的协调与配合。以用户和服务为中心，以资源整合与服务集成为重点，建立健全科学、合理的信息资源管理机制，构建完整的信息资源管理体系，完善信息资源开发利用的保障体系。

（2）完善信息系统管理

随着信息社会的发展，信息系统的构成越来越复杂，规模越来越庞大，信息系统更新升级的周期越来越短，传统的管理方式已经不能适应信息系统的快速发展。要提高信息系统的实时性、安全性、稳定性、易用性，需要对信息系统管理方式进行创新，使信息系统朝自动化、智能化方向发展，从而提高用户满意度，促进信息资源开发利用和公共获取。

信息系统管理的目标是提高信息系统的有用性，提高用户满意度。为此需要采用先进的管理模式，高效的管理手段，最大限度地保证系统的正常运行，使信息系统能更好地适应社会的变化。根据创新内容的不同，信息系统管理的创新可分为观念创新、手段创新和技巧创新。管理观念创新是指打破常规，形成新的思维与观点。管理不是单纯的技术手段，而是一种特定价值观念系统、习惯与信念中的社会现象，新的管理观念是指导管理实践的先驱。管理手段创新是指创建比以前更好的开发利用信息资源的各种方法和方式。通过管理手段创新，构建以人为本，追求个性与效率的信息系统管理新模式。管理技巧创新是指在管理过程中为了更好地实现管理的有效性，而综合运用各种管理技巧的行为。管理创新既有管理思想的改变，又有管理手段或管理技巧的改进，完善信息系统管理需要科学运用各种管理要素，从而保证信息系统的有效运行，保障社会公众利用信息系统获取各种社会信息资源。

（3）健全信息产业管理

信息产业是集信息技术、信息资源、信息服务于一体的复合型产业，为了促进信息产业的健康发展，需要运用已有的理论成果和实践经验，健全信息产业管理，对信息产业结构进行调整和优化，实现信息产业发展的动态平衡与协调推进。管理的最终目的是为了促进产业发展。现阶段，我国信息产

5 公民信息获取权保障体系构建

业发展存在不少问题，不能有效适应社会发展，解决这些问题，需要尊重信息产业发展的内在规律，利用市场机制，通过科学管理形成一个内容丰富、结构合理、能适应公众信息需求的社会化、综合性的信息产业体系，从而实现信息产业的长足发展。

健全信息产业管理，首先要求建立全国性的信息产业管理机构，统筹和协调全国信息产业的发展，并制定信息产业的长期发展规划，确定信息产业发展的战略目标、战略步骤和战略重点，为信息产业的发展创造健康、宽松的宏观环境❶。为了促进公民信息获取权利的实现，需要大力发展信息服务产业。通过政策引导与制度促进，大力扶持信息服务业的发展，通过科学手段对全国信息服务业进行统一管理和宏观调控，提升信息服务的质量和效率，更好地满足公众的信息需求。

---

❶ 张俊.略论我国信息产业的管理模式 [J].图书与情报，1997（1）：27-29.

6 公民信息获取权保障的实施

信息获取权是公民的基本权利,是一项基本人权。在当今社会,信息自由,包括发布信息的自由和获取信息的自由,被认为是公民权利和政治权利的一个重要方面,也是民主的基础[1]。建立公民信息获取权保障体系是维护广大社会公众基本人权的需要,是实现信息民主的重要途径。信息获取权保障能使社会公众的基本信息需求得以满足。

政府、社会机构和个人是公民信息获取权保障的重要实施者,三方围绕着信息资源而产生的权利义务错综复杂。在公民信息获取权保障实施过程中,政府是主导者、管理者、服务者,政府不仅需要向公众公开信息,在公民从社会获得信息的过程中,政府也有提供管理和援助的义务,政府甚至有义务从企业购买信息,再免费或低价提供给公民。社会机构也是公民信息获取权保障的重要实施者,社会机构提供的信息有些是公益性质的或免费提供的,另外一些是以市场化的方式提供的。社会机构应该以合理的价格向公众提供信息资源,以保障公民信息获取权的实现。随着信息社会的发展,个人所掌握的信息日益增多,个人传播信息的途径也日益丰富,在某些领域,个人信息的集合构成社会公共信息。因此个人也是公民信息获取权保障的实施者。政府、社会机构、个人三方在信息获取权保障实施过程中的角色与定位如图6-1所示。

信息获取权保障是一项系统工程,需要政府、社会、民众的共同努力,与之相应,信息获取权保障的完善受到政府、社会、民众三方面的影响与制约。从信息角度而言,政府信息、机构信息和个人信息综合而成公民信息获取权的客体内容。三类信息相互交织,成为公民信息获取权利实现的源泉。

建立起与信息社会相适应的信息获取权保障新模式,即政府宏观调控,

---

[1] 韩松涛. 人权入宪与信息自由 [J]. 图书馆, 2004 (6): 15-19.

社会协同调节，民众主动参与，三者共同协调、互为一体的信息获取权保障新模式，成为摆在我们面前的一项十分紧迫的任务，如图6-2所示。

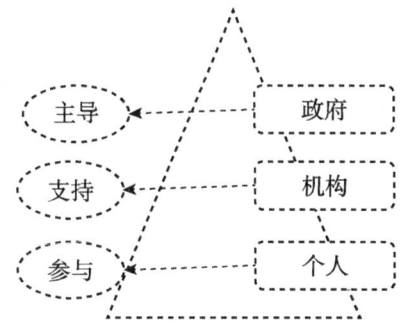

图6-1 不同主体对公民信息获取权保障的实施

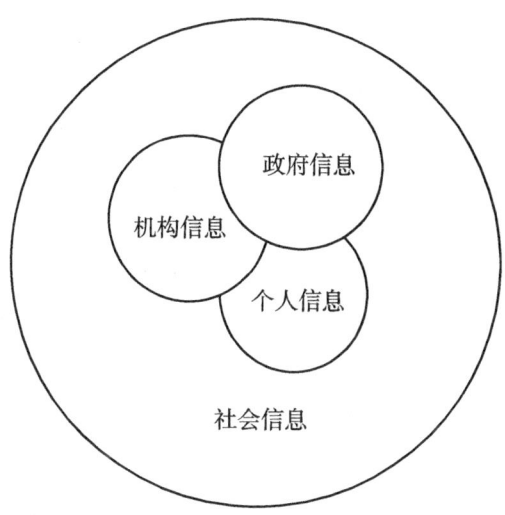

图6-2 保障公民信息获取权实现的信息类型

6.1 政府部门对信息获取权的保障

我国信息化建设虽已取得显著成就，但也存在资金供给不足、保障水平偏低、区域差异过大等亟待解决的问题。这些问题的存在均不同程度地与政府部门有关，政府保障是公民信息获取权实现的关键。因此，在健全与完善

公民信息获取权利保障研究

信息获取权保障制度的过程中,探析政府承担信息获取权保障的应然性,明确界定政府的责任,对于公民信息获取权保障制度的构建与持续发展,充分实现信息民主和社会公平,具有重要的理论价值和实践指导意义。简而言之,信息获取权保障中应该明确的三个问题分别是:政府应不应该保障公民信息获取权的实现?政府保障的内容是什么?政府应该如何保障公民信息获取权?

6.1.1 信息获取权保障中政府责任的归因

政府是信息获取权保障的主导者和引领者。信息获取权保障是政府的一项重要责任,这是由信息产品特征、信息获取权的公益性以及政府作为社会公共权力机关的角色特征决定的。

(1) 信息资源的公共物品特征

信息资源是人类认识世界和改造世界的知识源泉。信息资源具有公共物品性质,是典型的准公共物品。公共物品是能够为全体社会成员所共同享有的物品。一般而言,公共物品具有非竞争性和非排他性的特征,准公共物品具有有限的非竞争性和局部的排他性。信息资源具有准公共物品性质,信息资源能共享,但信息资源也能被少数人支配,具有排他性。信息资源既非完全的私人产品,也非完全的公共产品,信息资源的准公共产品属性决定了信息资源的分配不能完全通过市场机制来实现其优化配置和有效供给,而必须由政府履行部分公共职能以弥补市场失灵而形成的供求矛盾,当市场不能满足社会中低收入人群的信息获取需求时,政府有义务为他们提供基本的信息保障。

如果政府不干预信息的分配与消费,将导致市场上的信息不对称。由于不同社会主体之间信息差异的存在,在信息不对称情况下,一方面信息优势方垄断着大量的信息资源,而不愿将其向社会公开,另一方面,信息消费者的信息需求得不到有效满足。因市场信息供需不平衡在社会成员之间产生信息富有者和信息贫困者两极分化,造成信息分配不均,解决信息不对称问题,提供信息公共产品是政府的一种责任❶。

既然市场无法有效供给,信息资源获取权的实现就需要政府的干预。社

---

❶ 王中. 论政府对信息不对称市场的规制 [J]. 中国信息界, 2006 (6): 41-43.

6 公民信息获取权保障的实施

会公众的信息获取既不能通过市场来解决,也不能完全由民间力量有效提供,只能由政府通过组织各方面的力量、动用各种必要的资源创设社会保障体系来提供。信息获取权保障体系建设的目的在于使社会成员普遍无例外地得到基本信息保障,这便需要消耗大量的物质生活资料。社会保障作为一项维护社会信息公平的系统工程,需投入大量的资金,其他社会组织无力承担,只有政府拥有强大的资源控制能力,有能力建立起完备的保障体系。政府可以凭借其权力,通过税费等各种形式,有效组织全社会的力量,聚集维持社会保障体系运行所需要的各种物质资源。公民信息获取权保障体系若离开政府支持,将无法实现,即便建立起来,也终将因缺乏有效的物质支撑而不能长期、稳定地运行。

(2) 信息获取权的公共利益属性

信息获取权是指信息主体有依法获得政府信息、企业信息、社会组织信息等与社会公共利益密切相关的信息的权利。信息资源的公共获取,既关系着国家民族的兴衰荣辱,也关系着公民权利的实现;国际谈判桌上的成败、战争的胜负、经济贸易的发展、企业商机的把握、消费者权益的实现、科技文化的交流、公共事件的紧急应对、公民参与社会事务管理、发展自我等,都离不开及时获取准确信息。[1]

信息获取权是公民的基本权利,代表社会公共利益,是一种具有一般性、普适性特征的社会权。社会权是指公民依法享有的,主要是要求国家对其物质和文化生活积极促成以及提供相应服务的权利。[2] 经济、社会和文化权利常常被称为"社会权",是人权发展到20世纪后增加的主要内容。[3] 社会权是20世纪人类文明发展的结果。社会权以1919年的《魏玛宪法》为开端,是基于社会法治国家的理想,为了特别保护社会性、经济性的弱者,实现实质的平等,而受到保障的人权。确立社会权观念的主要目的是:通过国家对经济、社会文化生活的积极干预,消除资本主义发展过程中出现的一系列弊端,

---

[1] 肖冬梅. 信息资源公共获取主体和客体辨析 [J]. 图书情报工作, 2011 (7): 24 - 29.

[2] 龚向和. 作为人权的社会权—社会权法律问题研究 [M]. 北京: 人民出版社, 2007: 15.

[3] 龚向和. 社会权的概念 [J]. 河北法学, 2007 (9): 49 - 52.

以使所有社会成员都能享有令人满意的生活条件。社会权是公民享有的积极受益权。受益权者，乃人民站在积极的地位，要求国家行使统治权，借以享受特定权益之权利❶。

在社会权发展的背景下，与劳动权和受教育权等公民基本权利一样，信息获取权成为具有社会权性质的基本权利。公民有权请求国家积极作为，保障个人信息的获取。国家对公民信息获取具有给付义务、保障义务和保护义务，除了消极意义上的不限制、不作为之外，还应当积极主动采取措施、创造条件，帮助公众获取其所需要的信息，并排除第三人对公民信息获取权的侵害。❷ 政府作为公共信息资源的主要生产者和所有者，其在推动信息自由流动、保障公民信息获取权的活动中承担重要的任务。国家对社会公共利益的维护负有义务已在学界形成共识，且在理论层面已经获得较为充分的论证，这是以公共利益为视角来保障公民信息获取权的立论基点。

(3) 政府的社会公共权力机关角色

国家通过一定的制度规则，依人民的意志，产生出能够代表人民的国家权力机关来管理国家、管理社会公共事务。政府就是这种权力主体的一个非常重要的部分。政府接受人民的委托，行使管理社会公共事务的权力。政府权力的本源在于人民。在行使权力的过程中，政府作为受托人，必须对作为委托人的人民负责。政府的社会公共权力机关地位决定着政府提供公共产品和公共服务的义务与责任。公民信息获取权保障不仅属于社会管理的范畴，更属于公共服务的领域。政府之所以对保障公民信息获取权负责任，正是其执掌了社会公共权力的缘故。信息化建设的推进和社会公平的维护，都需要政府更多地关注公民信息获取权保障体系的建设和完善。

随着社会主义市场经济的不断深入，政府的服务职能日益凸显。党的十六届六中全会对构建社会主义和谐社会作了全面部署，强调要建设服务型政府，重视政府的社会管理和公共服务职能。公共服务型政府的政治导向亦决定了政府成为公民信息获取权保障的责任主体。所谓公共服务型政府，从政治层面上说，政府的权力是人民赋予的，政府要确保为社会各阶层提供一个

---

❶ 谢瑞智. 宪法大辞典 [Z]. 台北: 千华出版社, 1993: 245.

❷ 张衡, 丁波涛. 公民信息获取权的法理基础——基于知情权的研究 [J]. 图书情报知识, 2009 (5): 94-98.

安全、平等和民主的制度环境。信息获取权保障制度的建立是公共服务型政府的责任所在。党的十八大报告指出："社会保障是保障人民生活、调节社会分配的一项基本制度。要坚持全覆盖、保基本、多层次、可持续方针，以增强公平性、适应流动性、保证可持续性为重点，全面建成覆盖城乡居民的社会保障体系。"信息获取权保障作为社会保障的有机组成部分，必将在政府的主导下获得长足进步。

6.1.2 政府保障的内容

保障社会公众的基本信息权利是政府的重要职责，明确信息获取权保障中政府责任的应然性之后，需要明确政府在信息获取权保障中应该负什么责任，科学界定信息获取权保障中政府责任的内容。

（1）政策导向

政府是主要的政策制定者。政府通过制定公共政策维护社会公共利益，保护社会公众的基本权利。公共政策本质上是国家运用公共权力协调社会各种利益主体与利益集团的利益。任何一项公共政策的制定、执行与终结都会使不同主体的利益产生某种变动，这种变动是否合乎社会公正的要求，就看它是否源于公共利益的要求❶。政府的政策导向是影响公民信息获取权保障体系的重要参数之一，不同的政策导向，体现不同的价值取向，最终社会信息公平程度也不一样。在公民信息获取权保障中，政府的任务在于及时有效地制定出灵活的政策制度，使我国信息化发展能够有足够的自由空间，同时能够保护广大社会公众的信息获取权益。

信息时代，各国政府都非常重视相关信息政策的发布。在发达国家，20世纪90年代兴起了"信息无障碍"运动，美国政府要求一些相关的网站遵循无障碍访问原则进行设置。❷"信息无障碍"运动有效弥合了数字鸿沟对公民信息获取权的妨碍。早在2006年中共中央办公厅、国务院发布了《2006—2020年国家信息化发展战略》，这是我国信息化发展史上第一个中长期战略规划，也是指导我国信息政策制定的一个纲领性文件。2007年，国务院发布

---

❶ 李建华. 公共政策程序正义及其价值［J］. 中国社会科学，2009（1）：64-69.
❷ 张翠玲. WCAG1.0：美国信息无障碍事业的规则［J］. 情报探索，2011，（12）：87-90.

《中华人民共和国政府信息公开条例》，该条例第一条明确指出"为了保障公民、法人和其他组织依法获取政府信息，提高政府工作的透明度，促进依法行政，充分发挥政府信息对人民群众生产、生活和经济社会活动的服务作用，制定本条例"，该条例是我国公民信息获取权保障的主导政策。2012年国务院发布《关于大力推进信息化发展和切实保障信息安全的若干意见》。这些信息政策有力地推进了我国信息化发展以及信息公平与信息民主的实现。

（2）财政支持

财政资金是政府履行责任的经济基础。政府财政支持对一个国家社会保障体系建设发挥着重要作用，政府通过补贴、奖励等财政手段可以有力促进社会公共产品的提供。美国著名经济学家穆斯格雷夫认为，财政的存在首先由于存在公共产品，其供给无法按市场机制决定，只能靠政府解决。在社会公共产品交易过程中，市场无法起到有效作用，市场经济建立在交换基础之上，只要存在可供交换的财产权利，市场交易就能进行，市场机制很适应于私人物品的交易，但是社会公共物品并不属于某个人的私人财产，因此政府必须介入，以便供应此类货物❶。任何社会权利的实现，均取决于国库的充实、经济的繁荣等一系列社会条件。

公共财政的核心目标就是弥补市场缺陷，增加公共投资，有效解决社会公共物品供应问题，加强和优化公共服务，从而提高人民群众的整体生活水平，促进社会整体发展与进步。公共资金的充裕程度直接影响着社会信息获取权保障体系建设的进程和质量，是最根本的问题。以美国为例，作为公民信息获取权保障的核心机构——公共图书馆，其资金来源主要为政府财政拨款。

没有政府公共资金的充分保障，公民信息获取权保障体系就无法建立，已经建立起来的社会公共服务项目也会因资金缺乏而轰然垮塌。政府作为信息获取权保障体系建设的主体，并非在信息公共服务领域的全部资金都应该由政府提供。在信息获取权保障体系建设的不同时期，政府的财政支持应该有所侧重，在信息获取权保障体系建设的起始阶段，应该由政府牵头，由政府承担更多的资金支持，在信息获取权保障体系建立以后，政府财政支持可以维持在一定的水平，即作为信息获取权保障的最终责任承担者，通过市场

---

❶ 理查·穆斯格雷夫，皮吉·穆斯格雷夫．美国财政理论与实践［M］．北京：中国财政经济出版社，1987：17.

6 公民信息获取权保障的实施

与政府调控结合共同促进信息获取权保障体系的建设。

(3) 平台建设

在公民信息获取权保障体系建设中，政府除进行政策指导与财政支持外，还需主导保障平台的建设。因为信息保障体系的公共产品特征，信息保障平台的建立需要政府参与，如作为信息获取权保障基本支撑的信息基础设施建设，因为其工程的庞大和投入过多，根本不可能由市场主体来完成，而只能由国家和政府主导实施。

互联网作为数字时代获取信息的重要渠道，国家非常重视互联网相关设施的建设。2012年2月，国家发改委、工信部会同其他多个部门联合成立了"宽带中国"战略研究工作小组和专家组。2012年3月时任国务院总理的温家宝在政府工作报告提到，要加强网络基础设施的建设。2012年5月，国务院召开常务会议，将实施"宽带中国"战略列为首要工作。会议表示，要实施"宽带中国"工程，"宽带中国"战略已经被列为"十二五"规划的重点工程。"宽带中国"战略的实施是国家信息基础设施的提升，是信息化整体水平的提高，是信息获取权保障得以实现的重要一步。

(4) 运行监管

政府以监管者的角色参与信息分配，是公民信息获取权得以实现的必要保障。运行监管的目的是使信息获取权保障体系健康稳定运行。就信息服务市场而言，监管是为了避免纯市场化条件下，信息垄断、不正当竞争等影响公民信息获取的不合理现象。政府的运行监管能矫正信息市场领域中"市场失灵"。因此，落实政府监管责任，需要政府明确主体，采用科学的监管方式，制定合理的监管机制，建立有效的监管体系，以防止信息资源过度集中，确保信息资源的可及性与服务质量，从而避免信息服务领域中的政府失灵现象。如果政府不科学地履行监管职责，就不利于公民信息获取权保障体系的建设，甚至对整个国家社会保障制度都会产生负面影响。

政府的运行监管职能主要体现在两个方面：一是对相关政府部门及其工作人员实行政府信息公开情况的有效监管；二是对其他信息服务部门及其工作人员的监管。要保障公民信息获取权体系的健康稳定发展，充分保障公民信息获取权利，政府需要履行好其监管职责。随着社会信息化发展，各级政府要不断适应新形势，深入研究、探索新形势下加强监督管理的方法与途径。

6.1.3 政府保障的践行

为了有效推进我国公民信息获取权保障体系建设，政府明确其在信息保障中的职责后，应该解决政府责任的具体承担问题，政府应该根据自己的角色定位，通过有效的措施，积极、高效地履行其在社会信息获取权保障体系建设中的职责，只有政府切实履行其社会职责，公民信息获取权保障体系建设才能取得成效。信息获取权保障中政府责任的实施应注意以下几个方面。

（1）力避越位

信息获取权保障中政府负有主要的责任，政府应提供政策指导和资金支持等，但政府有责不意味着公民信息获取权保障体系建设由政府包办，政府包办将不利于提高保障效率，有损社会公平，在一定程度上制约了信息获取权保障制度的发展。政府应该从维护社会公众的基本权利出发，调整信息市场缺陷所致的信息贫富差距和信息获取中的不公平现象，既要保障社会公众的信息获取基本权利，又要激发信息生产者和所有者的积极性，在促进社会信息财富的整体增长的同时调节信息分配的不平衡。在公民信息获取权保障中，政府应明确法定权限，不滥用职权，不越权行事。因此，在公民信息获取权保障体系构建中，政府应承担一定的责任，但责任越位会制约其发展。

政府责任越位的一个典型例子是"绿坝"事件。2009年6月，工业和信息化部发布《关于计算机预装绿色上网过滤软件的通知》，为向未成年人提供一个健康的上网环境，避免其受不良信息毒害，有关部门已使用4170万元财政资金买断金惠和大正两大公司的上网过滤软件——"绿坝"一年的使用权及相关服务。在国内销售的计算机售前均应预装"绿坝"。政府强制推行"绿坝"的方式招致多方质疑与反对，有学者认为政府的"绿坝"政策是对信息获取权、自由选择权和市场公平的侵犯，这一行为既有悖于市场经济规律，也剥夺了消费者选择使用其他软件产品的权利。"绿坝"产品在实践中并不能实现政府的初衷，这是对公民信息获取权的极大侵犯。[1] 政府最终纠正了这一错误决策，在《关于计算机预装绿色上网过滤软件的通知》出台三个月后，

---

[1] 李抒忆. 冲突与平衡：网络时代的公共信息政策分析——以"绿坝"事件为例[J]. 理论界，2012（4）：161-163.

工信部宣布充分尊重大家选择的自由，绝不会在所有计算机里都强制安装"绿坝"。

（2）防止缺位

"缺位"是指政府对自己的本源责任履行不充分。越位和缺位均制约了信息获取权保障体系的构建。相比政府在信息获取权保障中的越位现象而言，政府的缺位问题显得更为突出。

政府责任缺位主要表现在：一是政策缺位。在现行信息专门法缺失的法律框架下，政府信息政策数偏少，内容不全，在某些重要领域尚存在"政策空白"；二是资金缺位。由于政策的不完善，各级政府的保障责任不明晰，继而各级财政对信息获取权保障的投入不足。这种责任不明确、财政来源不固定的现象必然影响到公众信息保障的有效性，影响到社会信息财富的公平分配，导致保障范围不能真正实现全覆盖；三是监管缺位。信息获取权保障体系的构建是一个复杂的系统工程，需要政府实行有效监管，实践中政府在监管中缺位主要表现为，一方面监管力度不够，另一方面因缺乏相关监管规范使相关信息获取权保障措施无法有效实施。

（3）合理归位

政府责任延及信息获取权保障领域，不仅是政府公共权力的必然结果，也是信息产品公共性的客观要求，更是纠正市场失灵的必然举措。市场体制下，政府在信息领域的责任是有限责任，具体来说，政府在信息获取权保障中主要是应当发挥好导航者和守护者的作用。作为导航者，政府要掌握信息化的发展方向，制定基本的信息政策，引导社会信息资源的合理配置和信息公平的真正实现，促进社会公众对信息资源的有效获取。作为守护者，政府通过建立完善的保障体系，规范信息活动，保证信息资源的生产、分配、交换、消费有序运转。

公民信息获取权保障的主体是广泛的，政府在公民信息获取权保障体系建设中起着主导作用。在国家信息获取权保障体系建设中，政府应正确定位，积极承担相应责任，同时，政府也并非公民信息获取权保障的唯一主体，政府应做到有所为，有所不为，应避免在任何环节大包大揽，避免缺位与越位现象，正确发挥政府在信息获取权保障的积极作用，从而助推公民信息获取权利顺利的实现。

6.2 社会机构对公民信息获取权的保障

社会机构通过良好的信息服务保障公民信息获取权的实现。信息服务是以信息资源为内容的服务业务，现代信息服务具有十分丰富的内涵、形式和组织方式，各种信息服务的结合构成了事实上的社会信息服务体系❶。信息服务的产生缘于用户的信息需求。专业化的信息服务模式对于促进社会信息资源的利用、更好地满足信息用户的信息需求起着日益重要的作用。

信息服务是社会机构凭借自身拥有的信息资源向他人提供信息产品、提供信息咨询与查询业务、提供信息交流条件的一种社会活动。信息服务是机构或系统将搜集到的信息经过加工处理，利用各种手段和方式为社会或本机构内部提供信息产品和服务，满足信息需求的一种组织活动❷。社会机构所提供的信息服务主要有两类，一类是公益性信息服务，另一类是商业性信息服务。信息服务质量的好坏主要由以下几个方面来体现：信息资源开发的广泛性、信息服务的及时性、信息服务的充分性、信息服务的精练性、信息提供与传递的准确性和信息服务收费的合理性。❸

随着信息化的发展，信息服务成为信息产业链条中的重要一环。信息服务业的兴起已成为社会信息化发展的重要标志。信息服务业是各类信息服务的社会化集成，即各种形式、内容和成分的信息服务构成了被称之为信息服务业的社会信息服务整体❹。有效地开发信息资源，合理地组织信息资源，为社会公众提供优质信息服务是社会信息服务业发展的基点。

只有在政府、机构和个人的合力作用下，公民信息获取权才能得到切实有效的保障。

---

❶ 胡昌平，乔欢. 信息服务与用户 [M]. 武汉：武汉大学出版社，2001：12.
❷ 王小华. 有关信息服务研究的统计分析 [J]. 科技情报开发与科技，2006（17）：102 - 104.
❸ 蒋谦. 信息机构的信息服务质量分析 [J]. 情报杂志，2001（6）：16 - 17.
❹ 胡昌平，乔欢. 信息服务与用户 [M]. 武汉：武汉大学出版社，2001：28.

6.2.1 不同类型机构对信息获取权的保障

不同类型的社会机构在公民信息获取权保障中发挥着各自的作用。信息服务机构、工商企业、社会团体以及其他社会组织共同构成信息获取权保障的主体力量。信息服务机构在公民信息获取权保障中承担着重要角色。信息服务机构是以信息资源为客体向社会提供服务的机构。信息服务机构是信息资源与用户之间的中介,信息服务机构应用户信息需求对信息资源进行搜集整理,为用户提供高质量的信息服务,从而实现自身的发展目标。信息社会人们的信息需求不断变化,用户信息需求朝着多样化、精品化、个性化的方向发展。信息服务机构应该尽量满足社会公众不同形式、不同渠道、不同时间、不同地点、不同内容的信息获取和服务选择,将用户置于主导性地位,将用户的需求作为信息服务的中心环节,把"一切为了用户"作为最高工作准则和实际行动。

随着社会的信息化发展,各种各样信息服务机构应运而生,信息服务呈现多样化、专业化趋势。信息服务业的发展极大地促进了信息资源的开发与利用,使信息资源的价值得到有效挖掘。如果没有信息服务机构提供专业的信息服务,社会信息资源将处于盲目流动状态,信息资源的利用率将大打折扣。借助信息服务机构提供的专业信息服务,社会公众可以不受时空限制,及时方便地获取所需信息。信息服务机构的公共服务意识是保障公民信息获取权实现的重要因素。

近年来我国信息服务业发展迅速,信息服务机构逐年增加。我国信息服务机构按经营性质分类,可分为公益性信息服务机构和商业性信息服务机构两类。从组织形式看,前者属于事业性质,如国家及各省、市、县的信息中心、图书馆、档案馆、情报所,它们一般由政府拨款修建,其服务具有一定的公共性。后者的运营性质是商业性的,它们在向社会公众提供信息服务的同时,获取一定的经济利润是它们运营的目标。这类信息机构如专业的信息公司、咨询公司等。经营性信息服务机构在设备、技术、科研、人才、投资等方面具有一定的优势,可进行全方位的信息综合服务和信息产品开发,因此其提供的信息在服务深度和服务质量方面,一般优于公益性信息服务机构❶。

---

❶ 周淑云. 信息服务成本分析 [J]. 兰台世界, 2009 (3): 23-24.

（1）公益性信息服务机构对信息获取权的保障

所谓公益性信息机构，是指以国家及社会公众的整体利益为目标，面向社会各界提供服务的信息机构❶。公益性信息服务机构是非营利性质的。公益性信息服务机构面向社会公众，以保障民生、服务社会、提供公共信息产品和服务为主要目的。从组织形式看，公益性信息服务机构包括隶属各级政府部门的信息中心，以及图书馆、情报所、档案馆、博物馆、文化馆等事业单位。这些信息服务机构具有一定规模，已经形成了从中央到地方的信息服务网络，为社会公众提供全方位的信息服务。

公益性信息服务机构是公民信息获取权保障的重要主体。这类机构提供的信息服务主要有以下特点：一是公益性，以无偿或低价的形式提供信息服务，不以营利为目的；二是普遍性，向全体社会公众提供普遍信息服务，保障所有社会成员的信息权利。公益性信息服务机构以信息资源为基础，通过信息资源的收集、整理、加工，向社会公众提供优质信息服务，构建全面的公共信息服务网络。大力发展公益性信息服务，是信息社会发展的必然要求。公益性信息服务机构应该利用信息技术，提升信息服务能力，完善信息服务网络，保障公民信息获取权的实现。

（2）商业性信息服务机构对信息获取的保障

商业性信息服务机构是指由企业或个人出资组建、完全市场化运作、多元化经营、以营利为目的的信息服务企业。商业类信息服务机构按照市场化要求实行商业化运作，依法独立自主从事信息服务业务，实现优胜劣汰、有序进退。随着信息社会的发展和市场经济的完善，商业性信息服务机构在现代信息服务体系中崛起，市场化运作的信息服务机构与公益性信息服务机构一起承担着信息资源开发利用与信息服务的职能。

商业性信息服务机构实行有偿信息服务，通过合理收费向社会公众提供优质信息服务，并获取相应收益，在设立方面采取企业建制，具有商业经营性。商业性信息服务机构的出现顺应了市场经济的大潮，它们通过专业的业务能力和一流的管理模式，向社会提供高水平的信息服务，取得了良好的社会效果。商业信息服务机构的存在对于建立健全信息市场、完善市场机制、

---

❶ 王建冬. 公益性信息机构信息资源开发利用的模式创新研究 [J]. 图书情报工作，2011（9）：10-14.

提升信息服务水平有着非常重要的作用。以营利为目的的商业性信息服务机构是社会信息服务体系中的重要组成部分，商业性信息服务机构的建立，为政府、社会组织和个人提供高质量的信息服务，既实现了信息资源的有效开发利用，又充分满足了公民信息获取需求。

商业性信息服务机构以信息资源为基础，有目的地组织相关的信息资源，构建起适应市场的信息资源库，以此为基础向社会提供信息服务。以营利为目的的商业性信息服务机构必须始终将用户放在首位，从用户的角度出发，了解用户的兴趣与偏好，精准把握用户个性化、多样化的信息需求，对用户需求的变化给予及时回应，最大限度地满足用户信息需求，从而吸引更多用户使用其信息服务，在此基础上实现自身的商业目的。商业性信息服务机构与公益性信息服务机构共同构成社会信息服务体系，充分保障公民信息获取权利的实现。

（3）其他社会机构对信息获取权的保障

除公益性信息服务机构和商业信息服务机构之外，其他工商企业和社会组织也是公民信息获取权保障的重要主体。在信息社会，信息已成为企业的重要战略资源和推动企业发展的支柱，信息资源的开发、利用和管理已经成为企业的核心业务。因此，提高信息资源的开发利用能力，优化信息资源配置，促进信息资源共享，既是现代企业增强自身竞争优势、提高核心竞争力的有效途径，也是企业服务于社会的重要方式。

公民信息获取权保障依赖广大工商企业的积极参与，企业通过信息资源的有效配置，将企业信息纳入整个社会信息系统中，充分发挥企业信息资源的价值，促进信息资源的开发利用。企业对公民信息获取权的充分保障要求企业设立专门的信息部门或成立企业信息中心，专门从事信息资源开发利用，充分调动和配置企业内所有的信息资源，为社会提供切实可靠的信息，最大限度地发挥信息资源的作用和实现信息资源的保值增值。

除工商企业外，其他社会机构，如行业协会、社会团体、事业单位、其他非政府组织等也是公民信息获取权保障的重要力量。如消费者协会对满足消费者信息需求起着重要作用。这些社会机构应该充分利用自身所拥有的信息，加强信息资源的开发利用，营造公众利用信息资源的良好环境。采取有效措施，以多种渠道、多种方式和多种终端方便公众获取信息资源，积极为保障公民信息获取权利的实现贡献自身力量。

6.2.2 社会机构保障的内容

社会机构以信息产品为核心，实现信息资源开发利用与保值增值，满足用户多样化、个性化的信息需求。社会机构对公民信息获取权保障的内容体现在其信息服务中。

(1) 信息素养教育

信息素养是生活在信息社会的人们应该具备的基本能力。美国图书馆学会对信息素养给出的简明定义为：能够判断什么时候需要信息，并且懂得如何去获取信息，如何去评价和有效利用所需的信息。公民信息获取权的实现，与有没有能力获取其所需要的信息密切相关，而获取信息能力主要取决于信息素养的提高。

信息素养包括技术和内容两方面，一方面是对信息技术的认识和使用技能，另一方面是信息内容的获取和加工。技术是工具，内容是核心。基本的信息素养应该包括以下几个方面：能够有效而准确地获取信息；能够熟练而中肯地评价信息；能够创造性地使用信息。一个有信息素养的人，能够知晓自身的信息需求，在确定自身信息需求之后，依据信息需求找到潜在的信息资源，能够通过多种途径获取相关信息，继而将获取的新信息与自己已有的知识体系加以融合，创造性地使用信息。一个有信息素养的人，其特征体现在以下几个方面：获取信息的有效性、筛选信息的科学性、交流信息的自如性、利用信息的创造性、评价信息的准确性。

公民信息获取权的实现，依赖全体社会成员信息素养的提高。只有具备了敏锐的信息意识、丰富的信息知识和高超的获取信息能力，人们才能在无边无际的信息海洋中游刃有余。提高公民信息素养，需要在全社会营造良好的信息素养教育氛围，政府、企业、学校等组织和机构之间协同合作，共同推进信息素养教育的开展。通过相关出版物、公益性网站开展信息素养教育；通过图书馆、情报所等公益性信息服务机构开办信息素养培训班；通过各种途径吸引公众走向图书馆、文化馆、科技馆等公益性信息服务机构，从而培育有利于提高信息素养的氛围。真正的信息素养教育应着力于培养学习者的信息意识、信息知识和信息能力，使他们充分利用信息资源与信息技术进行学习、思考、创造、合作，成为独立的、终身的学习者，做有知识、有社会责任感、有益于社会的公民，从而有力推动信息社会的发展。

6 公民信息获取权保障的实施

(2) 信息检索服务

信息检索服务是社会机构提供的基本信息服务。信息检索是用户利用检索工具和检索系统查找所需信息的过程。信息存储是信息检索的基础和前提，只有将信息资源以一定的方式组织起来，才能为人所用。随着信息技术的发展，信息检索服务也不断进步。从最初的手工检索到计算机检索，从脱机检索到联机检索，从联机检索到网络信息检索，从传统检索向智能检索转变，信息检索模式随着信息技术的发展不断完善，提高了信息检索效率，使用户能更有效地获取所需信息资源。

对广大信息需求者而言，信息检索的目的是能迅速获得准确、全面而新颖的信息资源。因此信息服务机构在提供信息检索服务前，首先必须有明确的定位，明确用户群体有哪些，用户的需求是什么，怎样才能最大限度满足用户需求。了解市场需求，是一个企业生存与发展的关键。信息资源是信息服务机构开展服务业务的基础，因此，对信息资源的采集与加工、存储与组织，也是社会机构成功开展信息检索服务的基础性工作。只有具备特色鲜明、质量过硬的信息资源库，信息服务机构的信息检索服务才能有坚实的发展基础和广阔的发展空间。

(3) 信息传递服务

信息传递服务是指将已有的信息资源进行加工、整理后，根据用户需求，通过一定的渠道将符合条件的信息传递给用户的行为。随着社会的发展，用户信息需求日益多元化、个性化、专业化，相应地对信息传递服务提出更高的要求。信息传递服务必须利用先进的信息技术，借助多种信息传递渠道，将精准的信息及时传递给用户。信息传递渠道不畅，必然导致情报信息阻滞，造成传递障碍。信息传递渠道在很大程度上决定信息传递服务的质量与效率。传递渠道落后，必然阻碍信息资源的顺利传递。因此信息传递应融合当前先进的数字技术，实现信息资源的快速、便捷、高效传递，实现信息源与用户之间的零距离、零时差对接。

信息传递是信息利用的前提，只有完善的信息传递服务，才能使信息资源被用户充分利用，为用户解决各种问题。信息传递服务是保障公民信息获取权实现的主要手段。机构提供的信息传递服务既有传统的文献信息传递，也有以数字化、网络化为基础的综合性信息传递服务平台。这些信息传递服务平台通过充分整合社会信息资源，以先进的技术优势，完备的信息渠道，实现信息传递服务的优化,从而满足用户日益增长的信息需求,保障用户信息获取权利的全面实现。

(4) 信息咨询服务

信息咨询服务是在信息搜集、整理、分析、传递的基础上,向用户提供解决问题的方案、策略、建议的信息活动。近年来我国信息咨询业获得长足发展,信息咨询服务既有图书馆等公益性信息服务机构面向普通读者开展的参考咨询,也有商业性信息服务机构面向社会开展的市场性的咨询服务。随着社会的发展,信息咨询的范围越来越广,规模越来越大,信息咨询的服务水平也不断提升。

传统上,图书馆信息咨询的服务对象主要是本馆读者,随着社会的发展,图书馆参考咨询的服务对象也向社会扩展,为政府部门、其他社会组织、企业提供信息咨询服务。图书馆利用自身的资源优势和专业化的服务为社会提供信息咨询,既拓展了图书馆的业务范围,又充分满足了社会的信息需求。而市场化的信息服务机构则从开始就以向社会提供经营性、市场化的信息咨询服务为目标,为政府科学决策,为企业竞争力提升,为国民经济和社会的发展作出了应有的贡献,是社会信息服务体系的重要组成部分。

(5) 信息导航服务

信息导航既是一种信息服务的理念,又是一种信息服务的技术与方法。信息导航的主要功能是向用户提供经过筛选、分类、整理后的优质信息资源。面对浩如烟海的信息资源,用户往往无从选择,出现"迷航"现象。为解决社会公众在信息利用上的困境,社会机构应向用户提供信息导航服务,使用户在最短的时间内获得最有效的信息。社会机构既是信息的提供者,更是用户利用信息的导航者[1]。

公共信息导航服务通过收集各类公共信息资源,并对资源所蕴含的知识内容进行剖析、组织,使其能够满足用户多样化的信息需求。各类机构为保障公民信息获取应向用户开展公共信息导航服务,不仅要将机构自身收藏的公共信息进行加工、归类、整理使之有序化,还要将互联网上及其他信息机构可供获取的信息汇集起来,为用户提供导航,以使用户能更便捷地获取相

---

[1] 周淑云,陈代春. 论图书馆服务对公众信息获取权的保障 [J]. 图书馆,2014 (2): 21 – 23.

关信息。如图书馆在政府信息服务时，为公众提供政府信息利用的"引导服务"（帮助用户确定解决其问题的政府部门），帮助用户使用电子政务项目（如填写电子表格、向政府部门发送电子邮件等），帮助信息能力欠缺者查询和利用政府信息，诸如此类的服务是国外公共图书馆政府信息服务中的常规内容❶。

6.2.3 社会机构保障的践行

（1）合理定位，形成服务特色

社会机构是社会信息服务体系的有机组成部分，是社会信息获取权保障体系的直接参与者。各类机构在信息服务领域占有一席之地，谋得生存与发展。机构必须根据自身情况进行准确定位，明确其收藏的信息资源内容，明确服务范围、服务对象、服务方式等方面，确定其在信息服务体系中的地位与功能，形成自己的服务特色。对于图书馆、档案馆、情报所等公益性信息服务机构而言，应在保证公益性信息服务的前提下，努力拓宽服务领域，扩大信息服务内容。而图书馆、档案馆、情报所同为公益性信息服务机构，其定位也各有不同，图书馆侧重于文献信息服务，档案馆则主要负责具有保存价值的档案资料的保存与利用，情报所侧重于情报信息的分析与提供，为促进科技发展、管理决策和经济建设提供信息服务。即使是同为图书馆，不同地区、不同类别的图书馆其定位也各有不同。对于商业性信息服务机构而言，定位准确与否更加关系到其生存与发展，要想在激烈的市场竞争中立于不败之地，商业性信息服务机构应该明确其在信息服务领域承担的角色。以市场需求为主要导向，向广大信息需求者提供有价值的信息服务，强调经济效益与社会效益的并重，既要谋求自身生存与发展，又要成为公民信息获取权保障体系中的重要一环。工商企业和其他社会机构应该结合自身特点，积极做好公民信息获取权保障工作。

在合理定位之后，应该努力培育社会机构的服务特色，形成别具一格的比较优势。与其他机构相比，特定的信息服务机构应该在服务内容、服务范围或服务方式等方面具有独特性、差异性，形成服务特色，突出个性魅力，

---

❶ 李国新，于良芝，徐珊．公共图书馆与政府信息公开［J］．中国图书馆学报，2008（3）：41-46.

塑造鲜明的品牌形象，做到"人无我有，人有我强，人强我新"，以"特"制胜。信息技术的发展、信息资源的日益丰富，以及用户需求的个性化，都为信息服务机构形成服务特色创造了有利条件。当然，服务特色的形成也不能急于求成，不能仅停留于表面现象，而是应该在信息服务的过程中，形成与信息资源开发利用相吻合，与用户需求相一致的具有实际价值的服务特色。

用户是信息服务的对象，要形成信息服务特色，信息服务主体必须树立"以需求驱动服务、以服务带动和促进需求"的服务理念，以满足用户信息需求为己任，为不同用户甚至是同一用户在不同信息需求阶段提供优质服务。个性化信息服务是信息服务的发展方向。个性化信息服务是基于信息用户的信息使用行为、习惯、偏好和特点，向用户提供满足其各种个性化需求的一种服务。在今天，以用户为中心的思想几乎渗透于任何社会信息活动中。信息服务业提出个性化服务，是网络信息服务向纵深发展的一个重要内容，也是当今信息服务业赢得更大服务空间的重要途径❶。个性化信息服务是推动信息服务业的强大动力，是满足用户需求、促进信息资源公共获取的重要手段。

各类机构应该加大宣传，将本机构的社会定位和服务特色向社会广泛传播，使得广大信息用户明确本机构的服务内容与特色，以便用户在有相关信息需求时能及时有效地获得信息服务机构的优质服务，保障用户信息获取权的有效实现。

（2）巧补缺位，创新服务方式

随着社会的发展，新的信息技术不断涌现，信息资源内容不断丰富，信息用户的信息需求日益多样化。在整个社会信息服务体系中，一些新的服务项目可能缺乏相应的机构提供，出现某些空白领域，信息用户的需求无法得到满足。各类机构应该用敏锐的眼光发现别人没有发现的市场空缺，或者深入即使有人意识到但尚未完全开发的信息服务领域。巧补缺位，将那些用户需求量大而未被充分利用的信息资源加以开发利用，寻找和选择尚未被其他信息服务机构占有的信息服务领域，寻求前景广阔的生长点，是社会机构长足发展的必要条件，特别是对于商业性信息服务机构而言，这一点尤为重要。无论是处于市场龙头的信息服务企业，还是中小型信息服务企业，都在努力

---

❶ 胡昌平，等．信息服务管理［M］．北京：科学出版社，2003：273．

开发新的信息服务领域，以求在信息市场中形成自己的优势和特色。

创新是机构发展的生命力，是信息服务工作永恒的主题，近年来，一些信息服务机构应市场需求推出不同形式的新服务，既促进了自身的发展，也繁荣了信息服务市场，如搜索引擎、信息推送、个性化定制服务等，都是全新的信息服务方式。信息服务机构应通过资源、管理、技术、人才、业务等方面的创新，拓展信息服务的内容和形式，开辟新的信息服务领域，形成多元化的信息服务体系，以满足用户日益多样化的信息需求。以图书馆这类信息机构为例，作为公众信息权利保障体系的图书馆，在公共信息服务过程中不应局限于为公众提供相关信息，还应拓宽思路，开展各种延伸服务。湖南省长沙市图书馆作为国家公共文化服务体系示范区，为了满足市民的信息需求，在公共信息延伸服务方面作出了有益的探索和尝试，除已有的包括街道和社区馆在内的各公共图书馆外，还建立了一批农家书屋、图书漂流岛、企业图书馆、流动服务车、24小时街区自助图书馆等，构建起一个地区图书馆网群，力争建成覆盖城乡的十分钟文化圈，保证城乡群众都能就近享受免费的公共文化服务，使长沙成为真正的书香星城。在数字服务方面，长沙市图书馆开通微信平台，为手机用户进行阅读推送。

社会机构创新延伸服务形式，有利于促进公民信息获取权的实现，随着社会公众信息需求的不断增长，各类机构应不断深化各类延伸服务，扩大服务对象和服务范围，优化服务内容，提高服务效益，充分满足用户的信息需求。总之，社会机构是公民信息获取权实现的重要保障，是公民信息获取的主要阵地，机构应积极履行国家和社会赋予的使命，成为社会公众获得信息与知识的重要通道。❶

（3）协同共位，形成服务合力

信息服务的终极目标是以先进的服务手段，高效地为信息用户提供与其需求密切相关的具有较强时效性、新颖性及实用性的信息及信息产品。❷ 为了促进社会信息资源的获取，社会机构必须向社会提供覆盖面广、质量优异、

---

❶ 周淑云，陈代春. 论图书馆服务对公众信息获取权的保障 [J]. 图书馆，2014 (2)：21-23.

❷ 罗少芬. 网络环境下的信息需求及信息服务方向 [J]. 科技情报开发与经济，2006 (1)：69-70.

载体形式多样的信息产品,以满足不同用户的信息需求。为此,需要各信息服务主体共同努力与合作。信息服务业中的任何一个主体受人力、财力、技术的制约,不可能拥有人类社会的全部信息,也不具备优化所有信息的能力及可能;每一个主体只能拥有某一方面的信息并把所拥有的信息优质化。因此,各信息服务主体只有加强沟通、取长补短、走向联合,才有可能为信息用户提供面广、质优的信息及信息产品。

在信息化浪潮的推动下,信息服务市场群雄并起,各领风骚,传统信息服务部门与新兴服务机构纷纷搭建自己的服务平台,开发出精彩纷呈的服务项目。为了信息服务市场的长足发展,各个机构不宜各自为政,闭关自守,而应走合作与共享的道路,做到优势互补,实现互利共赢。机构之间应遵循整体性和协调性的原则,相互协调,相互合作,共同发展,各个机构之间的服务既不完全重合,又不过度分离,实现互利互惠,协同共生。协同共生使机构之间能避免恶性竞争,形成合力,成为利益共享的合作伙伴。协同共生并非要求单个机构放弃自身服务特色,而是在保持本机构信息服务完整性的前提下,和其他机构紧密结合,形成组合优势,共同促进整个社会信息服务体系的发展,实现可持续发展目标。

信息服务的发展趋势是规模化、一体化、集成化、精品化。机构之间合作共享才能更好地进行信息服务工作,从而使公民信息获取权充分实现。不同机构之间应该加强协同合作,共建共享信息资源,以集成化、一体化方式提供一系列全方位、多渠道、多层次、内容丰富、质量过硬的信息服务。近年来,信息服务机构在信息服务合作方面展开了一系列有益的探索,取得一定成效。中国高等教育文献保障系统即是以大学为中心建立的信息服务联盟。这一信息保障系统将先进的技术手段、高校丰富的信息资源和人力资源整合起来,构成全国范围的信息服务网络,建设以中国高等教育数字图书馆为核心的教育文献联合保障体系,实现信息资源共建、共知、共享,以发挥最大的社会效益和经济效益,为中国的高等教育提供优质信息服务。无论是图书馆还是商业性信息服务机构,纷纷开展信息服务合作与共享方面的实践探索,公益性信息服务机构与商业性信息服务机构之间的合作也在如火如荼进行。合作与共享是新形势下信息服务发展的方向,信息服务部门只有转变观念,掌握先进技术,了解用户需求,开展集成服务,才能实现信息服务业的发展进步。信息服务机构之间的合作,应以统一规划、各具特色、资源共享、业

6 公民信息获取权保障的实施

务合作、互赢共生为目标,制定科学的合作发展战略,形成合理的合作机制,走集团化发展道路。总之,机构之间的合作共享并非不同机构间业务方面的简单拼凑,而是资源、技术、管理、业务方面的有机整合,以减少重复建设和资源浪费,形成合力,最终共同受益。以机构合作形式开展信息集成服务,必将成为信息服务业发展的重要突破口。

各种类型的机构是社会公共服务体系中的重要组成,机构之间的协调发展与公民信息获取权能否实现息息相关。各类机构应该重视公共信息服务工作,为公众提供高质量的信息服务。不同机构之间可以合作建设公共信息服务平台。公共信息服务平台是为了满足用户对信息资源的有效获取,综合各种介质、各种内容的信息资源,将各类信息资源有机整合,建成统一的综合性信息服务平台,为用户提供集成化、个性化、高质量的信息服务。公共信息服务平台实现了资源、技术、组织、服务的大融合,极大地方便了用户信息资源的获取与利用。技术、资源和服务是公共信息服务平台建设的三大关键点,平台的生命力在于先进的信息技术、丰富的信息资源和优质的服务能力。公共信息服务平台的建设需要不同种类信息技术的支持,既有计算机、网络通信、数据库等信息基础技术,也包括信息检索、信息发布、信息推送等信息应用技术,多种技术集成为资源的有机整合和无缝链接提供有力的保障。在资源方面,信息集成服务平台是多种信息资源的集合,从载体形式上看,既有纸质资源也有电子资源;从来源上看,既有本地资源,也有异地资源。信息集成服务平台也是多种服务的整合,既有传统形式的服务,也有新型的参考咨询服务、信息推送服务等。

信息集成服务平台对于优化社会信息服务具有重要意义,运行良好的服务平台是改进信息服务方式、推进信息资源共建共享、提高信息服务能力和水平的重要手段。公民信息获取权的充分实现,有赖于公共信息服务平台持续、高效地运行。平台的长足发展需要不断集成最新信息技术,整合新出现的各类信息资源,开展各类信息服务。[1] 只有机构之间形成战略联盟,共同打造好公共信息服务平台,才能营造更好的信息服务环境,从而满足用户需求,保障公民信息获取权的实现。

---

[1] 周淑云,陈代春. 论图书馆服务对公众信息获取权的保障[J]. 图书馆,2014(2):21-23.

6.3　个人对公民信息获取权的保障

个人既是信息获取权的权利主体，也是信息获取权保障的义务主体。在信息获取权保障体系中，信息获取权保障的主力是个人，个人是处于基础地位的保障者。政府部门和信息服务机构在信息获取权保障中都发挥着重要作用，但无论是政府还是信息机构，其作用的发挥都需要通过个人才能实现。每一个个人都具有独立于他人的不同特征，在信息获取的过程中，个人之间的差异五彩纷呈。即使是面对同样的信息资源，不同的人也会有不同的反应，产生不一样的信息获取结果。信息获取权赋予个人信息权利空间，让个人有更多选择信息、获取信息的自由，而自由的真正实现，有赖于社会上每一个成员的积极参与。

6.3.1　个人在信息获取权保障体系中的定位

信息获取权的主体是广大社会公众，个人在信息获取权保障体系中，既是信息获取权保障的受益者，也是信息获取权保障的实施者和推进者。

(1) 受益者

作为信息获取权的权利主体，广大社会公众是信息获取权保障最大的受益者。从权利设立的目的看，信息获取权设立的目的即为满足广大社会公众的信息需求，保障广大社会公众的信息利益，使个人通过无障碍的信息获取满足学习、工作、生活、决策等领域的需要。信息获取权制度是个人在信息社会的保护伞。信息获取权制度的宗旨是使所有人都能自由获取信息资源，而不论性别、年龄、身份与社会地位，不论是普通社会大众，还是社会弱势群体都能在信息获取权制度框架内受益。

技术的发展和法律的完善使得个人信息需求得到最大限度的满足。技术的发展丰富了信息内容，拓宽了信息传递范围，提高了信息传播速度，使得信息获取更为便利和快捷。数字技术与信息资源的不断融合，正在塑造着全新的个人学习、生活和工作方式，而信息获取质量是个人生存和发展的基础。法律的完善使个人信息获取权得到制度上的认可，个人可以更好地通过法律武器维护自身的信息获取权益。特别是对于信息贫困者而言，法律保障可以使其实现基本的信息获取权益，不会因经济上的贫困或身体上的缺陷而置身于信息大门之外，真正使每一个人成为信息社会的受益者。

(2) 实施者

个人既是信息获取权保障体系的受益者，也是实施者，即使有再完备的外部条件，信息获取权仍然依赖于每一个社会成员在社会实践中去实现。在信息与人的相互关系中，不同的个体对信息的反应各不相同，即使是同一信息，不同的个体实施效果各有差别。这是由信息需求的不同和个体主、客观方面的差异决定的。

个人是信息获取权保障的直接实施者。政府部门和信息服务机构提供的各种类型的信息资源，需要个人在具体的信息活动中加以利用。个人通过自己的行为获取信息，利用信息，甚至进行信息的再创造活动。没有个人对信息的利用，信息资源的价值就无法实现，更谈不上对信息获取权的保障。为了保障信息获取权的实现，个人应该努力提高信息素养，增强信息获取能力，以促进信息资源的开发利用，最大限度地实现自身权利。

(3) 推进者

个人是信息获取权的权利主体，是信息获取权保障体系发展完善的主要推进者。个人对信息获取权保障体系的推进体现在多个方面：从信息市场角度而言，个人是信息市场的最终消费者，信息消费者需求的变化必然会推进信息生产与信息服务的发展；从信息权利的角度而言，个人是信息权利的享有者，个人信息权利的实现必将促进信息获取权保障体系的发展与完善。当然个人既是信息权利主体，也是义务主体；既是受益者，也是推进者。作为义务主体的个人，在从事信息生产与创造活动的过程中，会促使社会信息资源总量增加。社会上还有一批直接从事信息服务工作的个人，他们都直接参与到信息获取权保障体系建设中去。

在信息获取权保障体系的建设与完善过程中，个人应该明确自身的双重身份，既是权利主体，也是义务主体；既是信息接受者，又是信息提供者；既是受益者，也是执行者。个人既要维护自身的信息获取权益，又要发挥个体的积极性、创造性，主动参与信息资源建设与开发利用，做信息获取权保障体系建设的积极推进者。

个人信息保护是随着信息自由的发展而日益引起社会关注的问题，公民在获取个人信息时应该充分把握好个人信息保护与促进信息自由流动的关系，处理好公共利益与个人利益的平衡,防止以保障公民基本信息获取权利为由,过度收集个人信息,擅自披露个人信息,导致个人信息的滥用,从而不合理地侵犯个人利益。

处理信息公共获取与个人信息保护之间冲突的基本原则是利益平衡,在利益平衡的基础之上进行合理限定,从而既尽最大可能地促进公民信息获取权的实现,又最大限度地保护个人信息安全。

6.3.2 个人保障的内容

从信息活动的角度而言,个人信息获取权保障的内容主要包括以下三个方面:信息意识、信息知识与信息能力。

(1) 信息意识

信息意识是信息在人脑中的集中反映,即社会成员在信息活动中产生的认识、观点和理论的总和,是人们凭借对信息与信息价值所特有的敏感性和亲和力,主动利用现代信息技术捕捉、判断、整理、利用信息的意识。[1] 信息意识的高低决定了人们能否认识到信息的作用、价值,能否敏锐地捕捉和挖掘信息,能否有效地获取信息和创造信息。

信息意识包括三个要素,即信息注意力、信息敏锐力、信息洞察力[2]。信息注意力是指对信息指向和集中的能力,由于注意,人们才会深刻感知信息,关注信息。信息敏锐力是指人们对信息的敏锐度,敏锐力使人易于察觉信息,发现信息的价值。信息洞察力是人们对注意到的信息进行深层次观察的能力,主要体现在信息判断的前瞻性,信息处理的准确性和信息创造的新颖性。

信息意识贯穿于整个信息活动中,信息意识在个人的信息活动中起着基础性作用。信息意识指引着人们的信息行为,个人信息获取的前提是具备良好的信息意识。信息意识会引导个人在确定自身信息需求的基础上,制定查询目标,从各种信息源中进行有效查询与筛选,从而选择符合其信息需求的内容。个人的信息意识水平,会直接影响到其信息获取、利用和转化的效果。信息意识是个人信息获取权保障的重要内容,只有具备良好的信息意识,信息获取活动才能有效开展。

---

[1] 张素芳.信息意识定义分析[J].情报学报,1999(S1):5-7.
[2] 秦殿启.信息素养论[M].南京:南京大学出版社.2012:163.

(2) 信息知识

知识是人类在实践中认识客观世界的成果，是构成人类智慧的最根本因素。信息知识是与信息有关的理论、技术与方法，包括人们对信息本质、特性、信息运动规律、信息社会、信息技术、信息方法等方面的认识和描述。信息知识与信息意识、信息能力是一个完备的体系，知识是用以指导实践、解决问题的基础，丰富的知识是信息意识和信息能力形成的前提。

信息活动建立在信息知识的基础上，系统的理论知识与技术知识是人们开展信息活动的基础，信息获取是重要的信息活动，是信息知识价值的体现，也是信息知识不断丰富的过程。在信息获取活动中，个人首先需要对信息本身有科学、准确的认识，了解信息的概念与内涵、信息的性质与特征，信息的价值与作用，以及信息分析、检索、处理等方面的知识。在掌握信息知识的基础上，才能有效获取和利用信息，从而使信息转化为现实生产力，成为社会共同财富。

(3) 信息能力

信息能力是指人们利用信息资源和信息技术解决问题的技能和本领。在信息社会，信息能力是个体生存与发展的基础，是开展终身学习的先决条件，信息意识、信息知识、信息能力越来越影响到人们的学习、生活和工作。信息能力是信息社会人人应该具备的基本能力。新兴的信息技术在给人们带来便利的同时，又向人们发起挑战，面对海量的信息资源和新兴的信息技术，如何提高个人信息能力成为重要的社会问题。个人只有具备高超的信息能力，才能在信息海洋中游刃有余，通过科学的信息开发和利用提升自己、造福社会。

信息能力体现在具体的信息活动中，从信息活动的过程来看，信息能力包括信息收集能力、信息分析能力、信息处理能力、信息创造能力等方面。信息收集能力是指人们从适当的信息源中通过检索与筛选获取所需信息的能力；信息分析能力是指对已获得的信息进行整理和科学抽象，并分辨信息间相互关联的能力；信息处理能力是指对信息进行加工，使之成为有用信息的能力；信息创造能力是指个人在已有信息基础上通过创造性智力活动产生新信息的能力。

信息能力是个人信息获取权保障的重要内容。信息能力是个人综合素质的重要体现，个人只有具备一定的信息能力，才能高效地获取所需信息，从而在法律允许的范围内充分行使自身的信息权利。

6.3.3 个人保障的践行

信息意识、信息知识、信息能力作为影响个人信息获取水平的三个基本因素，是个人保障信息获取权实现的重要内容。在保障信息获取权实现的过程中，信息意识是先导，信息知识是根本，信息能力是核心，三者互相作用，共同保障个人有效开展信息活动。在社会实践中，强烈的信息意识，丰富的信息知识，高超的信息能力对信息获取而言必不可少，个人应该加强信息意识的培养，信息知识的学习，信息能力的提升，以全面实现信息获取权利。

(1) 培养信息意识，明确信息获取需求

信息意识是一切信息活动的先导与前提。在信息社会，个人只有具备良好的信息意识，才能充分认识到信息的价值，了解自身信息需求，才有信息获取的动力。在现实中，信息意识缺乏在一定范围内存在，有部分人对身边的各种信息视若无睹，缺少对信息的感受力，认识不到自身的信息需求，更谈不上对信息的有效开发与利用。

为了促进个人对信息的有效获取，首先需要加强信息意识的培养。通过信息意识的培养，使个人充分认识到信息的价值和作用，产生信息获取的愿望，激发信息获取需求，形成对信息的积极态度。在实践中，培养信息意识可以通过以下途径展开：一是加强理论学习，学习与信息相关的理论知识，充分了解信息的本质属性、信息的作用、信息环境、信息系统等相关知识，从而对信息有一个准确全面的认识。二是在实践中培养信息意识，在实践中遇到问题时，首先考虑如何通过信息的获取去解决，尽可能主动利用周围的信息资源和信息服务。总之，信息意识是个人信息需求形成的基础，是一切信息活动产生的前提。信息社会发展日新月异，加强信息意识培养就是要使个人充分认识到信息的内涵与规律、功能与作用，对信息产生科学、准确、清晰的认知，从而增强个人对信息活动的积极性、主动性，将实践中遇到的问题转化为信息需求，产生获取信息的动机并付诸实施。

(2) 掌握信息知识，拓宽信息获取渠道

信息知识是信息活动的基础和根本，知识是使信息意识转化为信息活动的基本保障。只有全面掌握信息知识，将人类关于信息认识的成果进行接受、消化、吸收，从而变成个人自身的精神财富，才能利用信息解决有关问题，使信息成功转化为生产力、竞争力与实际效益。信息获取建立在科学、全面、准确的信息知识基础之上，信息的有效获取又能促进信息知识的不断更新与增长。掌握信息知识是个人信息获取权保障体系建设的重要组成部分，是一种必不可少的基础性工作。

信息意识是个人思维活动的结果，难免带有一定的主观倾向性，而信息知识是人类关于信息认识的集体智慧结晶，是具有普遍科学意义的认识成果。在人类的信息活动中，对信息知识的准确掌握可以使人们在信息获取时能够依照科学的标准分析信息、利用信息，减少个人主观臆断，从而保证信息获取的真实性、科学性。

为了促进信息知识的掌握，个人需要通过自主学习，专业培训、专题讲座等方式，充分接触信息理论与技术知识，使之转化为可以指导信息活动实践的观点与经验，从而拓宽信息获取渠道，完善信息获取方法，使个人信息获取权得到有效保障。

(3) 提升信息能力，提高信息获取质量

信息能力是决定信息获取水平的核心与关键因素，信息能力高低决定了信息资源开发利用的效率和个人信息获取权的实现程度。广泛开展信息能力建设是大势所趋。加强个人信息能力建设，才能促进个人对信息的收集、检索、分析与利用，从而准确、全面、高效地获取信息。信息能力提升的基础是强烈的信息意识、完备的信息知识，只有在对信息具有敏锐的洞察力、对信息知识有充分了解的基础上，才能在信息活动实践中提升信息资源开发利用的本领与技能。个人信息能力的提升是一个长期的、连续的不断学习的过程，从信息意识的培养到信息知识积累，再到信息能力的提升并非一朝一夕之功，除了加强学习和培训外，还需要在实践中不断进步。个人意识到信息的重要性，掌握了相关信息知识，要真正提高信息能力，必须在实践中进行针对性的练习，养成主动获取信息的习惯，并及时反思和总结，才能使信息能力得到实质性提升。

提升信息能力是社会公众提高信息获取质量的先决条件。社会的信息鸿沟很大程度上是由于不同的社会成员因为信息能力的差异而导致信息获取数量与质量上的不平等。提升个人信息能力，是有效消除信息鸿沟的关键因素。个人信息能力的提升，使其在充分了解和熟悉各种信息源的基础上，准确把握自身信息需求，并准确判断能通过什么途径，采用什么方法获取所需信息，继而掌握并应用多种信息检索工具，从无边无际的信息海洋中提取有效信息，充分挖掘其价值，从而为管理决策、科学研究、生产和生活实践提供有益指导。

7 研究结论与展望

7.1 研究结论

信息自由不仅是信息社会的基本特征,也是民主制度的核心,信息获取是信息自由的基础与核心内容。以法律形式承认公民信息获取权,并充分保障信息获取权的实现,是民主法治国家在信息社会的必然选择。信息获取是信息社会公民的普遍需求,信息获取权是公民的基本权利,为此需要建立信息获取权保障体系,使信息不至于成为社会少数阶层才能消费的奢侈品。任何公民,不论其身份或地位,都应该平等地享有获得信息的机会。本书以信息获取权为基点,从本体、价值、实践三个角度全面、系统、深入探讨公民信息获取权保障问题,通过理论与实证分析得出相关研究结论。

7.1.1 信息获取权本体认识

信息获取权是公民享有的依法获得政府信息、企业信息、社会组织信息等与社会公共利益密切相关的信息的权利。信息获取权是社会公平理论在信息问题上的体现,是社会正义在信息社会实现的基础,是建立新的信息秩序的需要。信息获取权是信息社会公民享有的基本权利,是具有普适性的基本人权。信息获取权的定义以及信息获取权的主体、客体、内容三个要素是信息获取权本体论的基本内容。本书以公民权利为基石阐述信息获取权的基本概念,信息获取权是公民所享有的基本权利,具体内容包括信息资源内容选择权、信息获取技术知悉权、信息传播渠道接触权和信息服务质量保障权。

7.1.2 信息获取权保障价值分析

权利的存在形态有三种:应有权利、法定权利和实有权利。法律的确认使公民信息获取权从应有权利转化为法定权利，而法定权利是静态的、可能的权利形态，对于公民而言，具有真正意义的是实有权利。信息获取权作为公民的一项法定权利，要使其转化为实有权利，需要加强权利保障，通过有效措施使权利实现其理想状态，使公民的信息获取权在社会实践中不受非法妨碍和干扰，得到充分行使。

无论是从信息社会的时代背景还是从信息资源公平分配的角度出发，信息获取权保障都有其存在的必要性，同时，信息获取权保障也具有促进民主政治、经济发展、文化进步的积极意义。信息自由、信息平等、信息公开、信息共享是信息获取权保障的应有之义。

7.1.3 信息获取权保障实践探索

要使公民信息获取权得以实现，需要国家建立完善的信息获取权保障体系。信息获取权保障体系以满足公民信息需求为目标，以提供优质信息服务为手段，为公民提供丰富的信息资源。信息获取权保障体系是一个系统工程，除了法律对信息获取权的确认和执法、司法的跟进外，还包括制度保障、技术保障、管理保障三个层次。信息制度、信息技术与管理工作共同作用于信息获取活动中，形成相互联系、相辅相成的信息获取权保障系统。

信息获取权的实施需要国家、政府、社会、民众的共同努力，各方应协调一致，共同推进公民信息获取权的实现。政府作为社会公共权力机关，是信息获取权保障的引领者，社会机构是信息获取权保障的主力军，个人是信息获取权保障的执行者。政府、机构、个人三位一体，构筑起公民信息获取权保障的统一战线。

7.2 研究展望

对公民信息获取权的关注与推进，是信息社会发展的必然趋势。随着信息社会的发展，信息资源日益成为重要的无形资产和社会财富。随着信息资源的急剧增长，因信息资源分配不公而产生的各种矛盾日益突出，法律是解决社会矛盾的常规武器。近年来，信息获取权立法在世界各地得到长足发展，信息获取权保障体系逐步形成。信息获取权保护的发展趋势主要体现在以下方面。

7.2.1 加强信息法制建设

立法是实现信息获取权的最基本条件，权利是法产生的基础，法是权利的体现。信息获取权将由更系统、更科学的法律制度加以确认。"他山之石，可以攻玉"，在进行信息获取权立法时，我国可以借鉴国外比较成熟的信息获取权立法理论与实践，并结合我国具体国情，拓展思路、理性安排，制定出符合社会发展与人民需要的信息获取法。

随着社会的发展，信息获取权的内容将不断扩展，信息获取的形式日益多样化，信息获取权实现的渠道也将发生变革。信息获取权的权利性质、权利内容、信息获取的范围和权利行使的方式等，随着社会的发展和信息技术的推进将发生变化。信息获取权的立法理论、立法技术、立法实践方面还有不少问题亟待深入研究。

7.2.2 突出公民的权利主体地位

社会的发展依赖每一位公民的积极参与，公民在国家和社会结构中处于主体地位。在信息获取权体系中，应强调公民的主体地位。信息获取权是公民的需求、价值、权益在信息活动领域的具体体现。信息法的存在就是为了保护公民的基本利益，促进公民在信息社会的价值实现和个人发展。

突出公民权利主体意识，引导公民对信息获取权的关注与诉求，是公民社会发展的方向。只有每一位公民积极开展信息活动，才能激发全体社会成员的创造力。为了增强公民权利主体地位，需要通过多种途径积极培育公民在信息社会的权利意识、责任意识、参与意识，使公民可以多渠道实现自身的信息获取权。

7.2.3 创新信息获取权保障体系

公民信息获取权的实现需要信息获取权保障体系的构建。如何在信息获取权保障体系建设中做到政府宏观调控、社会积极支持，公民主动参与，使国家、社会和个人形成最大合力，是信息获取权保障体系创新发展的方向。

总之，构建信息获取权保障体系的目标是要建立一个和谐发展的信息社会，切实维护公民的信息权利。信息获取权保障体系建设应该树立服务公民的理念，为公民提供优质、便捷的信息服务。政府做好规划引导、吸收社会力量广泛参与，构建技术先进、内容丰富、科学合理的信息获取权保障体系，真正将维护公民信息获取权落到实处。

参 考 文 献

中文文献

[1] 考夫曼. 法律哲学 [M]. 刘幸义, 等, 译. 北京: 法律出版社, 2004.

[2] 鲁道夫·冯·耶林. 为权利而斗争 [M]. 胡宝海, 译. 北京: 中国法制出版社, 2004.

[3] 路德维希·费尔巴哈. 费尔巴哈哲学著作选集（下卷）[M]. 荣震华, 等, 译. 北京: 商务印书馆, 1984.

[4] 托比·曼德尔. 信息自由: 多国法律比较 [M]. 龚文庠, 等, 译. 北京: 社会科学文献出版社, 2011.

[5] 布赖恩·卡欣, 哈尔·瓦里安. 传媒经济学 [M]. 常玉田, 等, 译. 北京: 中信出版社, 2003.

[6] 布鲁斯·金格马. 信息经济学 [M]. 马费成, 袁红, 译. 太原: 山西经济出版社, 1999.

[7] 戴维·申克. 信息烟尘——在信息爆炸中求生存 [M]. 黄锫坚, 等, 译. 南昌: 江西教育出版社, 2001.

[8] 丹尼尔·贝尔. 后工业社会的来临 [M]. 高铦, 等, 译. 北京: 新华出版社, 1997.

[9] 约翰·梅西·赞恩. 西方法律的历史 [M]. 孙远申, 译. 西安: 陕西师范大学出版社, 2009.

[10] 约翰·奈斯比特. 大趋势——改变我们生活的十个新方向 [M]. 孙道章, 等, 译. 北京: 中国社会科学出版社, 1984.

[11] 但丁. 论世界帝国 [M]. 北京: 商务印书馆, 1985.

[12] 哈耶克. 自由秩序原理 [M]. 邓正来, 译. 北京: 三联书店, 1997.

[13] 安耕. 基于中国互联网平台的信息权利研究 [D]. 南京大学, 2011.

[14] 毕红秋. 信息自由: 图书馆价值的核心概念 [J]. 图书馆论坛, 2005 (4).

［15］毕强，温平．网络环境下信息资源的获取策略研究［J］．中国图书馆学报，2000（6）．

［16］蔡俊生，陈荷清，韩林德．文化论．［M］．北京：人民出版社，2003．

［17］蔡娜，吴开平．公共档案馆——公民信息权的基本保障［J］．档案与建设，2005（11）．

［18］蔡荣生，漆良藩．网络环境下信息内容检索探讨［J］．图书馆论坛，2009（2）．

［19］蔡瑛．论信息资源的经济社会价值［J］．理论学刊，2004（2）．

［20］陈畴镛．信息资源管理［M］．杭州：浙江大学出版社，2004．

［21］陈传夫，曾明．科学数据完全与公开获取政策及其借鉴意义［J］．图书馆论坛，2006（2）．

［22］陈传夫，姚维保．我国信息资源公共获取的差距、障碍与政府策略建议［J］．图书馆论坛，2004（6）．

［23］陈传夫．21世纪两岸信息资源共享与保护［J］．图书馆学研究，1998（2）．

［24］陈传夫．推进信息资源公共获取专题编者寄语［J］．图书情报工作，2004（5）．

［25］陈传夫．信息资源公共获取的社会价值与国际研究动向［J］．中国图书馆学报，2006（4）．

［26］陈传夫．知识产权保护与信息公共获取［N］．光明日报，2001-11-14：2．

［27］陈传夫．中国科学数据公共获取机制：特点、障碍与优化的建议［J］．中国软科学，2004（2）．

［28］陈建民．网络环境下用户信息获取的障碍分析［J］．情报杂志，2006（2）．

［29］陈明茗．我国个人信息权的权利内容研究［D］．重庆：西南政法大学，2014．

［30］陈艳红，刘芳．基于信息获取权利视角的信息公平研究综述［J］．档案学通讯，2010（4）．

［31］程焕文，潘燕桃．信息资源共享［M］．北京：高等教育出版社，2004．

［32］程结晶．公共服务管理平台中档案信息传播服务模式的构建［J］．

档案学研究，2010（4）.

［33］崔海峰，洪跃．图书馆在开放存取中的对策［J］．图书馆学刊，2006（4）.

［34］崔林．网络环境下公民信息获取权保障途径研究——基于数字图书馆的视角［J］．图书馆学研究，2010（10）.

［35］崔雁．推进国民经济宏观信息的公共获取［J］．图书情报工作，2004（5）.

［36］崔雁．知识产权与信息公共获取协调研究［D］．武汉：武汉大学，2005.

［37］戴维民．网络信息优化传播导论［M］．上海：复旦大学出版社，2004.

［38］刁胜先．论个人信息权的权利结构——以"控制权"为束点和视角［J］．北京理工大学学报（社会科学版），2011（3）.

［39］丁先存．论消费者信息获取权的实现［J］．中国工商管理研究，2000（12）.

［40］丁占罡．我国信息公平问题研究述评［J］．图书情报工作，2010（2）.

［41］东方．印度的信息获取经验及对我国图书馆的启示［J］．图书馆杂志，2010（1）.

［42］董永飞，蒋永福，卢国强．信息权利限度的法理思考［J］．大学图书馆学报，2010（6）.

［43］董长瑞，杨丽．微观经济学［M］．济南：山东大学出版社，2005.

［44］豆洪青，韩惠琴．刍议读者信息获取自由［J］．图书馆杂志，2005（10）.

［45］杜承铭．论表达自由［J］．中国法学，2001（3）.

［46］杜江南．论信息污染［J］．情报探索，2004（4）.

［47］范并思．建设一个信息公平与信息保障的制度——纪念中国近代图书馆百年［J］．图书馆，2004（2）.

［48］范并思．信息获取权利：政府信息公开的法理基础［J］．图书情报工作，2008（6）.

［49］冯仿娅．数字时代的信息权利期待［J］．图书馆论坛，2007（6）.

［50］冯军．瑞典新闻出版自由与信息公开制度论要［J］．环球法律评

论，2003（4）.

[51] 冯湘君，蒋冠. 对城市弱势群体政府信息获取问题的思考［J］. 档案学通讯，2010（5）.

[52] 冯晓青. 信息产权理论与知识产权制度之正当性［J］. 法律科学，2005（4）.

[53] 符福垣. 信息资源学［M］. 北京：海洋出版社，1997.

[54] 傅松涛. 信息主体、学赋人权与终身学习［J］. 学术研究，2003（5）.

[55] 高波，吴慰慈. 从文献资源建设到信息资源建设［J］. 中国图书馆学报，2000（5）.

[56] 龚向和. 作为人权的社会权——社会权法律问题研究［M］. 北京：人民出版社，2007.

[57] 古丽. 论个人信息权［D］. 重庆：西南政法大学，2013.

[58] 郭建平. 政府信息公开的经济学意义［J］. 档案学通讯，2009（4）.

[59] 郭明龙. 个人信息权利的侵权法保护［M］. 北京：中国法制出版社，2012.

[60] 郭鹏. 个人信息权及其欧盟保护［J］. 政法学刊，2011（1）.

[61] 韩丽娜. 论个人信息权［J］. 社会科学论坛（学术研究卷），2007（10）.

[62] 韩松涛. 人权入宪与信息自由［J］. 图书馆，2004（6）.

[63] 贺鉴. 论国际人权宪章对基本人权的国际保护［J］. 湘潭大学学报（哲学社会科学版），2008（1）.

[64] 贺鸣. 数字图书馆建设中的著作权法定许可适用问题研究［J］. 法制与经济，2016（2）.

[65] 洪伟达，马海群. 面向信息权利的著作权制度效率改进——以创作共用为视角［J］. 图书馆论坛，2008（6）.

[66] 后向东. 信息公开期限规定比较研究——基于对美国《信息自由法》的考察［J］. 中国行政管理，2014（2）.

[67] 胡昌平，乔欢. 信息服务与用户［M］. 武汉：武汉大学出版社，2001.

[68] 胡昌平，等. 信息服务管理［M］. 北京：科学出版社，2003.

[69] 胡卫萍. 论我国个人信息权的法律维护 [J]. 成都理工大学学报（社会科学版），2013（4）.

[70] 黄瑞华，等. 论网络环境下的信息获取权 [J]. 情报学报，2001（6）.

[71] 黄璇. 试论我国证券信息资源公共获取 [J]. 图书情报工作，2004（5）.

[72] 黄长著，霍国庆. 我国信息资源共享的战略分析 [J]. 中国图书馆学报，2000（3）.

[73] 黄长著. 大数据时代需注重数据掌控 [N]. 人民日报，2015-10-21：7.

[74] 蒋红珍. 从"知的需要"到"知的权利"：政府信息依申请公开制度的困境及其超越 [J]. 政法论坛，2012（6）.

[75] 蒋坡. 个人数据信息的法律保护 [M]. 北京：中国政法大学出版社，2008.

[76] 蒋永福，黄丽霞. 信息自由、信息权利与公共图书馆制度 [J]. 图书情报知识，2005（1）.

[77] 蒋永福，刘鑫. 论信息公平（二）[J]. 图书与情报. 2006（1）.

[78] 蒋永福，庄善杰. 信息获取自由与公共图书馆 [J]. 图书馆论坛，2005（6）.

[79] 蒋永福. 信息自由及其限度研究 [M]. 北京：社会科学文献出版社，2007.

[80] 金燕. 社会弱势群体信息获取权利及其实现研究 [J]. 兰台世界，2013（23）.

[81] 靖继鹏，吴正荆. 信息社会学 [M]. 北京：科学出版社，2004.

[82] 孔令杰. 个人资料隐私的法律保护 [M]. 武汉：武汉大学出版社，2009.

[83] 赖茂生，王芳. 信息经济学 [M]. 北京：北京大学出版社，2006.

[84] 兰小媛. 信息公平研究 [D]. 上海：华东师范大学，2007.

[85] 郎庆斌，孙毅，杨莉. 个人信息保护概论 [M]. 北京：人民出版社，2008.

[86] 雷迪. 大学生数字信息获取能力的培养 [J]. 图书馆学研究，2007（7）.

[87] 李阿娇. 个人信息权保护研究 [D]. 重庆：重庆大学, 2011.

[88] 李纲等. 论信息资源共享及其效率 [J]. 中国图书馆学报, 2001 (3).

[89] 李国新, 于良芝, 徐珊. 公共图书馆与政府信息公开 [J]. 中国图书馆学报, 2008 (3).

[90] 李国英. 信息权利的解释功能——"人肉搜索"的法律分析工具 [J]. 金陵法律评论, 2010 (1).

[91] 李昊青. 基于信息权利的信息公平研究 [D]. 哈尔滨：黑龙江大学, 2009.

[92] 李昊青. 浅析信息法学研究方法中的价值与效率维度 [J]. 图书馆学研究, 2008 (9).

[93] 李昊青. 社会弱势群体信息权利保障研究——一种基于权利表达的视角 [J]. 图书情报工作, 2011 (15).

[94] 李昊青. 社会弱势群体信息权利表达研究——影响成因、表达特点与价值意涵 [J]. 现代情报, 2011 (12).

[95] 李昊青. 现代权利价值语境中的信息公平与信息权利 [J]. 图书情报工作, 2009 (21).

[96] 李昊青. 信息权利救济：信息权利实现的程序化保障 [J]. 图书情报工作, 2009 (2).

[97] 李建华. 公共政策程序正义及其价值 [J]. 中国社会科学, 2009 (1).

[98] 李坤. 基于图书馆核心价值的读者信息获取自由的保护探究 [J]. 情报资料工作, 2009 (06).

[99] 李坤. 试论读者的信息获取自由权利及其保护 [J]. 农业图书情报学刊, 2008 (9).

[100] 李玲, 刘进军. 图书馆在实现弱势群体信息获取权中的地位与作用研究 [J]. 现代情报, 2013 (4).

[101] 李文静. 略论大学生网络信息获取技能训练体系的构建 [J]. 广州大学学报（社会科学版）, 2007 (7).

[102] 李希明, 陈琦. 试论网络信息获取的影响因素与对策 [J]. 图书馆论坛, 2001 (6).

[103] 李晓东. 信息化与经济发展 [M]. 北京：中国发展出版社，2000.

[104] 李晓辉. 信息权利研究 [M]. 北京：知识产权出版社，2006.

[105] 李晓辉. 信息权利——一种权利类型分析 [J]. 法制与社会发展，2004（4）.

[106] 李彦斌. 个人信息权保护法律问题研究 [D]. 合肥：安徽大学，2011.

[107] 李艳芳. 论公众参与环境影响评价中的信息公开制度 [J]. 江海学刊，2004（1）.

[108] 李仪，张娟. 面向图书馆读者的个人信息权利设置研究——以关怀读者人格为目的 [J]. 图书馆论坛，2015（6）.

[109] 李迎春. 我国信息权利研究综述 [J]. 情报探索，2012（4）.

[110] 李志义. 从信息传播谈信息污染的原因 [J]. 图书与情报，1998（1）.

[111] 连志英. 公民获取政府电子文件信息权利保障研究 [J]. 档案学通讯，2011（2）.

[112] 连志英. 美国国家档案馆公民获取电子文件信息权利保障及启示 [J]. 档案学通讯，2010（6）.

[113] 连志英. 我国《政府信息公开条例》的修改与完善 [J]. 情报科学，2012（4）.

[114] 刘杰. 知情权与信息公开法 [M]. 北京：清华大学出版社，2005.

[115] 刘进军等. 我国社会公众信息获取权保障研究综述 [J]. 图书馆学刊，2013（3）.

[116] 刘青. 信息法之实质：平衡信息控制与获取的法律制度 [J]. 中国图书馆学报，2007（4）.

[117] 刘伟. 证券市场的泛信息不对称状态及其优化——基于信息传递流程的分析 [J]. 图书情报知识，2005（1）.

[118] 刘伟红. 公民信息获取权研究 [D]. 济南：山东大学，2006.

[119] 刘霞. 大学图书馆应重视对学生文献信息获取能力的培养 [J]. 青海师范大学学报（哲学社会科学版），2009（2）.

[120] 刘秀清. 浅析个人信息权 [J]. 法制与社会，2013（20）.

[121] 刘璇. 美国公共图书馆经费保障制度研究 [J]. 中国图书馆学报，

2012（6）.

[122] 刘毅力. 信息检索与学生信息获取能力的培养[J]. 吉林广播电视大学学报, 2008（5）.

[123] 刘月平. 公民权利意识培育与中国民主社会发展[J]. 前沿, 2008（9）.

[124] 刘振西, 易玮. 大学生研究性学习中的期刊文献需求信息的获取[J]. 现代情报, 2007（12）.

[125] 娄耀雄. 信息法研究[M]. 北京: 人民法院出版社, 2004.

[126] 鲁慧丽. 法哲学视野下的权利客体新探[D]. 哈尔滨: 哈尔滨工业大学, 2006.

[127] 陆浩东. 论信息权利与图书馆制度[J]. 高校图书馆工作, 2006（2）.

[128] 马费成, 靖继鹏. 信息经济分析[M]. 北京: 科学技术文献出版社, 2005.

[129] 马费成. 信息资源管理的历史沿革——从信息源管理到信息资源管理[J]. 情报科学, 1998（3）.

[130] 马费成. 信息管理学基础[M]. 武汉: 武汉大学出版社, 2002.

[131] 马海群. 论我国著作权信息的来源与获取[J]. 情报理论与实践, 1999（3）.

[132] 马海群. 信息资源管理政策与法规[M]. 北京: 科学出版社: 2009.

[133] 马宏伟. 印度信息获取活动的思索[J]. 图书馆建设, 2009（11）.

[134] 马仁杰, 张浩. 关于电子文件立法若干问题的思考[J]. 档案学通讯, 2010（5）.

[135] 马志清. 应有权利、法定权利向现实权利转化可能性中的激励问题[J]. 法制与社会, 2008（9）.

[136] 毛骁骁. 论《档案法》与《政府信息公开条例》的衔接问题——以WTO规则为视角[J]. 档案学通讯, 2010（4）.

[137] 孟广均. 信息资源管理导论[M]. 北京: 科学出版社, 2003.

[138] 莫于川, 肖竹. 公开法制的巨大力量——第五届国际信息专员大会暨政府信息公开国际学术研讨会综述[J]. 行政法学研究, 2008（2）.

[139] 聂云霞, 杨慧. 信息权利均衡视角下《档案法》的修改[J]. 档

案管理，2013（4）.

[140] 彭斐章. 数字时代我国图书馆发展值得思考的问题[J]. 图书馆论坛，2002（5）.

[141] 齐爱民. 论个人信息的法律保护[J]. 苏州大学学报，2005（2）.

[142] 齐虹. 信息服务的成本收益效应解析[J]. 档案学通讯，2005（2）.

[143] 秦殿启. 信息素养论[M]. 南京：南京大学出版社. 2012.

[144] 邱均平，文庭孝. 评价学[M]. 北京：科学出版社，2010.

[145] 邱均平. 论信息资源与社会发展的关系[J]. 图书情报工作，1997（2）.

[146] 邱均平. 信息资源对社会发展的影响和作用[J]. 中国图书馆学报，1997（2）.

[147] 邱瑜. 公民信息权的公法保护研究[J]. 法制与社会，2007（1）.

[148] 裘丽明. 电子商务中信息不对称的经济分析[J]. 技术经济与管理研究，2004（2）.

[149] 沙勇忠. 基于信息权利的网络信息伦理[J]. 兰州大学学报，2006（5）.

[150] 邵培仁. 信息公平论：追求建立世界信息传播新秩序[J]. 浙江传媒学院学报，2008（2）.

[151] 沈学雨. 论个人信息权的法律保护[D]. 南昌：南昌大学，2010.

[152] 史尚宽. 民法总论[M]. 北京：中国政法大学出版社，2000.

[153] 宋金玲，霍国庆. 信息资源的基本理论问题研究[J]. 图书情报工作，2002（11）.

[154] 宋伟，张雯雯. 论因特网中信息权的保护[J]. 科技与法律，2000（4）.

[155] 宋长军. 日本信息公开法的制定及特点[J]. 外国法译评，2000（1）.

[156] 苏丽，张萍. 新时期学生信息获取和综合能力培养的研究与思考[J]. 现代情报，2005（12）.

[157] 粟劲苍，周广. 信息流视角下保障公众信息获取权利的障碍因素分析[J]. 新世纪图书馆，2013（12）.

[158] 隋立婧. 个人信息权的法律保护问题探究[D]. 东北师范大学，2013.

[159] 孙彩红. 印度《信息权利法》的实施及其启示 [J]. 中国行政管理, 2011 (9).

[160] 孙凯. 个人信息权法律问题研究 [D]. 重庆: 西南政法大学, 2007.

[161] 孙石康. 美国《信息权利法》简介 [J]. 全球科技经济瞭望, 2003 (8).

[162] 万高隆, 邓博. 我国政府信息公开的价值、困境与出路 [J]. 江西行政学院学报, 2009 (4).

[163] 汪全胜, 方利平. 政府的信息获取权初论 [J]. 情报杂志, 2006 (10).

[164] 王果明. 信息权利和资料库的立法保护——欧美资料库立法现状述评 [J]. 知识产权, 2000 (2).

[165] 王海燕. 我国信息内容产业发展策略探析 [J]. 情报探索, 2005 (3).

[166] 王建, 赵静, 王玉平. 西部农村的信息贫困及农民信息权利维护 [J]. 图书情报工作, 2007 (10).

[167] 王建. 政府信息公开与公民信息获取权保障 [J]. 兰台世界, 2009 (18).

[168] 王建冬. 公益性信息机构信息资源开发利用的模式创新研究 [J]. 图书情报工作, 2011 (9).

[169] 王静芳. 图书馆服务创新及读者文献信息获取能力的培养 [J]. 现代情报. 2003 (5).

[170] 王利明. 论个人信息权在人格权法中的地位 [J]. 苏州大学学报 (哲学社会科学版), 2012 (6).

[171] 王鲁东. 个人信息权法律保护探析 [J]. 中共青岛市委党校 (青岛行政学院学报), 2008 (10).

[172] 王素芳. 我国城市弱势群体信息获取问题初探 [J]. 图书情报知识, 2004 (1).

[173] 王正兴, 刘闯. 英国的信息自由法与政府信息共享 [J]. 科学学研究, 2006 (5).

[174] 王中. 论政府对信息不对称市场的规制 [J]. 中国信息界, 2006 (6).

［175］魏明海，黎文靖．信息权利的性质与特征［J］．管理学报，2006（5）．

［176］乌家培，等．信息经济学［M］．北京：高等教育出版社，2002．

［177］吴淦峰，潘淑春．信息资源的经济特性分析［J］．图书情报工作，2006（3）．

［178］吴梅兰，刘勤志．关于信息不对称问题的研究［J］．情报杂志，2006（6）．

［179］吴蜀红．政府信息资源公众获取的保障研究［J］．图书馆，2004（6）．

［180］吴慰慈，李富玲．区域信息资源共建共享保障体系建设研究［J］．图书馆论坛，2005（6）．

［181］吴慰慈．从信息资源管理到知识管理［J］．图书馆论坛，2002（5）．

［182］吴慰慈．网络环境下信息存储与检索技术的发展［J］．四川图书馆学报，2003（1）．

［183］吴慰慈．我国信息化建设的进展与对策［J］．图书馆论坛，2003（6）．

［184］吴晓尧．信息获取的变迁及信息获取能力的培养［J］．图书馆理论与实践，2007（3）．

［185］项锦钦．论个人信息权的法律保护［D］．兰州：兰州大学，2009．

［186］肖冬梅．版权的争取、让渡与公众信息权利保障［J］．中国图书馆学报，2006（4）．

［187］肖冬梅．图书馆信息资源公共获取研究［J］．图书馆，2008（6）．

［188］肖冬梅．信息资源公共获取释义及其制度溯源［J］．图书与情报，2008（3）．

［189］肖冬梅．信息资源公共获取制度研究［M］．北京：海洋出版社，2008．

［190］肖冬梅．信息资源公共获取主体和客体辨析［J］．图书情报工作，2011（7）．

［191］肖峰．信息、文化与文化信息主义［J］．自然辩证法通讯，2010（2）．

[192] 肖桂林，朱向东．日本的政府信息公开制度［J］．人大研究，2008（2）．

[193] 肖秋会．近五年来俄罗斯信息政策和信息立法进展［J］．图书情报知识，2010（4）．

[194] 肖希明．构建知识创新的信息保障体系［J］．图书馆论坛，2003（6）．

[195] 肖希明．推进我国信息资源共享政策体系建设［J］．情报资料工作，2005（6）．

[196] 肖希明．现代信息技术与文献资源共享［J］．图书与情报，1996（2）．

[197] 谢青．日本的个人信息保护法制及启示［J］．政治与法律，2006（6）．

[198] 熊回香，张晨．网络环境下用户信息获取障碍研究［J］．情报科学，2009（2）．

[199] 徐翔．论个人信息权的法律保护［J］．吉林广播电视大学学报，2014（9）．

[200] 杨兵兵．论个人信息权［D］．济南：山东大学，2013．

[201] 杨海平．信息政策法规的执法与监督制度保障研究［J］．图书馆理论与实践，2008（2）．

[202] 杨宏玲，黄瑞华．信息权利的性质及其对信息立法的影响［J］．科学学研究．2005（1）．

[203] 杨建斌．论计算机网络中信息权的法律保护［J］．信息化建设，1999（12）．

[204] 杨绍兰．美国政府的信息政策对其信息化建设的影响［J］．国外社会科学，2004（1）．

[205] 杨熙．个人信息权及其民法保护［D］．广州：华南理工大学，2013．

[206] 姚维保．公共健康信息的公共获取问题研究［J］．图书情报工作，2004（5）．

[207] 姚维保．我国信息资源公共获取障碍研究［D］．武汉：武汉大学，2005．

[208] 雍忠. 我国行政机关侵犯公民个人信息权利的救济机制研究[D]. 长春：吉林大学, 2013.

[209] 余秋英, 郑丽航. 网络环境下版权、公众信息权的冲突与平衡机制——基于"创作共用"许可协议[J]. 现代情报, 2009 (10).

[210] 岳剑波. 信息环境论[M]. 北京：书目文献出版社, 1996.

[211] 张春春. 信息权力制约与信息权利保障研究[J]. 图书馆论坛, 2009 (5).

[212] 张翠玲. WCAG1.0：美国信息无障碍事业的规则[J]. 情报探索, 2011 (12).

[213] 张凤华. 论个人信息权[D]. 开封：河南大学, 2010.

[214] 张靖钰. 个人信息权初探[J]. 新疆社科论坛, 2006 (1).

[215] 张久珍. 论信息资源建设[J]. 图书馆学研究, 2000 (1).

[216] 张凯. 信息资源管理[M]. 北京：清华大学出版社, 2005.

[217] 张利. 论获取政府信息权[J]. 求索, 2005 (5).

[218] 张守文, 周庆山. 信息法学[M]. 北京：法律出版社, 1995.

[219] 张彦, 王守宁. 网络信息内容质量探析[J]. 图书馆学研究, 2006 (7).

[220] 张振亮. 个人信息权及其民法保护[J]. 南京邮电大学学报（社会科学版）, 2007 (1).

[221] 张振轩. 刍论寻租[J]. 江汉论坛, 2005 (2).

[222] 张智光. 决策的科学性与艺术性：基于决策科学体系的分析[J]. 东南大学学报（哲学社会科学版）, 2006 (3).

[223] 张衡, 丁波涛. 公众信息获取权的法理基础——基于知情权的研究[J]. 图书情报知识, 2009 (5).

[224] 赵莉. 论政府信息资源公共获取[J]. 图书情报工作, 2004 (5).

[225] 赵莉. 推进信息资源公共获取的公共政策选择[D]. 武汉大学, 2005.

[226] 赵莉. 网络信息资源许可证制度——兼论图书馆推进公共信息获取的有效尝试[J]. 情报科学, 2004 (12).

[227] 赵云志. 正确认识信息资源的稀缺性[J]. 情报理论与实践, 2000 (3).

［228］郑丽航．信息权利冲突的法理分析［J］．图书情报工作，2005（12）．

［229］郑万青．数字化条件下的版权与信息自由权［J］．中国出版，2007（9）．

［230］钟守真．信息资源管理概论［M］．天津：南开大学出版社，2000．

［231］周斌．英国政府信息公开制度的立法及其保障措施［J］．兰台世界，2011（8）．

［232］周汉华．起草《政府信息公开条例》（专家建议稿）的基本考虑［J］．法学研究，2002（6）．

［233］周汉华．个人信息保护前沿问题研究［M］．北京：法律出版社，2006．

［234］周鸿铎．信息资源开发利用策略［M］．北京：中国发展出版社，2000．

［235］周明华，谢春枝．和谐社会中的信息公平与图书馆服务［J］．图书馆理论与实践，2006（2）．

［236］周毅．基于信息权利保护的政府信息资源规划研究［J］．情报资料工作，2010（3）．

［237］周毅．论公共档案馆的信息权利［J］．档案学通讯，2008（4）．

［238］周毅．信息权利：伦理与法律权利的互动及其意义［J］．图书情报工作，2009（7）．

［239］周毅．信息资源管理流程中公众的信息权利探析［J］．中国图书馆学报，2009（1）．

［240］周毅．以信息权利保护为中心的信息立法价值导向探讨——对我国信息立法若干文本的初步解读［J］．中国图书馆学报，2010（1）．

［241］周毅．政府信息公开的模式选择：主体结构分析［J］．图书情报工作，2005（6）．

［242］周玉芝．网络环境下用户信息获取的制约因素及对策分析．现代情报，2007（11）．

［243］朱江岭等．互联网上的信息权保护［J］．经济论坛，2001（15）．

［244］朱少强．论和谐社会中的公共信息权利保障［J］．情报资料工作，2006（3）．

[245] 邹凯,李颖. 信息公平与信息平等比较研究 [J]. 图书情报工作, 2009 (21).

外文文献

[1] A. Arko – Cobbah. The Right of Access to Information: Opportunities and Challenges for Civil Society and Good Governance in South Africa [J]. IFLA Journal, 2008 (2).

[2] A. Kashumov, GEA Jouleva. The Right of Access to Information. A Concept on Legislation [J]. Cellular Microbiology, 2007 (3).

[3] Andrew Nicol Q. C., Gavin Millar Q. C. & Andrew Sharland. Media Law and Human Rights [M]. London: Blackstone Press Limited, 2001.

[4] Anita Tufekcic. Marina Kordic. Right of Access to Information in Libraries both in Croatia and in the World. Pravni Vjesnik – Quarterly Journal of Law and Social Sciences [J]. 2014 (2).

[5] Barczewski, M. International Framework of Digital Rights Management Systems [J]. European Intellectual Property Review, 2005 (5).

[6] Belaisch – Allart J. About the Recommendations of the HAS for Health Professionals Concerning Information Given to Pregnant Women [J]. Gynecologie Obstetrique et Fertilite, 2005 (11).

[7] Bellalah Mondher. On Derivatives and Information Costs [J]. International Review of Economics & Finance, 2006 (1).

[8] Berry S. "Full and Open Access" to Scientific Information: An Academic's View [J]. Learned Publishing, 2000 (1).

[9] Brannon James, Gorman Michael. The Effects of Information Costs on Search and Convergence in Experimental Markets [J]. Journal of Economic Behavior & Organization, 2002 (4).

[10] Britz, J. To Know ornot to Know: A Moral Reflection on Information Poverty [J]. Journal of Information Science, 2004 (3).

[11] Bruce Kingma. The Economics of Information: A Guide to Economics and Cost – Benefit Analysis for Information Professionals [M]. Englewood: CO Libraries Unlimited, 2001.

[12] Bugge Carol, Entwistle Vikki A, Watt Ian S. TheSignificance for Deci-

sion – making of Information that is not Exchanged by Patients and Health Professionals during Consultations. [J]. Social Science & Medicine, 2006 (8).

[13] C Geiger, E Izyumenko. Copyright on the Human Rights' Trial: Redefining the Boundaries of Exclusivity Through Freedom of Expression [J]. Industrial and Organizational Psychology, 2014 (3).

[14] Carole McCartney. Forensic DataExchange: Ensuring Integrity [J]. Australian Journal of Forensic Sciences, 2015 (1).

[15] Charles Kenny. Information and Communication Technologies for Direct Poverty Alleviation: Costs and Benefits [J]. Development Policy Review, 2002 (2).

[16] Clarisa Long. Information Costs in Patent and Copyright [J]. Virginia Law Review, 2004 (2).

[17] Claudia Lopez, Brian Butler, Peter Brusilovsky. Does Anything Ever Happen Around Here? Assessing the Online Information Landscape for Local Events [J]. Journal of Urban Technology, 2014 (4).

[18] D Voorhoof, H Cannie. Freedom of Expression and Information in a Democratic Society The Added but Fragile Value of the European Convention on Human Rights [J]. International Communication Gazette, 2010 (4).

[19] Dimond Bridgit. Rights toInformation Access under the Data Protection Act [J]. British Journal of Nursing, 2005 (14).

[20] Dipayan Biswas. Economics of Information in the Web Economy: Towards a new theory [J]. Journal of Business Research, 2004 (7).

[21] Dusollier, S. Technology as an Imperative for Regulating Copyright: From the Public Exploitation to the Private Use of the Work [J]. European Intellectual Property Review, 2005 (6).

[22] E. herman. A Post – September 11th Balancing Act: Public Access to U. S. Government Information Versus Protection of Sensitive Data [J]. Journal Of Government Information, 2004 (1).

[23] Eagle Amy. Freedom of Information. Technology Unites New Hospital Campus [J]. Health Facilities Management, 2006 (7).

[24] Eckert Daniel, Klamler Christian, Mitlohner Johann. Condorcet Effi-

ciency, Information Costs, and the Performance of Scoring Rules [J]. Central European Journal of Operations Research, 2005 (1).

[25] Elizabeth Shepherd. Freedom of Information, Right to Access Information, Open Data: Who is at the Table? [J]. The Round Table, 2015 (6).

[26] George Barnum. Availability, Access, Authenticity, and Persistence: Creating the Environment for Permanent Public Access to Electronic Government Information [J]. Government Information Quarterly, 2002 (19).

[27] Goldfinch, E. P.. A Limited Study of Online Access and User Preferences [J]. Learned Publishing, 2000 (4).

[28] Grosheide, W. Copyright Law from a User's Perspective: Access Rights for Users [J]. European Intellectual Property Review, 2001 (7).

[29] Hahn, Karla. Tiered Pricing: Implications for Library Collections [J]. Libraries and the Academy, 2005 (2).

[30] Haigh Valerie. Clinical Effectiveness and Allied Health Professionals: an Information Needs Assessment [J]. Health Information and Libraries Journal, 2006 (1).

[31] Haim Gaifman, Anubav Vasudevan. Deceptive Updating and Minimal Information Methods [J]. Synthese, 2012 (1).

[32] Hollenberg Norman K. Omission of Drug Dose Information [J]. Archives of Internal Medicine, 2006 (3).

[33] Holmstrom, Jonas. The Cost Per Article Reading of Open Access Articles [J]. D–Lib Magazine, 2004 (1).

[34] Hongladarom, Soraj. Making Information Transparent as Means to Close the Global Digital Divide [J]. Minds and Machines, 2004 (1).

[35] Huub Meijers. Diffusion of the Internet and Low Inflation in the Information Economy [J]. Information Economics and Policy, 2006 (1).

[36] Inmaculada De Melo - Martín. The Ethics of Anonymous Gamete Donation: Is There a Right to Know One's Genetic Origins? [J]. Hastings Center Report, 2014 (2).

[37] James I. Brannon, Michael F. Gorman. The Effects of Information Costs on Search and Convergence in Experimental Markets [J]. Journal of Economic Be-

havior & Organization, 2002 (4).

[38] James T. Bonnen. Providing Economic Information in an Increasingly Difficult Policy Environment [J]. Review of Agricultural Economics, 2000 (2).

[39] Jennie M. Burroughs. What Users Want: Assessing Government Information Preferences to Drive Information Services [J]. Government Information Quarterly, 2009 (1).

[40] John A. E. Vervaele. Terrorism andInformation Sharing between the Intelligence and Law Enforcement Communities in the US and the Netherlands: Emergency Criminal Law? [J]. Utrecht Law Review, 2005 (1).

[41] K Lefever. Article 10 of the European Convention on Human Rights and the Public's Right to Information Regarding Sports Events [M]. T. M. C. Asser Press, 2012.

[42] Kenneth L. Hacker, Shana M. Mason. Ethical Gaps in Studies of the Digital Divide [J]. Ethics and Information Technology 2003 (5).

[43] Kingma Bruce. The Costs of Print, Fiche, and Digital Access: The Early Canadiana Online Project [J]. D-Lib Magazine, 2000 (6).

[44] Korac-Kakabadse, Nada et al. Information Technology and Development: Creating "It Harems", Fostering New Colonialism or Solving "Wicked" Policy Problems? [J]. Pubic Administration and Development, 2000 (3).

[45] Laurence marsh, Roger Flanagan. Measuring the Costs and Benefits of Information Technology in Construction [J]. Engineering Construction and Architectural Management, 2000 (4).

[46] Linda Banwell etc. Providing Access to Electronic Information Resources in Further Education [J]. British Journal of Educational Technology, 2004 (5).

[47] Lynn Westbrook, Jeanine Finn. Community Information as Boundary Object: Police Responsibility for Abuse Survivors [J]. Journal of Documentation, 2012 (6).

[48] M. J. Nowak, M. McCabe. Information Costs and the Role of the Independent Corporate Director [J]. Corporate Governance, 2003 (4).

[49] Marija Boban. The Right to Privacy and the Right to Access Information in the Modern Information Society [J]. Collected Papers of the Faculy of Law in

Split, 2012, (3).

[50] Max Boisot, Agustí Canals. Data, Information and Knowledge: Have We Got it Right [J]. Evolutionary Economics, 2004 (14).

[51] Mondher Bellalah. On Derivatives and Information Costs [J]. International Review of Economics and Finance, 2006 (1).

[52] Moretti Stefano, Patrone. Fioravante. Cost Allocation Games with Information Costs [J]. Mathematical Methods of Operations Research, 2004 (3).

[53] Nancy Cranich. Libraries Ensuring Information Equity in the Digital Age [J]. American libraries, 2001 (1).

[54] Newnham Genni M, Burns W Ivon, Snyder Raymond D et al.. Attitudes of Oncology Health Professionals to Information from the Internet and other Media [J]. Medical Journal of Australia, 2005 (4).

[55] P Tiilikka. Access to Information as a Human Right in the Case Law of the European Court of Human Rights [J]. Journal of Media Law, 2013 (1).

[56] R Perlingeiro. The Codification of the Right of Access to Information in Latin America [J]. Social Science Electronic Publishing, 2015 (3).

[57] Reinhardt Uwe E. AnInformation Infrastructure for the Pharmaceutical Market [J]. Health Affairs, 2004 (1).

[58] Richard Calland & Kristina Bentley. The Impact and Effectiveness of Transparency and Accountability Initiatives: Freedom of Information [J]. Development Policy Review, 2013 (31).

[59] Richard L. Coren. Comments on "A Law ofInformation Growth" [J]. Entropy: International and Interdisciplinary Journal of Entropy and Information Studies, 2002 (1).

[60] S Kirchner. The Confessional Secret between State Law and Canon Law and the Right to Freedom of Religion under Article 9 of the European Convention on Human Rights [J]. Jurisprudence, 2012 (4).

[61] SD Jamar. The Human Right of Access to Legal Information: Using Technology to Advance Transparency and the Rule of Law [J]. Global Jurist Topics, 2011 (2).

[62] Shannon Martin & Debbie Rabina. National Security, Individual Privacy

and Public Access to Government – held Information: The Need for Changing Perspectives in a Global Environment [J]. Information & Communications Technology Law, 2009 (3).

[63] Shari Collins Chobanian. A Proposal for Environmental Labels: Informing Consumers of the Real Costs of Consumption [J]. Journal of Social Philosophy, 2001 (3).

[64] Sheehan J G. Public Private Information Sharing in Healthcare Fraud Investigations [J]. Journal of Health Law, 2000 (4).

[65] Stefanie Schmabel. The United Nations Facing the Challenges of the "Information Society" [J]. Max Planck UNYB 2007 (11).

[66] Susan Nevelow Mart. The Internet's Public Domain: Access to Government Information on the Internet [J]. Journal of Internet Law, 2009 (3).

[67] T du Plessis. Competitive Legal Professionals' Use of Technology in Legal Practice and Legal Research [J]. Potchefstroom Electronic Law Journal, 2008 (4).

[68] T Lemmens, C Telfer. Access to Information and the Right to Health: the Human Rights Case for Clinical Trials Transparency [J]. Social Science Electronic Publishing, 2012 (1).

[69] Tomas A. Lipinski, Johannes Britz. Rethinking the Ownership of Information in the 21st Century: Ethical Implications [J]. Ethics and Information Technology, 2000 (1).

[70] Wareham J. Anthropologies of Information Costs: Expanding The Neo – Institutional View [J]. Information & Organization, 2002 (4).

附　　录

公民信息获取情况调查问卷

亲爱的朋友：

您好！我们生活在信息时代，信息获取是每一个公民的基本权利，为了了解普通民众信息获取的基本情况，我们特进行此次调查，您的宝贵意见对于更好地保障公民信息获取权利研究具有重大意义，请如实填写，感谢您的参与！本问卷中选项为大写字母（A.B.C……）的是单选题，选项为小写字母（a.b.c……）的是任选题，第21题为选答题。本次调查采取不记名方式，并对您的回答内容保密。请您消除顾虑，实事求是填写问卷。谢谢！

湘潭大学公民信息获取权保障调查组

1. 您的性别是（　　）。
   A. 男　　　　B. 女
2. 您的年龄是（　　）。
   A. 20 岁以下　　B. 21～40 岁　　C. 41～60 岁　　D. 60 岁以上
3. 您的职业是（　　）。
   A. 公务员　　　B. 军人　　　　C. 企业职员　　D. 事业单位职员
   E. 农民　　　　F. 学生　　　　G. 其他_____
4. 您的学历是（　　）。
   A. 初中及以下　B. 高中或中专　C. 大学　　　　D. 硕士及以上
5. 您获取信息的常用途径有（　　）。
   a. 纸质出版物　b. 互联网　　　c. 广播电视　　d. 周围的人
   e. 其他_____

6. 您每月用于信息获取上的花费是（　　）。
   A. 无　　　　　　B. 100元以内　　C. 101~300元　　D. 301~500元
   E. 500元以上

7. 您对所获取信息的要求是（　　）。
   a. 方便快捷　　　b. 真实可靠　　　c. 直观生动　　　d. 专业深入
   e. 全面详尽　　　f. 绿色健康　　　g. 其他_____

8. 您对哪些类型信息资源比较感兴趣？（　　）
   a. 娱乐休闲类　　b. 科学技术类　　c. 文化教育类　　d. 时尚热点类
   e. 求学求职类　　f. 民生服务类　　g. 其他_____

9. 您认为信息获取情况主要受哪些因素影响？（　　）
   a. 经济条件　　　b. 文化水平　　　c. 思想观念　　　d. 制度政策
   e. 技术设备　　　f. 周围环境　　　g. 其他_____

10. 在信息获取时，您最希望获得哪些方面的帮助？（　　）
    a. 信息资源内容　　　　　　　b. 信息检索技术
    c. 信息应用工具　　　　　　　d. 信息参考咨询
    e. 其他_____

11. 您认为您的信息获取需求得到满足了吗？（　　）
    A. 充分满足　　　B. 偶尔没满足　　C. 有时没满足　　D. 经常没满足
    E. 完全没满足

12. 您认为您的信息获取权利受过侵害吗？（　　）
    A. 没有　　　　　B. 偶尔　　　　　C. 有时　　　　　D. 经常
    E. 总是

13. 您认为公民信息获取权应该保障公民依法获得哪些类型的信息？（　　）
    a. 政府信息　　　b. 公共机构信息　c. 商业机构信息　d. 个人信息
    e. 其他_____

14. 您认为阻碍公民信息获取权利实现的因素有哪些？（　　）
    a. 信息不对称　　b. 信息污染　　　c. 信息垄断　　　d. 信息过滥
    e. 其他_____

15. 当您认为自己的信息获取权利受到侵害时，您会采取哪些维权措施？
    （　　）
    a. 不采取任何措施　　　　　　b. 向行政机关投诉举报

c. 找相关协会组织揭发　　　　d. 直接向侵权者主张权益

e. 向法院起诉　　　　　　　　g. 采取其他措施＿＿＿＿＿＿＿

16. 您认为要保障公民信息获取权实现，需要从哪些方面着手？（　　）

　　a. 观念更新　　b. 制度建设　　c. 技术发展　　d. 管理优化

　　e. 其他＿＿＿＿＿＿＿

17. 您认为要保障公民信息获取权实现，主要依靠哪些主体的力量？（　　）

　　a. 政府部门　　b. 信息服务机构　　c. 企业、事业单位　　d. 个人

　　e. 其他＿＿＿＿＿＿＿

18. 您对公民信息获取权进行专门立法的态度是（　　）。

　　A. 积极支持　　B. 同意　　　C. 无所谓　　　D. 不需要

　　E. 完全不需要

19. 您对我国目前保障公民信息获取权利的法律法规了解吗？（　　）

　　A. 非常了解　　B. 了解　　　C. 比较了解　　D. 不了解

　　E. 完全不了解

20. 您对我国目前政府信息公开情况的评价是（　　）。

　　A. 非常满意　　B. 满意　　　C. 比较满意　　D. 不满意

　　E. 完全不满意

21. 您对保障公民信息获取权利的实现还有哪些意见建议？